全球数字贸易发展及规则变革

Global Digital Trade: Growth and Rules Transformation

徐德顺　程达军◎著

科学技术文献出版社
SCIENTIFIC AND TECHNICAL DOCUMENTATION PRESS

·北京·

图书在版编目（CIP）数据

全球数字贸易发展及规则变革=Global Digital Trade: Growth and Rules Trans-formation / 徐德顺，程达军著.—北京：科学技术文献出版社，2022.9（2023.5 重印）

ISBN 978-7-5189-8773-3

Ⅰ.①全…　Ⅱ.①徐…　②程…　Ⅲ.①国际贸易—电子商务—研究 Ⅳ.① F740.4

中国版本图书馆 CIP 数据核字 (2021) 第 262139 号

全球数字贸易发展及规则变革

策划编辑：孙江莉	责任编辑：孙江莉	责任校对：王瑞瑞	责任出版：张志平

出　版　者　科学技术文献出版社
地　　　址　北京市复兴路15号　邮编　100038
编　务　部　(010) 58882938，58882087 (传真)
发　行　部　(010) 58882868，58882870 (传真)
邮　购　部　(010) 58882873
官方网址　www.stdp.com.cn
发　行　者　科学技术文献出版社发行　全国各地新华书店经销
印　刷　者　北京虎彩文化传播有限公司
版　　　次　2022 年 9 月第 1 版　2023 年 5 月第 2 次印刷
开　　　本　710×1000　1/16
字　　　数　300 千
印　　　张　18.5
书　　　号　ISBN 978-7-5189-8773-3
定　　　价　86.00 元

序 一

我和程达军教授经朋友介绍相识于 2021 年。我们俩相识时间虽不长，但我深感达军教授为人谦和，待人诚恳，虚心好学。这些年他的研究领域和我多有交集，我们俩一拍即合，拟就共同感兴趣的数字贸易领域合著一本书。这样，能把我们研究的成果积淀下来，算是检验一下各自在这一领域的研究广度与深度，有助于相互学习、相互切磋、取长补短、共同提高，同时也算是对行业和社会有所贡献。

著书是个艰辛复杂的脑力劳动和系统工程，尽管我们有研究基础，但从确定选题、商讨提纲、文献梳理、反复研讨、形成共识，到完成初稿、二稿、三稿，再到将终稿提交给出版社审定、修改，花费了我们 1 年多的时间，煞是辛苦。好在努力是有回报的，如今看到在出版社和责任编辑孙江莉的指导帮助下，成果终于落地，感到无比的幸福与自豪。

为什么要撰写这本书？伴随着第四次工业革命浪潮，大数据、移动互联、区块链、人工智能等数字技术发展迅速，数字贸易和数字经济得到了蓬勃发展，但相关的研究相对滞后。人们迫切需要了解与数字贸易相关的理论、技术和知识，迫切需要了解中国和全球数字贸易发展状况，迫切需要了解有关数字贸易的中国规则、双边规则、诸边规则和多边规则，迫切需要了解未来数字贸易发展和规则变革的方向与趋势。换句话说，市场有需求，政府有要求，而我们又有研究基础和积累，遂可以提供有效产品之供给。

　　这本书的主要贡献在哪里？一是从时间和空间两个维度，尽可能全覆盖数字贸易相关的内容。包括数字贸易及其规则的起源与发展，主要经济体数字贸易在全球的发展位势，主要经济体数字贸易规则的发展状况，跨境数据流动、知识产权保护、全球和区域规则的博弈与融合等热点问题，以及未来数字贸易及其规则的发展趋势预测等。二是有一些创新性贡献。包括狭义和广义数字贸易内涵与外延的界定测度、数字如何促进当代国际贸易理论发展、如何克服数字贸易规则供给不足问题、中国和世界数字贸易与数字贸易规则发展建议等。三是资料性强。较系统地梳理了全球和主要经济体的数字贸易发展现状，包括跨境电商、数字化产品、数据传输服务、搜索引擎与社交平台、游戏产业等数字贸易细分领域发展情况；以及全球和主要经济体的数字贸易规则发展现状，包括跨境电商、数字化服务、网络服务、数据监管等法律法规政策。四是具有比较分析价值。比较分析了自 2015 年起中外电子商务发展的特点，比较分析了全球跨境数据流动的时空演变与发展治理。

　　这本书的应用价值何在？本书基于竞争优势理论和价值链理论，将数字贸易发展与规则变革有机融合起来。本书理论性、实务性和资料性强，将数字贸易的经济学与法学知识集于一体。期望本书成为数字型科技企业人员、政府官员、科研人员、高校师生的有益读物或良师益友。

徐德顺

2022 年 8 月于北京

序 二

数字经济已经成为全球经济新一轮增长的重要引擎，根据中国信息通信研究院 2022 年 7 月发布的《全球数字经济白皮书（2022）》，中国数字经济 2021 年的规模已经达到了 7.1 万亿美元，全球 47 个主要国家数字经济规模达到了 38.1 万亿美元，中国占比 18.5%，位居全球第二，仅次于美国，是驱动全球数字经济发展的重要力量。同时，到 2021 年，中国数字经济在 GDP 中占比已经达到了 39.8%，数字经济对中国经济增长的重要性日趋显著。

数字贸易是什么？传统贸易在形式上的数字化只是数字贸易的基本内容之一，而数字化产品交易、数字化交付、数据的跨境流动和交付等才是数字贸易中最颠覆性的因素，也是未来数字贸易最具增长潜力的领域。数字贸易本质上是数字经济发展的必然产物，有了数字经济的发展，才有数字贸易的繁荣，而数字贸易的繁荣则有助于高效推动一个国家或区域的数字经济发展。数字经济将是今后相当长的一段时间内全球各个国家角力的主战场，数字贸易则是各个国家在数字经济领域竞争的直接表现形式。

中国数字贸易在全球数字贸易版图中处于什么位置？本书的重要目的之一在于通过对数字贸易的各个细分领域进行庖丁解牛式的分析，对数字贸易的主要国家在数字贸易的各个细分领域的规模、结构、发展趋势等进行深入研究。以产业经济学和竞争力理论作为分析视角，客观评估各个国家在数字贸易领域相关产业的整体绝对发展水平和在全球竞争中的相对位势，描画全球数字贸易的整体图景。在此基础上，重点分析中国数字贸易的发展水平和在全球中的位势，并结合中国政府提出的国家发展规划纲要，对中国数字贸易的发展提供策略分析和政策建议。

中国在全球数字贸易中的规则话语权如何？贸易的规则对国际贸易发展的重要性不言而喻，数字贸易在全球蓬勃发展，而全球数字贸易规则的发展则大大滞后。由于WTO谈判的停滞，目前全球数字贸易领域的统一规则处于空白状态，而以双边贸易或诸边贸易协定为载体的数字贸易规则则快速发展。美国依靠其强大的数字经济基础和数字贸易领域的深厚理论研究和规则的先行先试，获得了在数字贸易规则领域的先发优势。美国在国内制定了比较成熟的数字经济相关的法律、法规，形成了推动数字经济发展的宏观政策体系。在国际领域，通过主导与多个发达国家的双边或诸边贸易协定，形成了特色鲜明、体现其数字贸易战略的数字贸易"美式模板"体系。欧盟在数字经济的传统领域具有雄厚的基础，在数字贸易领域具有广阔的高质量市场。欧盟依托其法律法规领域完善成熟的法制优势，秉承欧盟在社会治理领域崇尚个人隐私等个人权利保护的精神，并根据欧盟在数字贸易领域的竞争地位，出台了以《欧盟数据保护条例》为代表的颇具影响力的系列数字贸易相关法律，建立了数字贸易领域的"欧盟模板"。中国在数字贸易领域陆续出台《电子商务法》《数据安全法》等数字贸易相关法规，但是在全球的双边和多边贸易协定中涉及数字贸易的领域比较单一，在数字贸易核心规则领域还没有形成体系化的规则。

如何加强中国在全球数字贸易规则中的话语权？从传统贸易到数字贸易，规则的影响力一直是各个国家实力的表现，也是形成各国在国际市场上竞争力和影响力的重要因素。本书对各国的数字贸易宏观政策、国内数字贸易规则、国际贸易协定中的数字贸易规则内容进行了剖析，力图通过分析各国数字贸易领域的制度体系与其数字贸易发展现状基础、数字贸易发展宏观目标之间的内在逻辑关联，进而深入解析各国数字贸易制度体系的核心和发展趋势。在对全球数字贸易规则图景分析的前提下，重新审视中国在数字贸易领域的制度体系。基于全球博弈的视角，对中国在数字贸易规则领域从宏观政策、国内规则、国际规则制定等方面进行深入研究，确定在全球数字贸易规则制定中的角色定位，力求提升全球数字贸易规则中的影响力，为全球数字贸易规则中如何在 WTO 的框架之下完善数字贸易治理贡献中国模板和中国模式。

全球数字贸易和规则发展中还有哪些值得关注的问题？本书专门对全球数字贸易发展中的一些热点问题进行了比较深入的探讨，力图抛砖引玉，能够激发读者对数字贸易发展的兴趣与思考。

本人一直在全球数字经济高地深圳从事数字贸易相关的教学与研究工作，调研了大量深圳及国内其他城市的数字贸易企业，在数字贸易领域进行了比较多的理论思考和实践调研。徐德顺研究员在数字贸易领域积累了深厚的理论研究基础，对我国数字贸易的宏观发展见解独到。本书的完成是我们两人近些年来对数字贸易理论全面研究和数字贸易实践系统分析的结晶。

本书在撰写过程中引用了国内外很多专家学者的观点，参考了数字贸易领域的诸多相关报告、论文、著作和数据库，文责自负，在此一并表示感谢！特别感谢科学技术文献出版社的孙江莉编辑为本书的尽心付出。书中定有不足之处，还请读者批评指正！

程达军
2022 年 8 月于深圳西丽湖国际科教城

目 录

全球数字贸易发展及规则变革

第一章　数字贸易及规则发展的历史脉络

第一节　数字贸易概念的内涵与演变

数字贸易属于数字经济的重要组成，伴随着科学技术的进步而发展。第四次工业革命浪潮的到来与世界科技进步，导致全球贸易形态和贸易格局发生深刻变革。在数字技术的驱动下，数字经济发展规模越来越大。1996年，被誉为"数字经济之父"的加拿大籍新经济学家唐·泰普斯科特（Don Tapscott）出版了《数字经济：智力互联时代的希望与风险》，数字经济（Digital Economy）一词作为经济学术语被正式提出，后得到业界的广泛认可。2016年《G20数字经济发展与合作倡议》中表述，数字经济是以使用数字化的知识和信息作为关键生产要素，以现代信息网络作为重要载体，以信息通信技术的有效使用作为效率提升和经济结构优化的重要推动力的一系列经济活动。数字经济如火如荼地发展，推动了数字贸易（Digital Trade）这一贸易新业态逐渐显现。数字贸易是信息、通信、互联网、云计算、区块链等数字技术和全球化发展的产物。数字贸易根植于数字经济，数字贸易是数字经济的重要组成部分。数字贸易发展与数字经济发展两者之间具有显著的互强化关系，发展数字贸易已形成全球共识。

何为数字贸易？到目前为止，业内还未形成统一的定义。数字贸易的定义是政界、产业界和学术界共同关注的问题，这个问题无法回避，需要进一步澄清与确认，否则难以实现对行业发展动态进行准确的统计与检测，进而妨碍政府发挥引导作用，最终影响数字贸易的健康发展。但对大多数普通人来讲，不需要纠结或拘泥于精确的定义。因为数字技术在不断迭代，数字贸易本身在动态发展，相关的内涵与外延也会不断更新。

美国官方对数字贸易概念的理解为各国所关注。不少学者认为，数字贸易的概念起源于美国。2013年，美国国际贸易委员会（USITC）在《美国和全球经济中的数字贸易1》报告中首次把数字贸易定义为通过互联网传输而实现的产品和服务的商业活动，既包括以互联网为媒介传输产品和服务的国内商业活动，也包括以互联网为媒介传输产品和服务的国际贸易。2014年，US-ITC发布的《美国与全球经济中的数字贸易2》中给出："基于互联网和互联网技术的国内商业和国际贸易活动。其中，互联网和互联网技术在组织协调、生产或者传递产品、服务方面扮演着重要的作用。"2017年，USITC又发布了新的数字贸易定义，将数字贸易的范围拓展为"通过互联网及智能手机、网络连接传感器等相关设备交付的产品和服务"，涉及互联网基础设施及网络、云计算服务、数字内容、电子商务、工业应用和通信服务共6种类型的数字产品和服务。2017年，美国贸易代表办公室（USTR）发布《数字贸易的主要障碍》报告，认为"数字贸易"应当是一个广泛的概念，不仅包括个人消费品在互联网上的销售以及在线服务的提供，还包括实现全球价值链的数据流、实现智能制造的服务以及无数其他平台和应用。2018年4月，美国政府向世界贸易组织（WTO）总理事会提交了关于电子商务谈判的探索性文件，文件中以"数字贸易"取代"电子商务"（Electronic Commerce）。美国解释称，在通常语境下，"电子商务"更多地被理解为通过互联网实现的货物贸易，而"数字贸易"包括了以电子形式开展的商贸活动，能更清楚地反映WTO语境中"电子商务"的含义。2019年，美国信息技术及创新基金会（ITIF）进一步将数字贸易的定义拓展为"通过电子手段（通常为互联网）跨境传输数据、产品或服务"。之前的数字贸易定义基本限于实物或者服务，但是美国信息技术与创新基金会的这个定义则引入了跨境数据流动这块内容。表1-1反映了美国数字贸易定义的演变过程。

表1-1　美国数字贸易定义的演变

时间	发布机构	定义
2013年	美国国际贸易委员会（USITC）	通过互联网传输而实现的产品和服务的商业活动，既包括以互联网为媒介传输产品和服务的国内商业活动，也包括以互联网为媒介传输产品和服务的国际贸易

时间	发布机构	定义
2014 年	美国国际贸易委员会（USITC）	基于互联网和互联网技术的国内商业和国际贸易活动。其中，互联网和互联网技术在组织协调、生产或者传递产品、服务方面扮演着重要的作用
2017 年	美国国际贸易委员会（USITC）	通过互联网及智能手机、网络连接传感器等相关设备交付的产品和服务
2017 年	美国贸易代表办公室（USTR）	不仅包括个人消费品在互联网上的销售以及在线服务的提供，还包括实现全球价值链的数据流、实现智能制造的服务以及无数其他平台和应用
2019 年	美国信息技术及创新基金会（ITIF）	通过电子手段（通常为互联网）跨境传输数据、产品或服务

主要国际组织对数字贸易的概念也有表述。2019 年 3 月，经合组织（OECD）、世贸组织（WTO）和国际货币基金组织（IMF）共同发布了数字贸易测度手册（Handbook on Measuring Digital Trade），该手册定义了数字贸易的概念框架，提出数字贸易由"以数字方式订购"和"以数字方式交付"两大模式组成，并强调了这两个模式下数字中介平台（DIP）的重要性。该手册认为，数字贸易是所有以数字方式订购和以数字方式交付的国际交易。其中：数字方式订购指以计算机网络来专门作为接收或下单方法的一种货物或服务的国际交易，通俗地说就是通过网络下单的国际买卖；数字方式交付指使用专门的计算机网络以电子格式远程交付的国际交易，通俗地说就是商品是数字格式的国际买卖。经济合作与发展组织（OECD）与世界贸易组织（WTO）从交易属性（HOW）、交易对象（WHAT）、交易行为者（WHO）3 个维度来定义了广义数字贸易的内涵。

狭义数字贸易主要指数字化的服务贸易，广义的数字贸易还包含了数字化的实物产品。OECD 和国际货币基金组织（IMF）根据这 3 个维度列举了数字贸易的 16 种类型，见表 1-2。

表 1-2　数字贸易的基本分类

属性			交易内容	参与者	描述
数字订购	平台支持	数字交付			
√	×	×	货物	B2B	A国企业直接从B国的供应商处通过供应商的网店或"电子数据交换"，购买在线货物
√	×	×	货物	B2C	A国消费者直接从B国的供应商处通过供应商的网店在线购买货物
√	√	×	货物	B2B	A国的企业通过A国、B国或任何地点的在线平台向B国的供应商购买货物
√	√	×	货物	B2C	A国的消费者通过A国、B国或任何地点的在线平台向B国的供应商购买货物
√	×	×	服务	B2B	A国的企业向供应商直接在线购买服务，该服务需要以实际方式交付
√	√	×	服务	B2C	A国的消费者通过在线平台向B国的供应商订购服务，该服务以实际方式交付
√	√	×	服务	B2B	A国的企业通过A国、B国或者任何地点的在线平台向B国供应商购买服务，该服务以实际方式交付
√	√	×	服务	B2C	A国的消费者通过在线平台向B国的供应商订购服务，该服务以实际方式交付
√	×	√	服务	B2B	A国的企业通过A国、B国或者任何地点的非在线平台向B国的供应商提供在线服务，该服务随后以数字方式提供
√	×	√	服务	B2C	A国的消费者直接向B国的供应商在线订购服务，该服务以数字方式交付
√	√	√	服务	B2B	A国的企业通过A国、B国或者任何地点的在线平台向B国的供应商购买服务，该服务以数字方式交付
√	√	√	服务	B2C	A国的消费者通过在线平台向B国的供应商购买服务，该服务随后以数字方式交付

属性			交易内容	参与者	描述
数字订购	平台支持	数字交付			
×	×	√	服务	B2B	A 国企业向 B 国的供应商做出非在线订购，所购买的服务以数字方式交付
×	×	√	服务	B2C	A 国消费者向 B 国供应商非在线购买服务，但服务以数字方式交付
√	√	×	服务	C2C	A 国消费者通过 A 国、B 国或任何地点的在线平台向 B 国的消费者购买服务，该服务以实际方式交付
√	√	×	货物	C2C	A 国消费者通过 A 国、B 国或任何地点的在线平台向 B 国消费者购买货物，该货物以实际方式交付

资料来源：OECD. Measuring Digital Trade：Towards a Conceptual Framework. 2017

在交易属性中，根据是否采用数字方式订购、是否使用数字平台、是否使用数字方式支付来进行分类。根据交易的市场主体不同，可细分为 B2B、B2C、C2C 几种模式；根据交易标的来看，可细分为货物类和服务类。OECD 和 IMF 对数字贸易的定义并没有将数据的流动纳入到数字贸易范畴。笔者认为，数据的流动属于支撑产品或服务贸易的数据类技术体现，且已经嵌入产品或服务之中。换言之，数据不宜与产品、服务等同视之。

笔者对数字贸易内涵与外延的认识。综合以上数字贸易方面的定义及其演变，数字贸易与传统贸易既有重叠的部分，也有跟传统贸易完全相异的部分，但是本质上来看数字贸易依然是贸易，只是在贸易的方式、贸易的对象、贸易的主体上发生了变化，引入了数字这一关键生产要素。货物贸易中，如"货物"属于数字化产品，或贸易过程中使用了数字化平台交易，则表明嵌入了数字贸易的内容。服务贸易中数字贸易的比重比较高。如现代服务贸易中的软件服务外包、通信服务、共享平台服务等属于数字贸易，其服务的载体、内容、服务平台等方面体现了数字化的特点。狭义的数字贸易，局限于贸易中的货物是数字化产品或贸易服务中的内容为数字化内容。广义的数字贸易，还包括贸易的产品和服务含有数字技术的贸易、贸易的渠道和平台含有数字技术的贸易。数字贸易是电子商务或跨境电商的拓展和延伸，既存在于国内贸易也生长于国际贸易，涉及生产者、中间商、消费者、监管者及行业机构等主体。以跨境电商为例，跨境电商属于国际贸易新业态，是数字贸易的一个细分领域，其与传统国际贸易相比，在客户识别、交易方式、数据流动、支付结算、通关监管等方面均发生了变化。一言以蔽之，伴随着数字技术对全球贸易影响的不断深化，数字贸易涵盖的范畴将越来越广，非数字贸易的规模和比重将越来越少。数字贸易也给传统的贸易种类的划分与测度，带来了新的挑战。同时，值得肯定的是，数字贸易的发展代表着先进生产力前进的方向，它丰富了贸易内容，降低了交易成本，提高了生产效率，促进了数字经济，增加了人类社会福利。图1-1体现了数字贸易的新分类。

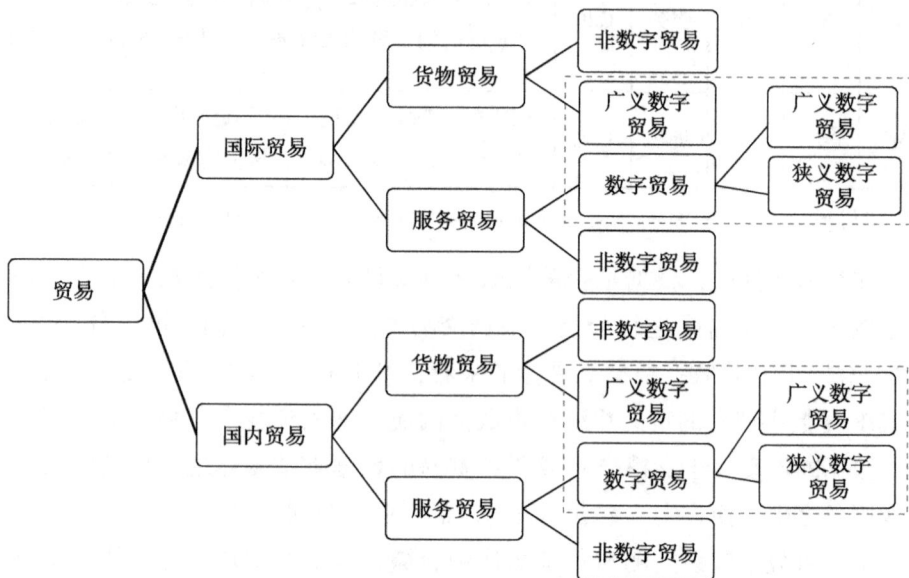

图1-1　数字贸易的分类示意

第二节　数字贸易发展的主要阶段

　　数字贸易发展经历了3个主要阶段。数字贸易的发展不是一蹴而就的，而是渐进的演化过程。从当下看，数字贸易的部分内容属于全新的贸易模式，比如和数字贸易相关的数据传递与交换、社交媒体等。但是也有部分内容已经存在了较长时间，如电子音乐、游戏、电信服务等数字化产品或服务的贸易。根据数字贸易发展历程，见表1-3，笔者拟将数字贸易划分为3个主要的发展阶段：第一阶段是在 2013 年之前，即数字贸易的概念被正式提出来之前，将这一阶段界定为数字贸易的启蒙阶段；第二个阶段是 2013—2017 年，是数字贸易发展的界定和新内涵出现的阶段，将这一阶段界定为数字贸易的起步阶段；2017 年之后数字贸易的各种形式纷纷涌现，发展较为迅速，将这一阶段界定为数字贸易的高速发展阶段。

表 1-3　数字贸易发展的 3 个阶段

阶段	表现
启蒙阶段 （2013 年之前）	跨境电子商务交易额不断提升，数字平台、搜索引擎不断成长，数字基础设施初步建立
起步阶段 （2013—2017 年）	跨境电子商务进一步增长，数字平台进入快速发展期，搜索引擎用户数量不断增多，数字贸易基础设施不断完善
高速发展阶段 （2017 年至今）	跨境电子商务保持高速增长，数字平台用户数量持续攀升，谷歌（Google）成为全球占据搜索市场份额第一的搜索引擎，数字基础设施进一步完善，数据交易展现出巨大潜力

一、数字贸易发展的启蒙阶段

2013 年之前，数字贸易这个概念鲜有提及，但是这个阶段数字贸易的初始形式已经存在。这一阶段主要表现为跨境电子商务成为国际贸易的重要交易形式，跨境电子商务交易额不断提升，数字平台、搜索引擎不断成长，数字基础设施初步建立。根据贝宝（PayPal）与尼尔森在 2013 年推出的报告数据显示，2013 年全球跨境电子商务交易额为 1050 亿美元。

作为数字贸易的重要社交媒介，数字平台已经诞生并在全球范围被广泛使用。2004 年，脸书（Facebook）在美国成立，截至 2012 年 5 月，Facebook 在全球拥有约 9 亿用户。截至 2013 年 11 月每天上传约 3.5 亿张照片。照片墙（Instagram）公司也在 2010 年正式登陆苹果应用程序商店（App store）。在中国，1999 年 2 月腾讯正式推出第一个即时通信软件——"腾讯 QQ"，2013 年腾讯 QQ 的最高同时在线账户数量达到了 1.8 亿户。2011 年腾讯公司正式推出微信，到 2013 年年底，微信全球用户达到 4 亿户。成立于 2009 年的美国互联网公司 WhatsApp，在 2013 年 12 月全球用户也达到了 4 亿户。作为欧洲第二大社交网站，俄罗斯社交平台 VK 创立于 2006 年，截至 2014 年 1 月，VK

至少拥有 2.39 亿用户。2006 年推特（Twitter）成立，到 2013 年年底，其活跃用户数量达到 2.41 亿。

谷歌、雅虎（Yahoo）、百度等知名搜索引擎已发展成熟，逐渐占领全球市场。全球最大的搜索引擎谷歌公司于 1998 年就成立了，并于 2004 年在美国纳斯达克上市。2013 年，每天的搜索量达到 33 亿次。雅虎公司 1994 年成立，到 2013 年，用户数量达到 30 亿。2000 年 1 月，百度公司成立，到 2013 年，每天的搜索量达到 50 亿次。

数字基础设施初步建立，互联网普及率不断提升。2005 年经合组织国家中只有不到 60% 的成人是互联网用户，但到 2013 年已经增长为约 80%。中国互联网络信息中心发布的《中国互联网络发展状况统计报告》，截至 2013 年 12 月，中国网民规模达 6.18 亿，全年共计新增网民 5358 万人；互联网普及率为 45.8%，较 2012 年年底提升 3.7 个百分点。截至 2013 年 12 月，中国 IPv4 地址数量为 3.30 亿个，拥有 IPv6 地址 16 670 块/32；中国域名总数为 1844 万个，其中".CN"域名总数较 2012 年同期增长 44.2%，达到 1083 万个，在中国域名总数中占比达 58.7%；中国网站总数为 320 万个，较 2012 年同期增长 19.4%；国际出口带宽为 3 406 824 Mbps。

二、数字贸易发展的起步阶段

2013 年以来，数字贸易进入了发展快车道。这一时期，尽管美国国际贸易委员会尚未将跨境电商纳入到数字贸易的定义范畴，但在跨境电商、数字平台等领域，各国都得到快速发展。这一阶段的主要表现为跨境电商进一步增长，数字平台进入快速发展期，搜索引擎用户数量不断增多，数字贸易基础设施不断完善。

此阶段中，跨境电商进一步增长，全球电商交易额突破两万亿美元。根据《中国电子商务报告》相关年份数据的整合与核算，2013—2017 年中国跨境电商保持了 30% 以上的年均增长率。全球范围内，2014—2017 年，全球电商零售额从 1.336 万亿美元增长到 2.304 万亿美元。

数字平台进入快速发展期。2017 年，Facebook 总裁扎克伯克在 2017 年第二季度公司财务会议上宣布，Facebook 的月活跃用户达到了 20 亿户，WhatsApp 日活跃用户数量也突破了 10 亿户，Twitter 月活跃用户达到 3.3 亿户。到 2017 年 7 月，VK 月活跃用户超过 1 亿户。根据微信团队发布的《2017 微信数据报告》，2017 年 9 月，微信的日活跃用户为 9.02 亿。

搜索引擎用户数量不断增多。2017 年，月独立访问用户数量前三名分别为谷歌、必应（Bing）以及雅虎，分别为 18 亿、5 亿以及 4.9 亿，百度的月独立访问用户数为 4.8 亿。

数字贸易基础设施进一步完善。根据中国互联网络信息中心（CNNIC）发布的《中国互联网络发展状况统计报告》，截至 2017 年 6 月，中国网民规模达到 7.51 亿人，占全球网民总数的 1/5。同时中国互联网普及率为 54.3%，超过全球平均水平 4.6 个百分点，手机网民规模达 7.24 亿人。截至 2017 年 12 月，中国域名总数为 3848 万个，".CN"域名总数达到 2085 万个，在域名总数中占比提升至 54.2%。国际出口带宽为 7320180Mbps，年均增长 10.2%。

三、数字贸易发展的高速发展阶段

2017 年之后，数字贸易得到蓬勃发展，中国数字贸易的发展也进入快车道。这一阶段的主要表现为跨境电子商务保持高速增长，数字平台用户数量持续攀升，谷歌成为占据全球搜索市场份额第一的搜索引擎，数字基础设施进一步完善，数据交易展现出巨大潜力。

跨境电子商务保持高速增长。据网经社"电数宝"电商大数据库监测数据显示，2019 年中国出口跨境电商网络零售市场交易规模为 1.73 万亿元，同比上年增长 23.57%。2019 年中国出口跨境电商中 B2B 市场交易规模为 6.3 万亿元，同比上年增长 10.5%。新冠肺炎疫情暴发之后，因为中国产业链的完整和中国疫情的有效控制，根据网经社的检测数据，2020 年中国出口跨境电商市场规模达 9.7 万亿元，较 2019 年的 8.03 万亿元同比增长 20.79%。

数字平台用户数量持续攀升。截至 2020 年 12 月，Facebook 产品的月度活跃人数为 33 亿，微信的月活跃用户达到 12.25 亿，Twitter 的月活跃用户为 1.45 亿，VK 的活跃用户也突破了 1 亿。截至 2020 年 2 月，WhatsApp 用户数量突破 20 亿，比过去两年增加 5 亿。

谷歌成为占据搜索市场份额第一的搜索引擎。2019 年谷歌的搜索排名占全球第一，占据 78.23% 的搜索市场份额，必应以 8.04% 的市场份额占据第二位，百度占据了 7.34% 的市场份额，雅虎占据了 3.39% 的市场份额，Yandex 占据了 1.53% 的份额。

数字基础设施进一步完善。以中国为例，互联网上网的效率和覆盖面显著提升。根据中国互联网络信息中心（CNNIC）发布的《中国互联网络发展状况统计报告》，截至 2021 年 6 月，中国 IPv6 地址数量达 62 023 块/32，较 2020 年年底增长 7.6%。移动电话基站总数达 948 万个，较 2020 年 12 月净增 17 万个。中国网民规模达 10.11 亿，互联网普及率达 71.6%。中国 IPv4 地址数量为 39 319 万个。中国域名总数为 3136 万个，其中，".CN"域名数量为 1509 万个，占全部域名的 48.1%；".COM"域名数量为 1134 万个，占全部域名的 36.2%。到 2021 年 4 月，中国光纤宽带用户占比提升至 94%，固定宽带端到端用户体验速度达到 51.2Mbps，移动网络速率在全球 139 个国家和地区中排名第 4 位。

数据交易展现出巨大潜力。据高德纳公司（Gartner）统计，截至 2019 年年底，全球数据中心共计 42.9 万个。美国市场研究机构协力研究集团（Synergy Research Group）的统计数据显示，截至 2021 年第三季度末，由大型供应商运营的大型数据中心数量已增至 700 家，美国占这些数据中心容量的 49%，中国占容量总量的 15%，位居全球第二。根据国际数据公司（IDC）发布的《数据时代 2025》，2025 年全球每年产生的数据将从 2018 年的 33 ZB（1 ZB = 10 万亿亿字节）增长到 175 ZB，相当于每天产生 491 EB 的数据。On Audience 统计显示，2017—2019 年全球最大的五个数据市场的市场交易值增长率均在 20%以上，规模最大的美国市场交易值在 2019 年已达 152.09 亿美元。根据中国信息通信研究院发布的《数据价值和数据要素市场发展报告 2021》，中国数据市场发展迅速，交易值增速在全球遥遥领先。2017 年、2018 年两年的交易值均接近翻番，2019 年也在 60%以上，达到 23.93 亿美元的规模，超过英国的 23.55 亿美元。2020 年，全球数据量达到了 60 ZB，其中中国数据量增速迅猛。预计 2025 年中国数据量将增至 48.6 ZB，占全球数据量的 27.8%。值得注意的是，伴随着数据量的增加，数据背后可被挖掘的信息也逐渐丰富，政府和企业开始逐渐意识到数据泄露的严重后果，对数据安全的重视程度日益提升。

第三节　数字贸易发展的主要影响因素

数字贸易发展的主要影响因素包括数字贸易基础设施、数字贸易人才、数字贸易政策及规则、数字鸿沟、数字贸易相关技术创新等。这些因素相互作用、相互影响。数字贸易的发展基于数字基础设施，而数字基础设施影响着数字贸易的技术创新，数字贸易的技术创新水平又制约着数字贸易的高质量发展。数字贸易技术创新水平在全球各个国家并不平衡，这种不平衡直接导致了各国之间的数字鸿沟。数字贸易政策及规则与数字贸易发展之间呈现出比较复杂的因果交织的关系，一个国家采取什么样的数字贸易政策在很大程度上取决于该国数字贸易的发展水平，而一国数字贸易的发展政策也将对数字贸易的发展起到重要的影响作用。总之，一个国家的数字贸易发展水平受制于其整体发展水平，包括其工业制造业水平所决定的数字贸易基础设施，教育水平决定的数字贸易人才培养的数量和质量等。

一、数字贸易基础设施

数字贸易基础设施是数字贸易发展的基石，基础设施主要包括基础电信网络、互联网网络设施。

目前全球的基础电信网络和互联网网络设施发展非常迅速，互联网普及率得到较大提升。截至 2021 年 1 月，根据联合国的统计，全球人口数量达到 78.3 亿，而全球使用互联网的人数达到 46.6 亿，互联网普及率为 59.5%。根据 TrendForce 的数据，截至 2020 年 12 月，全球 5G 用户总数为 1.79 亿，而中国 5G 网络用户为 1.6 亿，约占全球的 89%。在基站方面，中国三大运营商所建的 5G 基站数量达到了 91.6 万个，占全球总数的 70%。威瑞信（Verisign）发布 2021 年第二季度全球域名的数量统计，根据该统计，全球域名数量达到了 3.673 亿个。

二、数字贸易人才

数字贸易人才是数字贸易创新的第一资源。数字贸易人才的典型技能是开发工具、计算机硬件、动画、数字营销、计算机网络、数字化制造和运营、电子学、外语、数字技能等。

数字贸易发展主要需要以下几个方面的人才。第一是 ICT 领域人才，具体包括软件与 IT 服务和计算机网络与硬件等方面的人才，还包括大数据、云计算、元宇宙等新兴领域的人才。ICT 技术是数字贸易的基础，目前全球这方面的人才需求较大。第二是跨境电商方面的专业人才，主要是运营方面的人才，具体包括跨境电商数据分析、客服、美工等方面的人才。第三是数字化产品和数据交易方面的专业人才，包括数字化产品的研发、定价、交易规则设定等方面的人才。第四是数字贸易方面的法律人才，主要是数字贸易规则制定、解读、诉讼处理等方面的人才。

三、数字贸易政策及规则

由于缺乏数字贸易方面的全球统一规则，各个国家不断探索符合本国利益的数字贸易规则，并通过与其他国家的诸边或者双边协议体现出来。

在跨境电商领域，积极推进跨境电商的快速发展已成为全球共识。大多数国家在通关、税务等方面制定相关政策，对跨境电商采取了比较宽容的积极推进政策。

在数字化产品方面，由于音乐、视频等产品可能包含政治意识形态方面的风险，部分国家对相关产品制定了限制性政策。基于对高科技产品的保护，部分国家在软件服务等数字化服务方面采取了一定的限制措施。

在数据交易方面，出于公民隐私、技术水平和国家安全的考量，部分国家对数据交易及跨境数据流动制定了数据本地化存储等限制性政策。

四、数字鸿沟

数字鸿沟是制约数字贸易发展的重要因素。数字鸿沟与数字贸易之间呈现出非常强的相关性，即数字鸿沟会制约数字贸易的发展，但数字贸易的发展可以缩小数字贸易鸿沟。数字贸易鸿沟主要是指不同民族、种族、信仰、经济、居住环境和阶层背景的人在获得和使用数字化产品方面的差异，主要是接触和使用电脑和网络方面的便捷性和能力方面的差异。在数字贸易背景下，数字鸿沟不仅仅包括电脑和网络使用方面的差异，还应包括在大数据的获得、大数据的保护、大数据的分析、大数据的资源化等方面存在的差异。这种数字鸿沟从层次上包括单个居民层次的数字化鸿沟，还包括政府之间的数字鸿沟，也包括各国企业之间的数字鸿沟。

数字贸易鸿沟主要出现在发达国家与发展中国家之间，与一国的经济发展水平密切相关。发达国家因为在数字贸易基础设施方面投入多，数字贸易基础设施比较完善，因而整体数字贸易水平要高于发展中国家。以美国为例，美国的互联网渗透率、网速、IP 地址数量等都在全球处于领先位置。而非洲和南美的部分国家，人们还生活在 3G 时代，不少人还不能够接触到互联网。发达国家的数字贸易人才储备非常丰富，数字贸易人才培养水平高，而发展中国家的中高端数字贸易人才大多也是在西方接受教育，然后回国工作，本国数字贸易人才培养的数量和质量还有较大差距。从数字贸易技术创新角度来看，数字贸易领域的核心技术创新大多掌握在以美国为首的西方发达国家手中。

五、数字贸易相关技术创新

数字贸易的发展有赖于相关技术创新，数字贸易的发展主要依赖于以下两个方面的技术创新。

一是电信基础设施的创新。目前全球通信技术正在从 4G 向 5G 方向发展，全球国家之间在 5G 技术方面还存在比较大的差距，中国在 5G 方面在全球发展比较领先。国际电信联盟（ITU）提供的数据显示，在互联网使用率方面，2019 年非洲在全球排名垫底，仅有 28.2% 的人口使用互联网，低于世界平均水平（53.6%），更远低于欧洲水平（82.5%）。截至 2019 年年底，欧洲是互联网使用率最高的地区。非洲主要通过手机上网，截至 2019 年年底，非洲移动互联网用户数为 3.35 亿户，而且这些用户中仅有 10% 使用 4G 网络，大多数还停留在 3G 时代。英国宽带比较网站 Cable. co. uk 研究发现，在宽带下载速度最慢的 50 个国家中，32 个国家位于非洲。

目前 6G 的研发与试验，也已经在中国、美国、俄罗斯、欧盟等地展开。2019 年 3 月，美国联邦通讯委员会（FCC）一致投票通过开放"太赫兹波"频谱的决定，以期有朝一日其被应用于 6G 服务。2021 年 11 月，中国工业和信息化部发布《"十四五"信息通信行业发展规划》，已经将开展 6G 基础理论及关键技术研发列为移动通信核心技术演进和产业推进工程。

二是软件技术方面的创新。主要是促进和支持数字贸易发展的一些基础性软件，包括即时通讯工具软件方面的创新、搜索引擎技术的创新。还包含一些大数据方面的技术创新，如大数据挖掘、清洗等方面的技术创新。

第四节　数字贸易规则的发展历史

数字贸易规则是指规范数字贸易活动的相关公约、法律、法规、行政规章的总称，既包含一个国家国内的数字贸易相关规则，也包括国家之间的国际数字贸易规则。数字贸易规则是在数字贸易的发展过程中逐步形成与完善的，数字贸易规则的规范总是滞后于数字贸易的实践。

一、全球主要数字贸易规则发展

目前数字贸易规则制定的主体包括 WTO 以及美国、欧洲、中国等主要经济体。数字贸易规则的内涵和特点充分体现了相关主体的立场和博弈。

（一）WTO 及区域数字贸易协定（RTA）中的数字贸易规则

WTO 在数字贸易方面的规则主要体现在电子商务规则方面。按照时间序列，有关电子商务规则的演变过程如下：

——在 1996 年举行的 WTO 首届部长级会议上，通过了《关于信息技术产品贸易的部长宣言》，电子商务正式纳入到 WTO 的管理范畴。

——1998 年，WTO 部长级会议在日内瓦举行，会上正式通过《全球电子商务宣言》，提出要建立一个全面性的工作项目，研究在全球电子商务中遇到的与贸易相关的诸多问题。该宣言的最大进步在于，WTO 成员国直接承诺对电子输送的交易采取零关税的政策。从目前全球电子商务发展来看，不少国家在电子商务领域的进口关税政策逐步趋于严格。这是因为跨境电商的发展速度和发展规模已经达到了一定的程度，相关税源对国家经济的重要性也逐步增加。

——1999 年在西雅图进行了第三次部长级会议，因为各方的分歧太大，没有达成任何电子商务方面的相关协议。

——两年之后，在 2001 年多哈第四届部长级会议上通过《多哈部长宣言》，在宣言中电子商务被列为一个独立的议题，宣言确定继续保持目前对电子商务不征税的惯例，具体后续的政策如何制定将在第五届部长级会议上讨论，但是在后续的第五、第六、第七、第八届部长级会议中都没有达成相关的协议。

——2017 年 12 月，WTO 将电子商务谈判纳入议程，2019 年 1 月，76 个 WTO 成员国在达沃斯非正式部长级会议上签署《关于电子商务的联合声明》，发起了电子商务领域的多边谈判。从 2018 年起，各成员方向 WTO 总理事会提交了电子商务谈判议案，希望能够推动电子商务的多边协议的达成。

截至 2020 年 12 月,加入电子商务诸边谈判的国家达到 86 个。但由于分歧依然存在,短期内达成协议的可能性比较小。在参与电子商务谈判的国家中,发达国家全部参加了《关于电子商务的联合声明》,而转型经济体中有将近 50% 的国家参与其中,最不发达经济体中只有三个国家参加,参与率仅为 6.4%。截至 2021 年,世界贸易组织成员国共有 164 个,参加《关于电子商务的联合声明》的国家数量达到了一半以上,占全球 GDP 份额的 90% 以上。

——2022 年 6 月 WTO 第 12 届部长级会议(MC 12)在瑞士日内瓦成功举行。MC 12 通过了《关于电子商务的工作计划》,将电子传输临时免征关税的做法延续到下一届部长级会议。

区域贸易协定(RTA)中有关数字贸易规则的演变。由于数字贸易方面的全球性协议比较难以达成,各国纷纷通过 RTA 探索数字贸易规则。当前,约有一半的世贸组织成员加入了包含数字贸易规则的非世贸组织协定。目前 WTO 所有成员国至少有一方是一项 RTA 的协议方,全球 20% 的商品交易在 RTA 贸易协定伙伴之间进行。截至 2021 年 2 月,全球向 WTO 通报并有效的 RTA 达到 326 起,其中涉及数字贸易的达到 109 起,占比为 33.4%,可见数字贸易作为一个新兴的领域已经得到较高的重视。在这些涉及数字贸易的区域贸易协定中,从主导方来分析,美国和欧盟主导的自由协定中对数字贸易有比较深入和全面的涉及。

(二)美国数字贸易规则

自 2000 年美国—约旦自由贸易协定(Free Trade Agreement,FTA)首次涵盖数字贸易规则以来,美国经过 20 年的努力在其主导的一系列 RTAs 中构建了数字贸易规则"美式模板",并不断演进升级。

《跨太平洋伙伴关系协定》(Trans-Pacific Partnership Agreement,TPP)框架下的数字贸易规则是奥巴马时期数字贸易规则美式模板的集大成者。TPP 中专门开辟第六章电子商务来讨论电子商务的规则问题,其主要精神在于确保跨越国界信息的自由流动,禁止电子商务关税,促进跨境电子交易认证服务,保护保密信息,包括额外的数码产品信息流的处理。在电信领域则要求遵循以下几个基本原则:确保互连和不歧视的访问电信网络作品;消除投资限制,保证技术中立;促进测试和认证的相互承认,要求监管的透明度和有上诉的权利。在数字贸易领域,TPP 还重点对知识产权做了相关规定:双方应赋予作者、表演者和录音制品作者权利以授权或者禁止对其作品、表演和录音制品进行任何方式的复制，无论是永久的还是暂时的（包括暂时以电子形式存储的录音制品）。双方应赋予作者、表演者和录音制品制作者权利以授权或者禁止公众通过出售或者转让所有权的方式获得其作品、表演和录音制品的原件和复印件。在版权领域，双方应给予作者专有权利以授权或者禁止作品与公众通过电线或者无线电手段进行交流。这种权利也包括让一些公众在作者选定的地点和时间获得作品。

特朗普政府在数字贸易治理上较奥巴马政府更具雄心。这主要表现在两点：一是在区域层面积极助推数字贸易规则美式模板自身的演进升级。《美墨加协定》（United States-Mexico-Canada Agreement，USMCA）和《美日数字贸易协定》（U. S. -Japan Digital Trade Agreement，UJDTA）中的数字贸易谈判直接以 TPP 为逻辑起点，并在其基础上做出一系列深化和拓展。二是在多边及准多边层面努力谋求将数字贸易规则美式模板进行扩展适用。在美国的努力推动下，数字贸易规则美式模板已具有一定的国际影响力。目前美国与韩国、巴林、哥伦比亚、巴拿马、阿曼、摩洛哥、秘鲁等国的自由贸易协定中都设置了电子商务方面的专门章节。一些典型的美式数字贸易规则已渗透在澳大利亚、日本及新西兰、新加坡等经济体主导签署的 RTAs 之中。在美国—新加坡自由贸易协定中也专门设定一章来对电子商务交易进行规定。

（三）欧盟数字贸易规则

欧盟在数字贸易和经济的规则方面比较严格。欧盟采取先有规则监管，再试验实践的模式。早在 2000 年，欧盟就颁布了《电子商务指令》，帮助欧盟内部的跨境电商服务扫清法律障碍。欧盟自成立以来一直希望打造"单一市场"，在数字领域也是如此。如果欧盟 27 个国家都在数字贸易方面颁布自己的法律法规，那就意味着企业可能要受到 27 个国家的法律法规的制约，这样极大提高了企业运营的合规成本。

在数字化发展方面，欧盟持公平与谨慎的态度。2020 年 2 月，欧盟启动了全新的数字化转型战略《塑造欧洲数字未来》。该计划显示，在接下来的五年中，为了帮助欧洲进行数字化转型，帮助欧盟在全球数字经济中处于领先位置，欧盟委员会将在以下三个方面发力：开发部署服务于人的技术；维护公平竞争的单一数字市场；建设开放、民主和可持续的社会，保证公民对数据的权利。

在产业层面，欧盟持公平与包容的态度。欧盟接连公布《欧洲数据战略》

《人工智能白皮书》《新欧洲工业战略》等重要文件，覆盖了大数据、人工智能等多个数字产业领域。后来又制定《数字服务法》（Digital Services Act，DSA）和《数字市场法》（Digital Markets Act，DMA）来补充。

《通用数据保护条例》（GDPR）是欧盟数字贸易规则的基石。GDPR 是欧盟数字产业方面的基础性法规。GDPR 是在 1995 年颁布的《数据保护指令》之上制定的，该条例适用于欧盟所有成员国，脱欧后的英国也表示继续接受条例的约束。该条例包含以下内容：GDPR 的地域适用范围；个人敏感数据；问责机制；数据主体的知情权；数据主体的访问、更正和可携权；数据主体的删除权、限制处理权、反对权和自动化个人决策相关权利；数据处理者；数据泄露和通知；数据保护官；GDPR 下的数据处理者等。任何收集、传输、保留或处理涉及欧盟所有成员国内的个人信息的机构组织均受该条例的约束。比如，即使一个主体不属于欧盟成员国的公司（包括免费服务），只要满足下列两个条件之一就受到 GDPR 的管辖：①为了向欧盟境内可识别的自然人提供商品和服务而收集、处理他们的信息；②为了监控欧盟境内可识别的自然人的活动而收集、处理他们的信息。

《数字市场法》和《数字服务法》是欧盟数字贸易的重要法律。2020 年12 月，欧盟委员会正式启动立法程序，向欧盟立法机构欧洲议会及欧盟理事会提交了《数字市场法》和《数字服务法》草案。这不仅反映了欧盟对孵化欧洲本土科技企业的意愿，也显现了欧盟争夺数字贸易国际话语权的意图。《数字服务法》和《数字市场法》各有侧重，《数字市场法》重点监督数字贸易领域的大平台滥用垄断地位等市场不公行为，《数字服务法》力图监督各个平台在打击网络非法内容、保护公众隐私、规范在线广告等方面的努力。2022 年 7 月，欧洲议会以压倒性多数分别通过了《数字服务法》和《数字市场法》。两部法案将于 2023 年 1 月前后生效实施。

（四）中国数字贸易规则

中国在数字贸易规则方面出台了一系列的法律法规，逐步构建了较为完善的数字贸易规则体系。

出台《中华人民共和国电子商务法》。2018 年 8 月 31 日，《中华人民共和国电子商务法》正式实施。该法律对电子商务经营者进行了界定："本法所称电子商务经营者，是指通过互联网等信息网络从事销售商品或者提供服务的经营活动的自然人、法人和非法人组织，包括电子商务平台经营者、平台内经营者以及通过自建网站、其他网络服务销售商品或者提供服务的电子商务经营者。"规定电子商务经营者必须依法进行市场主体登记，依法纳税和享受税收优惠。对电子商务经营者的其他基本责任和义务进行规定。同时，也对电子商务经营平台的责任和行为进行了规范。在该法律中也对电子商务合同的订立与履行、电子商务争议与解决、电子商务促进、电子商务经营者的相关法律责任等进行了规定。

出台《中华人民共和国数据安全法》。2021年9月1日中国正式实施的《中华人民共和国数据安全法》，这是中国实施数据安全监督和管理的一部基础法律，其根本目的在于提升国家数据安全的保障能力和数字经济的治理能力。《数据安全法》所称数据，是指任何以电子或者其他方式对信息的记录。在数据安全方面，国家建立数据分类分级保护制度，根据数据在经济社会发展中的重要程度，以及一旦遭到篡改、破坏、泄露或者非法获取、非法利用，对国家安全、公共利益或者个人、组织合法权益造成的危害程度，对数据实行分类分级保护。国家数据安全工作协调机制统筹协调有关部门制定重要数据目录，加强对重要数据的保护。在个人数据权力方面规定：国家保护个人、组织与数据有关的权益，鼓励数据依法合理有效利用，保障数据依法有序自由流动，促进以数据为关键要素的数字经济发展。对于数据处理原则的规定：开展数据处理活动，应当遵守法律、法规，尊重社会公德和伦理，遵守商业道德和职业道德，诚实守信，履行数据安全保护义务，承担社会责任，不得危害国家安全、公共利益，不得损害个人、组织的合法权益。在数据的国际流动方面，倡导国家积极开展数据安全治理、数据开发利用等领域的国际交流与合作，参与数据安全相关国际规则和标准的制定，促进数据跨境安全、自由流动。

印发《"十四五"电子商务发展规划》。2021年10月26日，商务部、中央网信办和发改委印发《"十四五"电子商务发展规划》，明确加快修订《反垄断法》，推动修订《电子商务法》，制定数据安全、个人信息保护等相关法律的配套规定，完善平台治理规则。不正当竞争与反垄断以及知识产权保护是修订重点关注的内容，这是对电子商务发展中的问题及时回应。

出台《中华人民共和国个人信息保护法》。2021年11月1日，《中华人民共和国个人信息保护法》正式实施。该法律的主要条款包括个人信息处理的规则；一般规定；敏感个人信息处理规则；国家机关处理个人信息的特别规定；个人信息跨境提供的规则；个人在个人信息处理活动中的权利；个人信息处理者的义务；履行个人信息保护职责的部门；个人信息相关的法律责任。

签订《区域全面经济伙伴关系协定》。中国目前签署的诸边协议中，规格最高、影响最大的是《区域全面经济伙伴关系协定》（RCEP）。在RCEP中与数字贸易相关的章节包括：第八章中的金融服务和电信服务，第十一章知识产权，第十二章电子商务和第十四章中小企业。RCEP在数字关税方面规定各缔约方不对缔约方之间的数字传输征收关税，但并没有阻止各缔约方征收其他的数字税。在数据跨境流动方面，对于跨境数据流动和金融服务数据流动，如果出于商业目的或者日常营运目的都可以进行跨境流动，但同时也保留了监管机构出于国家安全等审慎考虑可以对数据跨境流动进行限制。在数据本地化方面，RCEP也没有将数据本地化作为进入一个国家开展商业行为的前提。在源代码开放方面，没有将源代码开放作为进口、分销、销售或者使用该软件的先决条件，中国的相关国内法律没有强制开放源代码的条款，但在信息安全法相关的法律法规中规定出于国家安全和侦查犯罪的需要，网络运营者必须提供必要的支持和协助。

二、数字贸易规则的特点

数字贸易规则的演变存在一些显著特征。具体包括：

第一，全球性规则、区域性规则、国内规则并存。数字贸易的涵盖范围比较广，WTO《服务贸易总协定》（General Agreement on Trade in Services, GATS）以及WTO《与贸易有关的知识产权协议》（TRIPS）等对数字贸易中传统数字化产品，如音乐、视频、服务外包等都做了相关规定。区域贸易协定中，美国签订的大部分双边协定中都有数字贸易的相关条款，欧盟也制定了数字贸易方面的区域内规则。在亚太地区，新加坡、日本在其签署的双边协议中也对数字贸易有比较具体的规定。规则制定的基本逻辑是一个国家先在国内数字贸易的实践过程中形成数字贸易的基本规则和制度，然后在双边贸易中输出数字贸易的规则。当前WTO主导的全球数字贸易规则还没有出现，大部分数字贸易规则都属于国内规则、双边贸易协定和区域内贸易协定。

第二，数字贸易规则制定与一国数字经济发展水平紧密相关。美国和欧盟是全球数字经济发展水平比较高的区域，数字贸易的实践催生了对数字贸易规则的巨大需求。数字贸易规则一方面帮助企业在数字经济领域打开外部市场，另一方面则对数字经济的相关产业和企业形成了保护机制。在南美、非洲等区域，数字经济的发展尚处于比较低的水平，因此其数字贸易规则的制定更多是在发达国家的推动下进行的被动防御，而不是积极主动参与规则的制定，因此其数字贸易相关的规则数量少，覆盖面窄。

第三，数字贸易规则制定集中在少数国家。数字贸易中的大部分内容，包括现代数字产品的交易、数据的交易等都处于快速发展阶段，这些产品与服务的提供大多集中在少数国家，因此相关规则的制定也集中在部分国家。以美国和欧盟为主，中国、日本、韩国和新加坡紧随其后，金砖国家和东盟等也在迅速行动，呈现出明显的集聚效应。

第四，数字贸易规则滞后于数字贸易的发展实践。数字贸易的规则制定严重滞后于数字贸易的实践发展。目前，跨境电商在国际贸易中的份额逐年提升，而关于跨境电商的全球性国际规则和惯例迟迟缺位。由于跨境电商发展的自身特点，平台的垄断地位不断得到强化，而对于垄断性平台对公平竞争市场的挑战，目前还没有全球统一的比较明确的治理规则。在数据贸易方面，数据的自由流动是数据贸易的基本前提，但是目前数据流动在各个主要经济体之间还存在比较大的分歧。而至于数据的定价和交易更是缺乏统一的国际惯例，规则的制定严重滞后于实践的发展。

三、数字贸易规则存在的问题

1. 全球性的统一规则缺位，WTO 框架缺乏数字贸易相关内容

到目前为止，由于国际经贸治理体系的问题，WTO 谈判进展缓慢，数字贸易的全球性统一规则长期处于缺位状态。这种缺位状态一方面严重影响了数字贸易的发展，另一方面也对 WTO 的形象和地位造成了较大的负面冲击。由于国际规则的缺失，导致了各个国家在制定自己的数字贸易政策和规则方面往往从本国利益出发，缺乏基本的遵循，最终加大了各国在数字贸易领域的分歧和冲突。

2. 主要规则体系之间的冲突和分歧依然很大

目前，全球处于主导地位的两大规则体系——欧洲规则和美国规则之间依然存在巨大的分歧。这种分歧在短期内看不到有减少和消除的趋势。这种分歧的根源在于国家之间的信任缺乏，而深层次的原因在于国家之间的利益博弈。美国在数字经济领域发展比较快，数字经济的技术在全球处于引领位

置，因此在数字贸易方面主要立足全面开放和自由竞争。欧盟则基于对个人隐私和人权的保护，在数据的流动方面设置了比较多的限制。因此可以看出在数字贸易方面，因为发展水平的不同，全球数字贸易规则的"孤岛"化现象比较严重。

3. 发展中国家在数字贸易规则方面缺乏声音

目前，在数字贸易规则方面，基本是美国、欧盟等主宰规则的制定，来自发展中国家的声音较弱。发展中国家的数字经济发展水平大多比较低，数字经济发展的需求相对滞后，支撑数字经济发展的技术比较匮乏，在数字经济方面的产业基础薄弱，其国内数字经济的相关政策和规则也有限。发展中国家和发达国家在数字经济领域存在着巨大的数字鸿沟，发展中国家在数字贸易规则上的失声会进一步加剧发展中国家的数字贸易领域的弱势地位，从而进一步加大发展中国家和发达国家之间的数字贸易鸿沟。中国作为代表性的发展中国家，应加强数字贸易规则顶层设计，输出中国方案。

第五节　数字贸易全球价值链位势比较的理论分析框架

鉴于要素禀赋、发展基础、发展环境的差异，形成了各国数字贸易发展的不同水平，进而确定了各个国家在全球数字贸易价值链上的位势。本书对世界主要数字贸易经济体在数字贸易价值链上的位势进行了比较细致的描述和分析，具体分析框架如下。

一是研究分析对象的国别主要为十一个国家或经济体。研究样本为数字贸易主要国家。首先本书选取了全球数字贸易发展的几个主要国家和经济体，具体包括中国、美国、英国、日本、韩国、印度、巴西、俄罗斯、南非等国家，还包括欧盟和东盟两个区域经济体。上述国家和地区中既包含有发达国家或者经济体，也有新兴的发展中国家。从在全球数字贸易中的地位来看，上述国家和地区占据了全球数字贸易总量的绝大部分份额，而从在数字贸易领域的话语权来看，这些国家和经济体是数字贸易规则的主要制定者或参与者。因此，对上述国家和经济体的分析基本可以反映全球数字贸易发展的基本状况和未来的发展趋势，在研究样本上具有比较强的代表性。

二是数字贸易主要划分为六个细分领域。选择六个数字贸易细分领域作为各个国家数字贸易研究的主要方面。在每个国家的数字贸易研究方面，选择了电子商务、ICT 贸易、数字音乐、电子游戏、搜索引擎、社交平台等六个细分领域作为数字贸易的代表性领域。很显然，数字贸易的概念与内涵尚处于不断演化之中，上述六个细分领域仅代表当前数字贸易的主要方面。

三是从三个评估维度评估数字贸易的规模、环境与质量。在数字贸易细分领域的研究上，根据产业经济学理论框架，从产业的规模、产业发展的质量、产业发展的环境三个维度上对上述数字贸易的六个细分领域进行评价和分析。在三个维度上再进一步建立评价指标体系，对指标体系中的各个指标通过每个国家的具体表现进行评分，并依据德尔菲法进行指标权重赋值，进而通过加权求和，得到各个国家在数字贸易的各个细分领域的具体得分，最后根据各个经济体的得分进行排序，描画出各个经济体在国际价值链上的位势。

在三个维度的具体指标体系建立方面，数字贸易的规模采用了数字贸易相关细分产业领域的年度产值、出口值或者市场总量作为评价其规模的指标。数字贸易细分领域的发展质量则主要选择了数字贸易细分领域头部企业数量、平台企业数量、头部企业市值、全球性或区域性行业组织机构总部数量、所制定的行业全球规则数量、行业全球专利数量等指标来衡量。数字贸易细分领域的发展环境则选择了国家 GDP 总量、人口总量、人口人均受教育年限、国家电信和互联网基础设施、电子商务渗透率、产业数字化比例、数字经济占总体经济的比例等指标来衡量。上述指标是数字贸易各个领域的通用型指标，数字贸易的各个细分领域在规模、质量和发展环境上还会选择一些具有行业特色的特色型指标，如在考察社交平台的规模时会参考社交平台的月活用户数量作为一个特色型指标，而在考察数字音乐的发展环境方面，数字音乐消费者付费比可以作为数字音乐发展环境的一个重要参考指标。

规模是一个国家在数字贸易相关细分领域现有发展水平的重要指标，数字经济的一个显著特点是规模效应，随着规模的增大，数字贸易发展的质量和稳定性都会有比较大的提升。世界各国数字贸易发展的经验证明，在大多数情况下规模是数字贸易发展的前提和基础。质量则是数字贸易发展的核心，更多决定了该国在数字贸易相关领域的话语权。在本书中，作者更倾向于把质量和数字贸易相关产业的规则制定、核心技术的研发等作为评价一个国家在数字贸易细分领域质量的基本准则，应该说，数字贸易的发展质量是各国未来角力的目标。数字贸易发展环境是数字贸易发展的软硬环境，既包含了基础性的硬性指标，如网速、5G 覆盖率等为代表的电信基础设施水平，也包含了人均 GDP、人均受教育年限等软性指标，这些指标某种程度上决定了一个国家数字贸易发展的潜能和上限。因此，可以说规模是一个国家数字贸易发展的现状，而环境则是一个国家数字贸易发展的未来，质量则代表了一个国家数字贸易发展的可持续性。

在本书中，为了阐述的便利性，我们将上述数字贸易位势的分析框架用规模（Scale）、质量（Quality）、环境（Environment）的三个英文单词的首字母合成词 SQE 来命名，简称为数字贸易 SQE 国别位势分析模型（表 1-4）。在该模型中总共从数字贸易六个细分领域进行剖析。每个细分领域按照 SQE 框架进行比较，在每个细分领域中设置若干二级评价指标，并通过专家法来确定二级指标在评价中的权重。最终通过对本书中所涉及的 11 个国家和地区进行相对位势的比较，得到各个国家或地区的全球数字贸易价值链位势分析总表，借以直观表达该国或地区在数字贸易各个细分领域的全球竞争力水平。本研究中所涉及的 11 个国家和地区的数字经济总规模占全球 80% 以上，占全球数字经济规则供应的 90% 以上，本研究中各国或地区之间的位势比较客观反映其在全球的位势，具有比较好的代表性。

表 1-4　数字贸易 SQE 国别位势分析模型[*]

数字贸易细分领域	一级评价指标	二级评价指标	二级指标权重
电子商务	规模	电子商务市场总额	100%
	质量	电商头部企业市值排名	100%
	环境	线上零售占社会零售总额比例（%）	40%
		互联网渗透率（%）	30%
		物流绩效指数（LPI）	30%
ICT	规模	ICT 服务出口额	100%
	质量	ICT 头部企业数量与排名	100%
	环境	宽带速率（Mbit/s）	70%
		计算机专业全球排名数量	30%
搜索引擎	规模	网民绝对人数	100%
	质量	前 50 名搜索引擎数量	100%
	环境	人口总数	80%
		受教育年限	20%

数字贸易细分领域	一级评价指标	二级评价指标	二级指标权重
社交平台	规模	社交平台用户数量	100%
	质量	头部社交平台数量与排名	100%
	环境	网民平均每天花费在社交媒体时间（min/天）	60%
		居民平均年龄（岁）	40%
数字音乐	规模	数字音乐产业规模	100%
	质量	数字音乐头部企业数量与排名	80%
		数字音乐版税收入（全球占比%）	20%
	环境	数字音乐用户渗透率（%）	80%
		数字音乐 ARPU（每用户平均收入）	20%
电子游戏	规模	电子游戏产业总产值	100%
	质量	电子游戏头部企业数量与排名	100%
	环境	电子游戏玩家渗透率（%）	80%
		人均 GDP	20%

* 位势分析表中数据来源与测算方法：

①电子商务市场总额：依据全球知名市场调研公司 eMarketer 2021 年的数据来排序或测算，欧盟与东盟采用各成员的总值加和得到。

②电商头部企业市值：电子商务头部企业市值排名采用了全球 50 家电商企业，2022 年的市值按照经济体进行分类核算。有些国家或地区没有上榜企业，根据该国家或地区最大本土电商企业的规模与榜单最后一名的企业的规模对比得到一个比例值，作为该国家或者地区在本项目的得分。

③线上零售占社会零售总额比例：根据 Statista 2020 的数据，少数国家经过 2021 年的数据测算得到，2021 年的数据可能有变化，但是相对值变化不大。

④互联网渗透率：采用世界银行和维基百科 2022 年的数据。

⑤物流绩效指数：根据世界银行的 2018 年物流绩效指数来测算排序。

⑥ICT 服务出口额：根据 Nation Master 2019 年的服务出口值的数据整理测算。

⑦ICT 头部企业数量与排名：根据 2019 年福布斯数字企业 100 强来进行排序。有些国家或地区没有上榜企业，根据该国家或地区最大本土 ICT 企业的规模与榜单最后一名企业的规模对比得到一个数值，作为该国家或者地区在本项目排名的依据。

⑧宽带速率：按照 OOKLA 全球测速报告 2022 年的数据，东盟欧盟取中位数。

⑨计算机专业全球排名数量：根据 2021 年 QS 全球排名 1000 的计算机专业学校数量整理测算。

⑩网民绝对人数：根据维基百科 2021 年数据整理测算。

⑪前 50 名搜索引擎数量：根据 2022 年各个搜索引擎的数据整理测算。有些国家或地区没有上榜企业，根据该国家或地区本土最大搜索引擎企业的规模与榜单最后一名企业的规模对比得到一个数值，作为该国家或者地区在本项目排名的依据。

⑫人口总数：根据 World Population Review 2022 年的数据整理。

⑬受教育年限：根据联合国教科文组织 2017 年的数据整理测算。

⑭社交平台用户数量：根据 Statista 2020 年的数据整理测算。

⑮头部社交平台数量与排名：2021 年，根据 Visual Capitalist 的数据整理测算。有些国家或地区没有上榜企业，根据该国家或地区本土最大社交平台企业的规模与榜单最后一名企业的规模对比得到一个数值，作为该国家或者地区在本项目排名的依据。

⑯网民平均每天花费在社交媒体的世界：根据 2021 年 Data Reportal 的数据整理测算。

⑰居民平均年龄：根据 World Population Review 2022 年的数据整理测算。

⑱数字音乐产业规模：根据 IFPI 2017—2020 年的数据整理测算。

⑲数字音乐头部企业数量与排名：根据 Statista 2021 年的数据整理测算。有些国家或地区没有上榜企业，根据该国家或地区最大数字音乐企业的规模与榜单最后一名企业的规模对比得到一个数值，作为该国家或者地区在本项目排名的依据。

⑳数字音乐版税收入：根据 CISAC 发布《2019 全球版税报告》的数据整理测算。

㉑数字音乐用户渗透率：根据 eMarketer 2022 年的数据整理测算。

㉒数字音乐 ARPU：根据 Statista 2021 年和 2022 年的数据整理测算。

㉓电子游戏产业总产值：根据 Newzoo 发布《全球游戏产业报告 2021 年》的数据整理测算。

㉔电子游戏头部企业数量与排名：根据 Companies Market Cap 发布的全球电子游戏上市企业 100 强的数据整理测算。有些国家或地区没有上榜企业，根据该国家或地区最大电子游戏企业的规模与榜单最后一名企业的规模对比得到一个数值，作为该国家或者地区在本项目排名的依据。

㉕电子游戏玩家渗透率：根据 Statista 2021 年的数据整理测算。

㉖人均 GDP：根据世界银行 2020 年的数据整理测算。为研究方便，本研究中所有中国的数据均指在中国大陆的数据。

　　数字贸易不仅仅是新的贸易形式，数字贸易还引领各国数字经济的发展。数字经济无疑是新时期各国角力的战略性领域，也是带动传统产业数字化转型升级的重要推动力，是新经济时代各国竞争力的核心引擎。谁能抓住数字经济发展的红利，进而推动数字贸易的高质量发展，形成数字经济与数字贸易的良性互动，谁就能在未来的国际竞争中占据先机。数字贸易的发展本质上是各国在数字贸易全球价值链上的分工、竞争与合作，各国数字经济的要素禀赋、技术创新、投入和制度创新成为改变其在全球价值链上位势的重要推动因素。各国在数字贸易各个领域的位势不同，拉长板、提短板、补空板是各国制定数字贸易发展宏观政策的基本指导方针。

　　本研究中数字贸易国别各个章节的位势分析，旨在通过上述的分析框架，描画全球数字贸易主要国家在数字贸易细分领域的长板和短板。进而，基于各自在数字贸易领域的位势，从内在逻辑上分析各国的数字贸易政策的出发点，力图使各国数字贸易发展的全景得到更加清晰的呈现。

第六节　数字促进当代国际贸易理论与实践发展

数字及数字技术的发展，冲击了古典、新古典政治经济学和现代国际经济学的理论基础。数字贸易与数字经济的成功实践，为丰富当代国际贸易理论提供了三百年难逢的发展机会。

一、数据成为新的生产要素后，导致短期和长期的生产函数发生了变化

数据已成为继土地、劳动力、资本、技术之后的一种新生产要素。2017年12月8日，习近平在中共中央政治局学习时强调，"在互联网经济时代，数据是新的生产要素，是基础性资源和战略性资源，也是重要生产力。因此要构建以数据为关键要素的数字经济。"

数据成为新的生产要素后，导致短期和长期的生产函数发生了变化，或导致里昂惕夫生产函数和柯布-道格拉斯生产函数也因此发生变化。

$$Q = f\ (L,\ K,\ \cdots,\ n) \rightarrow Q = f\ (L,\ K,\ D,\ \cdots,\ n)$$

$$Q = \text{Minimum}\ (L/\mu,\ K/\nu,\ D/\xi)$$

$$Q = AL^{\alpha}K^{\beta}D^{\gamma}$$

以上，Q 代表生产数量，L 代表劳动力，K 代表资本，D 代表数据。

二、当代国际贸易理论留给学者更多的想象与成就空间

从重商主义到大卫·休谟的价格—货币—流转机制，到亚当·斯密的绝对优势理论，到大卫·李嘉图的相对优势理论，再到新古典贸易理论，均缺失数字作为生产要素的生存环境。

数字成为新的生产要素后，贸易的基础发生变化，要素禀赋理论和赫克谢尔—奥林（H-O）模型的假设条件发生了变化，里昂惕夫的反论或有了新的说法。国际贸易的当代理论留给学者更多的想象与成就空间。

三、开放条件下的宏观经济形势与治理出现新变局

开放经济中的总供给与总需求，短期和长期的供给与需求曲线，包括供

给结构与需求结构，都会由于数据要素的出现而发生扰动变化。

数字环境风险客观存在，单边主义不能独善其身，多边主义可共同协作寻求最优管理。区域贸易协定（RTA）和WTO有关跨境数据流动的规则，无疑需要与时俱进做相应的调整，以提高贸易投资经济合作效率和效益，以增进全人类更多的社会福利。

第二章　美国数字贸易及规则发展

第一节　美国数字贸易现状及在全球
产业链中的位势

一、美国数字贸易在全球的总体位势

美国数字经济在总体上位于全球领先位置，从全球价值链的视角来看，美国在数字贸易领域存在比较高的贸易顺差。根据《全球数字贸易与中国发展报告 2021》，数字贸易总规模前十大经济体分别是美国、英国、中国、德国、爱尔兰、荷兰、法国、印度、日本和新加坡。其中发达国家占据 8 席，8 个发达国家的数字贸易总额达到了十大数字贸易经济体的 84%。发达国家经济体在数字贸易方面无论是前十大中所占的席位还是在总额中的绝对值占比都远远超过新兴经济体，美国在数字贸易总规模方面排名第一。在另外一个反映数字贸易发展综合水平的指标——数字贸易发展指数的排序中，前十大数字贸易国家中只有中国一个发展中国家，而美国依然位居第一。

根据联合国贸易和发展会议的数据，2020 年全球数字贸易的出口总规模达到 31 926 亿美元，在全球服务贸易中占比达到 52%，美国的数字贸易出口达到了 8450 亿美元，居全球第一，跟随其后的是英国、爱尔兰、德国、荷兰和印度。中国以 2947.6 亿美元占据第八。

二、在数字贸易细分领域中美国在全球产业链位势

（一）美国电子商务领域的发展现状和位势

美国在电子商务总额方面占据全球第二的位置，仅次于中国。根据联合国贸易和发展会议（UNCTAD）的统计数据，2020年，美国线上零售总额为7917亿美元，中国为14 143亿美元，而第三名的英国为1306亿美元，韩国排名第四，为1044美元。从线上零售占总零售的比例来看，美国为14%，英国为23.3%，中国为24.9%，韩国为25.9%，美国的线上零售业的渗透率低于中国、英国与韩国，在电商领域尚有比较大的增长空间。

美国的行业头部企业占据垄断地位。行业头部企业的数量很大程度上反映了一个国家在某个领域的流量控制地位，根据BizVibe的数据，全球前十大电商公司中美国占据三席，分别为排名第一的亚马逊，排名第六的易贝（eBay），排名第七的Wayfair。中国的三大公司分别是京东、阿里巴巴和苏宁。前十名企业中中美两国占比相当，但是从平台公司的规模来看，亚马逊一家公司的销售额超过了中国三家公司的总和。另外从平台的市场覆盖来看，亚马逊在全球有十多个站点，而且布局主要在发达国家、高端市场，而阿里巴巴主要在俄罗斯、巴西等新兴市场，京东和苏宁则主要是在国内市场。亚马逊是全球第四个市值上万亿美元的公司，收入排名居全球第三。在规则方面，亚马逊凭借其市场的引领地位，在跨境电商规则制定方面最为严密和系统。根据笔者2021年对深圳市跨境电商企业的调研，在跨境电商发达的中国，70%以上的跨境电商公司的业务来源主要来自亚马逊，而阿里在公司收入中的份额远低于亚马逊，从利润占比来看，来自亚马逊平台的利润对公司总利润的贡献度远超过其他平台。亚马逊平台上40%多的大卖家是中国企业，由此可见亚马逊在跨境电商领域的全球引领地位。

（二）美国数字化产品

——数字音乐产品。一是美国数字音乐产品的规模大。根据国际唱片协会（IFPI）《2021全球音乐产业报告》的统计，2020年全球录制音乐的市场规模达到了216亿美元。美国是全球最大的音乐市场，占比达到39.1%，其次是日本、英国与德国，中国全球第七，全球流媒体音乐同比上年增长了

19.9%。根据美国唱片业协会（IRAA）统计，2020年美国音乐市场达到了122亿美元。2021年全球在线音乐的四巨头分别为SPOTIFY，APPLE MUSIC，AMAZON和腾讯音乐，美国占据两席。根据国家互联网信息中心数据，2020年中国在线音乐的市场规模达到128亿元，网络音乐用户规模达到6.58亿人。国际唱片业协会数据统计，2019年中国数字音乐用户整体付费率约5%，而美国音乐付费用户率接近50%，由此可见，美国数字音乐市场成熟度比较高。二是美国在数字音乐方面具有很强的基础和创新能力。根据国际作者和作曲者协会联合会（CISAC）发布的《2019全球版税报告》，美国收取的版税额占据全部收入的22.8%，法国与日本紧随其后，分别占11.9%和9.7%。

——ICT产品。根据WTO全球贸易统计，2019年，在ICT服务出口全球10强中，美国占比9.2%，欧盟占比55.9%，印度占比10.9%，中国占比9%，英国占比4.6%。在ICT服务进口全球10强中，欧盟占52.9%，美国占12.7%，中国占比8%，日本占比6%，新加坡占比5%，瑞士4.7%，英国4.2%，印度2.8%。在ICT服务方面，美国仅次于欧盟，而进口领域占比在所有单一国家中最高。在ICT服务的基本工具和载体软件方面，美国也是稳居第一。全球软件市场主要包括美国、日本、英国、德国和中国，根据巴西软件公司协会（ABES）公布的数据，从软件及服务市场投资支出来看，2020年美国软件及服务投资支出额达到6350亿美元，排名第一，日本为840亿美元，排名第二，英国为810亿美元，排名第三，德国和中国分别排名第四、第五。在核心操作系统方面，美国占有绝对主导地位，全球的操作系统90%以上都被微软和苹果所垄断，中国国产的基于LINUX系统的操作系统生态体系在覆盖面和影响力方面还有较大差距。在数据库方面，美国也占据了大部分的市场份额。

——美国视频产品。美国视频产业比较发达，但也受到知识产权方面的影响。2019年，美国商会全球创新政策中心（GIPC）与经济研究协会经济咨询公司（NERA）发布的《数字盗版对美国经济影响》报告指出，随着视频流媒体行业的发展，数字视频盗版行为急剧增加，每年全球约266亿人次观看盗版美国电影，1267亿人次观看盗版美国电视剧，给美国带来292亿~710亿美元的经济损失和23万~56万人的就业损失，并导致产业发展陷入停滞。

——美国电子书产品。美国电子书的增长非常快，出版业的重点向电子书转型的趋势很普遍。美国出版协会（AAP）年度统计调查表明，2020年美国电子书销售收入为21.2亿美元，比2019年增加11.7%。电子有声读物比

2019 年增长了 13.2%，达到了 14.2 亿美元。从 20 世纪 90 年代起，美国各大出版商注重从传统出版形式向网络版服务的转型，采取期刊在线出版、在线学习出版、数据库在线出版和电子书出版等多种模式。培生集团（Pearson Group）、汤姆森（the Thomson corporation）等世界出版巨头除完成纸质图书的数字化以外，还积极利用数字技术为读者提供全方位的个性化服务。目前，美国出版商更多关注电子书的商业前景，并通过其数字化平台进行各种商业模式的运营。

（三）美国电信和计算机服务方面的现状和全球位势

在电信服务领域，根据 WTO 的统计数据，前十强分别为欧盟、美国、英国、科威特、印度、中国、中国香港、阿拉伯联合酋长国、新加坡和日本。2019 年美国的电信服务出口为 79.99 亿美元，在全球电信服务出口十强中占比 12.2%；英国 74.01 亿美元，占比 11.3%；中国为 23.97 亿美元，占比 3.7%；美国依然在全球具有领先的地位。在计算机服务领域，2019 年，中国的出口为 513.87 亿美元，占比 10.4%；美国为 363.12 亿美元，占比 7.4%；以色列为 176.18 亿美元，占比 3.6%；英国为 147.74 亿美元，占比 3%；新加坡为 132.47 亿美元，占比 2.7%。美国在计算机服务领域的优势被中国所超越，但是依然处于全球第二的位置。

（四）美国搜索引擎与社交平台领域的现状和全球位势

根据 Statcounter 的数据，2021 年 10 月，全球搜索引擎的市场占有率分别为：谷歌 91.66%，必应 2.74%，百度 1.91%，雅虎 1.5%，Yandex 0.96%，DuckDuckGo 0.6%。在全球搜索引擎市场五强中，美国占据三强，其中谷歌的占比更是达到 91.66%，具有绝对垄断优势。

在社交平台方面，根据 Statista 的数据，2021 年 7 月，全球前十大社交平台的月活跃用户数量最多的是 Facebook，活跃用户为 28.53 亿，优兔（YouTube）为 22.91 亿，WhatsApp 为 20 亿，Instagram 为 13.86 亿，Facebook Messenger 为 13 亿，微信为 12.42 亿，TikTok 为 7.32 亿，QQ 为 6.06 亿，抖音为 6 亿，Telegram 为 5.5 亿。在全球前十大社交平台中，美国占据 5 席，五大平台的总活跃用户数量为前十大平台的 72.5%，行业集中度比较高。美国在社交平台领域也遥遥领先，其平台数量多，而且全球影响力广泛，客户的黏度高。

（五）美国游戏产业发展现状

美国是游戏大国，美国玩游戏的人多，电子游戏的渗透率高。据 ESA（美国娱乐软件协会）的数据，美国 2020 年有超过 2.14 亿人每周玩电子游戏一小时或更长时间。75% 的美国家庭至少有一个人在玩游戏。64% 的美国成年人和 70% 的 18 岁以下未成年人经常玩电子游戏。根据 Newzoo 发布的 2021 年全球游戏产业报告，美国 2021 年电子游戏产值约为 405 亿美元。而根据 IBIS-World 发布的数据显示，美国游戏软件业较为发达，游戏软件占据美国游戏产业大头，占比高达 37% 左右。2014—2020 年，美国游戏软件销售额逐年增长，2020 年约为 252.48 亿美元，同比增长 4.21%。据 IBISWorld 估算，美国游戏业的规模从 2017 年到 2022 年将保持 13.3% 的年均增长率。2022 年将达到 954 亿美元。游戏产业的增速已超过信息产业的平均增速。这个数字包括传统主机游戏收入（零售和软件）、PC 游戏以及页游、应用和游戏广告收入。研发发行环节是美国移动游戏产业链价值占比最大的部分，美国占据移动游戏发行市场较高的份额。而且，大多移动游戏发行商进行自主研发，或通过收购的方式，将研发业务内化。

依据数字贸易 SQE 国别位势分析模型，对美国数字贸易各个细分领域的发展情况进行了整理，并基于本书中所讨论的 11 个经济体的横向对比，初步勾画出美国数字贸易发展的图景以及在全球主要数字贸易国家中的位势，见表 2-1。

表 2-1　美国数字贸易 SQE 国别位势分析模型

数字贸易细分领域	一级评价指标	二级评价指标	指标数值	11 个经济体排名	二级指标权重
电子商务	规模	电子商务市场总额（亿美元），2021 年	8708	2	100%
	质量	电商头部企业市值排名（亿美元），2022 年	16 678.5	1	100%
	环境	线上零售占社会零售总额比例（%），2020 年	14.5	4	40%
		互联网渗透率（%），2022 年	90.9	4	30%
		物流绩效指数（LPI），2018 年	3.89	3	30%

数字贸易细分领域	一级评价指标	二级评价指标	指标数值	11个经济体排名	二级指标权重
ICT	规模	ICT服务出口额（亿美元），2019年	446.5	3	100%
	质量	ICT头部企业数量与排名（个），2019年	39	1	100%
	环境	宽带速率（Mbit/s），2022年	203.81	2	70%
		计算机专业全球排名数量（个），2021年	110	2	30%
搜索引擎	规模	网民绝对人数（万人），2021年	31 232	5	100%
	质量	前50名搜索引擎数量（个），2022年	31	1	100%
	环境	人口总数（万人），2022年	33 480.5	5	80%
		受教育年限（年），2017年	13.4	1	20%
社交平台	规模	社交平台用户数量（亿），2020年	2.4	5	100%
	质量	头部社交平台数量与排名（个），2021年	16	1	100%
	环境	网民平均每天花费在社交媒体时间（min/天），2021年	127	6	60%
		居民平均年龄（岁），2022年	38.1	6	40%
数字音乐	规模	数字音乐产业规模（百万美元），2017—2021年	4437.08	1	100%
	质量	数字音乐头部企业数量与排名（个），2021年	12	1	80%
		数字音乐版税收入（全球占比,%），2020年	27	2	20%
	环境	数字音乐用户渗透率（%）	40	3	80%
		数字音乐ARPU（美元/人），2021年	86.19	1	20%

数字贸易细分领域	一级评价指标	二级评价指标	指标数值	11个经济体排名	二级指标权重
电子游戏	规模	产业总产值（亿美元），2021年	405	2	100%
	质量	头部企业数量与排名（个），2021年	13	4	100%
	环境	电子游戏玩家渗透率（%），2021年	77.2	9	80%
		人均GDP（美元），2022年	63 414	1	20%

三、美国数字贸易在全球产业链中位势特点和形成原因

（一）美国数字贸易在全球产业链中位势的特点

美国在数字贸易领域总体上处于全球领先地位。从整体上看，美国在数字贸易的主要领域如电子商务、游戏中都没有掉出全球前十，而且在搜索引擎、社交平台、知识产权出口多个领域处于全球第一的位置，整体的优势非常明显。在总体数字贸易的规模方面也是遥遥领先其他国家。

在数字贸易的部分领域，中国与美国的竞争显现。在电子商务领域，中国在总体规模上超越了美国，但是在电商平台质量和影响力上还处于劣势。随着中国电商平台的发展，包括中国企业自主独立站的发展，中国未来有机会在电商平台领域进一步缩小与美国的差距。

在数字贸易的技术基础和创新上，美国依然处于引领地位。无论在电子商务领域，还是在ICT服务或者软件方面，基础性技术和核心技术基本都被美国所掌握，大多数数字贸易领域的业务技术框架都是由美国率先搭建，其他国家再进行本土化改造，核心理念和模式大多是在美国原创。

互联网技术的头部集聚效应使得美国在数字贸易方面已经形成了比较稳固的地位。互联网技术的特点是头部集聚效应，行业一旦经过初始发展期之后，在后续快速发展中就容易形成向头部企业集聚的效应，而对后续的加入者产生强大的排斥力和进入门槛。当前在数字贸易领域，美国在多数领域已经形成了超级企业，在后续的竞争中占据了平台与流量优势。

（二）美国数字贸易整体领先的原因

美国数字贸易之所以领先，有几个基本的原因：

一是美国拥有全球较高的互联网渗透率。数字贸易的发展依赖于互联网的渗透率。根据全球知名数据分析与咨询机构莱希特曼研究集团（Leichtman Research Group）的调查显示，2021 年美国有 86% 的家庭已经接入了互联网服务。高互联网接入率的主要原因是，美国的经济基础雄厚和国民受教育的年限比较长。美国互联网的基础设施比较完善，2020 年人均收入为 3.86 万美元，国民受教育的时间平均达到了 13.4 年。

二是美国在技术原始创新和商业模式创新方面有比较好的基础和氛围。数字贸易的基础技术是计算机和通信技术，而这些技术的起源国大多是美国。经过长时间的技术创新更迭，美国在这些领域的技术基础非常雄厚，形成了强大的知识和技术专利积累。另外，在技术创新和商业模式创新领域，美国有比较好的培育创新的文化，有利于推动新的模式和技术的出现与迭代，容易形成先发优势。跨境电商、社交媒体等这些都是美国最先发明和应用起来的。

三是美国企业的企业家精神。美国在数字贸易领域的领先，是在少数头部企业的带领之下完成的。这些企业的创始人大多有比较好的技术工作经验和基础，有比较远大的理想和目标，抓住了互联网大潮的商机，使得企业得到了快速的发展。企业在发展中非常重视技术的创新，通过持续大量的 R&D 投入不断建立和加固技术领先优势。

四是美国有比较完善的资本市场。美国的资本市场发达，美国有多个全国性的股票交易市场，不同类型的公司可以选择不同的市场上市。另外，美国的天使投资、风险投资、PE 等资本市场比较发达，为企业发展提供了良好的融资环境。

五是美国数字贸易人才相对充裕。美国数字贸易经过多年的发展，形成了完善的人才培养体系。在全球数字贸易相关的学科中，美国的大学大多处于前列，这为美国数字贸易的发展提供了源源不断的优质劳动力。

第二节　美国数字贸易发展的宏观政策

在全球数字贸易发展政策的制订中，美国可以说是领头羊，它在全球数字贸易中极具话语权。早在 20 世纪 90 年代，美国就提出了全球数字化的概念，政府也作了一些相关的规划。作为全球数字贸易最是活跃、领先的国家之一，美国的数字贸易发展政策的典型特征可以概括为六个字："起步早，覆盖全"。

一、跨境电子商务政策

笔者按照时间序列，对美国跨境电子商务政策的演变进行了梳理。

1995 年，克林顿政府拟定了《全球电子商务框架》。该规定在 1997 年生效，此后有关电子商务的政策都是在此基础上拓展的。该法案确立了五大原则：①私营部门应起带头作用；②政府应避免对电子商务施加不当限制；③在需要政府参与的地方，其目标应该是支持和实施合理、一致和简明扼要的商业法律环境；④政府应该认识到互联网的独特性；⑤应在全球范围内促进互联网电子商务的发展。

1998 年，美国通过《互联网免税法》。该法案规定在 1998 年 10 月 1 日至 2001 年 10 月 21 日不对互联网的电子商务征税，而美国政府在之后的 2001 年、2003 年和 2007 年多次将该法案的有效期延迟。

2002 年 8 月，美国国会颁布了《2002 年两党贸易促进权法案》。

美国在数字产品的电子商务方面的主要谈判目标是：

（1）确保世界贸易组织规定的现行义务、规则、纪律和承诺适用于电子商务。

（2）确保以下内容

①根据贸易规则和承诺，以电子方式交付的商品和服务所受到的待遇不低于以实物形式交付的同类产品。

②对这类货物和服务进行分类，确保尽可能给予最自由的贸易待遇。

（3）确保各国政府不采取妨碍电子商务与贸易有关的措施。

（4）在国内法规为了实现合法目标而影响电子商务的情况下，要确保即任何此类法规对贸易的限制最小，不歧视和保持透明，并促进开放的市场环境。

（5）延长世界贸易组织暂停电子传输关税的期限。

2014年7月15日，众议院通过《永久互联网税收自由法案》。根据当时的法律，该法案将永久性暂停征收州和地方互联网接入税以及一些电子商务税。

2018年，美国征收互联网销售税。美国最高法院裁定各州可以对在该州缺乏实体存在的卖家，强加互联网销售税。所谓互联网销售税，就是对远程销售的商品所征收的销售和使用税。这一举措扩大了缺乏实体的卖家的经营成本。

二、数字化服务政策

美国总统呼吁与倡导加强数字化服务。2000年2月2日，在克林顿—戈尔创造数字机会的议程中，总统克林顿提出以下倡议：①10年内提供20亿美元的税收激励措施，以鼓励私营部门捐赠计算机、赞助社区技术中心和对工人进行技术培训。鼓励企业捐赠电脑，总统提议扩大税收减免；支持工人的技术培训。②投入1.5亿美元用于培训所有新入职的教师在课堂上有效地使用技术。③投入1亿美元在低收入城市和农村社区创建多达1000个社区技术中心。④投入5000万美元用于加强公共部门/私营企业合作伙伴关系，以扩大低收入家庭对计算机和互联网的家庭访问。⑤投入4500万美元用于促进信息技术在服务欠缺社区的创新应用。⑥投入2500万美元用于加速私营部门在服务不足的城市和农村社区部署高速网络。⑦投入1000万美元用于为美洲原住民从事信息技术和其他技术领域的职业做好准备。在2012年，美国政府出台的《数字政府战略》政策文件中，奥巴马总统说道"我希望我们每天都问自己，我们如何才能利用技术真正改变人们的生活。"美国前总统执政时的这些倡议与观点，促使政府加大投资力度，引导人们加深对数字化技术的适应性。

美国政府积极作为促进数字贸易。一是2002年8月美国政府发布《2002年两党贸易促进权法案》。①IT产品贸易方面：确保贸易伙伴加入世贸组织信息技术协定；扩大信息技术协议（ITA）产品覆盖面，减少或消除对信息技术产品的非关税贸易壁垒；对于以实物为载体交付的数字产品，贸易伙伴应同意根据运营商媒体的价值而非内容征收关税。②数字服务贸易方面：确保尽可能采用最自由的形式来安排贸易承诺（比如负面清单办法），以便旧承诺自动涵盖新服务，并确保对电子服务提供没有歧视。③数字时代的知识产权保护：确保加快和全面执行《与贸易有关的知识产权协定》；确保美国签订的任何知识产权贸易协定都反映类似于美国法律规定的保护标准；为体现知识产权的新产品和新方法的传输和分发提供强有力的保护，建议通过两项新的世界知识产权组织（WIPO）互联网条约；确保保护和执行标准跟上技术发展的步伐，特别是确保权利人拥有法律和技术手段，通过互联网和其他全球传播媒介控制其作品的使用，并防止未经授权使用其作品。二是2012年美国政府发布了《数字政府战略》。该战略旨在完成三件事：①让美国人民和日益流动的劳动力能够随时随地在任何设备上访问高质量的数字政府信息和服务；②确保随着政府适应这个新的数字世界，抓住机会以智能、安全和负担得起的方式采购和管理设备、应用程序和数据；③释放政府数据的力量，以刺激整个国家的创新并提高为美国人民提供的服务质量。

市场主体和科学技术力量推动美国加快发展数字贸易。一是市场主体呼唤发展数字贸易。《2002年两党贸易促进权法案》（TPA）这一雄心勃勃的数字贸易议程源于这样一个事实：即在过去几年中，代表高科技公司的美国商业协会（例如信息技术产业委员会）和代表经典内容制作公司的协会（例如美国电影协会）的强大联盟已经建立起来，以防止新的数字贸易壁垒的出现影响联盟的好处和利益。除了这些行业对两党竞选有丰厚捐款外，他们得到国会支持的原因是他们过去对美国经济增长和就业的贡献，以及美国在服务贸易和IT业（特别是软件行业），娱乐产品和与版税、许可费相关活动方面的强大比较优势。美国国会立法中遵循了业界的建议，这一议题成为获得两党无条件支持的少数贸易议题之一。电子商务在强大的知识产权制度和政府很少干预监管的情况下发展繁荣。与1998年《互联网税收自由法案》一样，TPA法案也呼吁采取行动，尽量减少世贸组织等国际贸易谈判论坛中电子商务壁垒的增加。二是科学技术促进数字政府建设和发展数字经济。当今云计算和越来越智能的移动设备与协作工具的惊人组合，正在改变消费者格局。同时也给政府带来了机遇和挑战。安全、可靠且耗用资源更少的技术革新带来了新的期望，期望政府也可以随时随地在任何设备上提供和接收数字信息和服务。为了面向未来，美国政府实施数字发展战略，力求更加有效利用政府数据，提高为美国人民服务的质量，发展数字经济。

三、数据监管政策

美国政府对使用联邦数据实施规划管理。2019 年 6 月 4 日，美国政府管理和预算办公室（OMB）发布了报告 M-19-18《联邦数据战略——一致性框架》，提供了数据战略的任务声明、原则和实践，为政府部门在 2030 年前如何管理和使用联邦数据描述了愿景。具体而言，《联邦数据战略》（Federal Data Strategy，FDS）要求联邦政府反复、加速和扩展与政府数据相关的领先做法，包括采取以下步骤：

（1）为公众、企业和研究人员提供用于商业和其他公共目的的一致、可靠和隐私保护的联邦政府数据访问权；

（2）填补政府的知识和能力的缺口；

（3）增加联邦决策和运营需要的数据共享和使用；

（4）通过丰富的描述和元数据，使联邦数据更易于被查找和被发现；

（5）利用数据、运营成熟度模型及基于证据的规划评估；

（6）为州、地方、地区政府提供安全数据访问的数据管理工具和协议；

（7）通过重新识别风险评估、利益相关者参与以及评估使用适合性的充分信息，从一开始就对二次数据的使用进行计划。

美国通过《国家安全与个人数据保护法》。2019 年 11 月 18 日，由美国参众两院在国会通过《国家安全与个人数据保护法》。该法案要求国务卿应审查"所关注的国家"（指中华人民共和国和俄罗斯联邦）和国务卿指定的在保护数据隐私和安全方面值得关注的任何其他国家的数据隐私和安全要求的状态，包括审查与数据隐私和安全相关的法律、政策、实践和法规，具体确认：①该国政府获取美国公民和居民的用户数据，是否会对美国的国家安全构成重大风险；②该国政府是否存在重大风险，即该国政府是否以无法像美国宪法和法律那样尊重公民自由和隐私的方式从收集用户数据的公司获取用户数据。对涵盖科技公司的数据安全要求是：①公司不能收集任何超过网站运营、服务或公司应用程序所需的用户数据；②任何首要目的不是维护公司的网站、服务和应用软件运行等的数据使用都是禁止的，包括提供精准广告、非必要与第三方共享数据、非必要促进人脸识别技术等；③公司应当允许个人查看公司持有的与个人相关的任何用户数据和永久删除公司持有的从个人直接或间接收集的任何用户数据；④公司不得将任何用户数据或解密该数据所需的信息（如加密密钥）传输到任何相关国家（包括间接通过非相关国家的第三国）；⑤公司不得将从美国公民或居民那里收集的任何用户数据或破译这些数据（如加密密钥）所需的信息存储在位于美国境外的服务器或其他数据存储设备上。

美国政府对数据管理的愿景和年度行动计划。奥巴马总统的 M-19-18 备忘录呼吁制订年度政府范围的行动计划，以指导联邦机构实施联邦数据战略（FDS），并"确定给定年份与实践相关的步骤，以及目标时间框架和责任实体，并确定其优先级。"这种方法能够有效地平衡跨越预算和行政部门的长期目标和短期灵活性，以适应新出现的国家优先事项、新立法以及不同机构的数据成熟度水平、需求和能力。为实现 FDS 2030 年愿景，年度行动计划遵循渐进的成熟度阶梯，通常从治理、规划和基础设施的基础活动（2020—2022 年），到标准、预算和协调的企业活动（2023—2025 年），再到自助服务分析的优化活动（2026—2028 年），最后是数据驱动的主动循证决策活动和自动化数据改进（2029 年及以后）。2020 年行动计划，致力于在基础治理、规划和基础设施活动领域取得重大成功，为到 2030 年实施 FDS 奠定基础。2021 年行动计划是与跨机构、跨学科工作组和首席数据官（CDO）理事会执行委员会协商制订的，2021 年行动计划汲取了 2020 年的经验和教训，力求制订出更加完善的计划。

四、电子商务监管政策

（一）美国立法官员呼吁打击网络假冒伪劣商品

美国立法官员的一些言论和观点，往往影响美国法律的形成与完善。立法官员有关电子商务与数字贸易的言论与观点，也一定程度上反映了社情民意。美国民众对不法商人制假售假网络商品的行为十分憎恨。立法者认为，通过在线平台销售假冒商品是一个日益严重的问题。当前的法律制度并没有充分激励在线平台审查谁在他们网站上销售以及他们在销售什么。造假者也经常利用网络平台的特点伪装成合法卖家，导致消费者在不知不觉中购买了假冒产品。网上假冒产品销量大幅增加的最终结果是，消费者的健康和安全可能面临严重威胁。

"美国消费者越来越多地转向互联网购物。造假者一直跟随消费者，很明显必须采取更多措施来打击假冒产品在线销售的上升趋势。"2020 年 3 月 2 日，在介绍两党《商店安全法案》（Shop Safe Act）的新闻稿中，众议院司法委员会主席纳德勒说，"消费者应该能够相信他们在网上看到和购买的就是他们会得到的，但造假者继续轻松地加入平台并伪装成可靠的卖家，以便用危险和不安全的假冒产品损害美国家庭。《商店安全法案》提出了一套常识性措施来解决这些平台系统中的漏洞并阻止假冒销售"。

"由于危险的假冒产品充斥在线市场，消费者的生命处于危险之中。国会必须建立问责制，以防止这些危险物品渗入数百万美国人的家中。《商店安全法案》要求在线卖家帮助防止向消费者出售假冒产品，从而使家庭更加安全。特朗普总统和彼得·纳瓦罗在解决假冒问题方面取得了长足进步，《商店安全法案》将有助于实现他们的目标。"2020 年 3 月 2 日，在介绍两党《商店安全法案》的新闻稿中，众议院司法委员会高级成员柯林斯说。

"平台必须尽自己的一份力量来确保他们的卖家是可靠的，并且他们的产品是真实的。该立法通过鼓励平台采取合理、可行和必要的措施来防止消费者接触到危险的假冒产品，从而在解决越来越多的向毫无戒心的消费者出售不安全假冒产品的问题方面取得了重大进展。"2020 年 3 月 2 日，在介绍两党《商店安全法案》的新闻稿中，国会议员约翰逊说。

"假冒产品直接影响品牌和消费者，同时也对公众健康和安全构成严重威胁。我们打击在线销售这些有害产品至关重要。"2020 年 3 月 2 日，在介绍两党《商店安全法案》的新闻稿中，法院、知识产权和互联网小组委员会的高级成员玛莎·罗比说。

由此可见，美国两大政党对电子商务领域的假冒产品的打击形成了共识，都希望通过严厉的惩罚来净化网络购物环境，保障美国消费者的权益。

（二）《商店安全法案》打击售假行为的主要规定

2018 年 1 月，美国政府问责局（Government Accountability Office，GAO）发现，在流行的消费者网站上从第三方卖家处购买的 47 件商品中，就有 20 件是假冒产品。许多假冒产品没有经过安全测试，给消费者带来了巨大的健康和安全风险。化妆品、婴儿配方奶粉、电池、充电器、安全气囊、汽车座椅和休息器等产品是目前在线销售的一些可能危及生命的假冒产品主要品类。

出台《商店安全法案》，从法律上堵塞制假售假行为。2020 年美国国会通过了《商店安全法案》，其中第 2 节电子商务平台分担责任要求第三方卖方在美国接受法律程序服务，支持平台采取某些"最佳实践"措施，具体包括：①核实卖方的身份、位置和联系信息；②要求卖方核实并证明其货物不是伪造的；③将卖方使用平台的条件设定为同意不出售假冒产品并同意在美国法院起诉；④显示卖方的身份、位置和联系信息，货物制造地，以及货物将从何处装运；⑤要求卖方使用准确描述实际出售货物以及卖方拥有或允许使用的图像；⑥在卖家的商品出现在平台上之前，使用技术筛选假冒商品；⑦实施及时的清查程序，以清除假冒商品清单；⑧关闭三次陈列或销售假冒商品的卖方账户；⑨筛选卖家，防止终止的卖家以不同的别名或店面重新加入或留在平台上；⑩与执法部门和注册商标所有人（应要求）共享侵权卖方的信息。2020年《商店安全法案》中的第2节明确了电子商务平台的分担责任，对1946年《商标法》中的第32节进行修订。《商标法》第32节也明确规定了电子商务平台销售假冒产品的共同责任。新法认为，平台上的假冒产品对消费者健康和安全构成风险，理应追究平台责任，除非平台已经遵循某些最佳实践方可免责。

美国法律抓住了电商平台这一重要载体，对平台行为制定了比较严格的规范。在企业微观层次上，从目前全球各大主要电商平台的分析来看，美国亚马逊平台相对于其他国家的平台在产品品牌保护、卖家行为规范方面相对比较严格，形成了较好的平台形象。

五、数字网络政策

美国政府意欲在互联网生态系统中持续保持领导地位。因为互联网是一个全球性的"网络中的网络"，一个国家的数字经济状况可能会产生全球影响，影响任何一个国家经济中的数字化政策，可能会产生超越国界的影响。保护主义政策为数字贸易设置障碍，或损害人们对基础数字经济的信任，并可能导致互联网破裂，或所谓的"巴尔干化"。然而，一些政策制定者认为是保护主义的做法，其他人可能认为是保护国内利益所必需的。尽管有保护公民隐私和扩大经济增长等共同的核心原则，但各国政府在围绕数字贸易制定政策方面面临多重挑战。OECD指出了互联网经济中三个可能相互冲突的政策目标：①使互联网成为可能；②促进或者维护互联网内外的竞争；③更广泛地保护隐私和消费者。确保自由和开放的互联网，是美国政府的既定政策优先事项。美国采取了部门规章的方法来规范数字化，规范网络安全或隐私等跨领域政策领域。根据经合组织（OECD）的一项研究，美国是唯一一个使用分散的、市场驱动的方法来制定数字战略而不是制定总体国家数字战略、议程或计划的经合组织国家。美国商务部认为，确保技术产品和全球网络具有互操作性、弹性和安全性，这不仅对美国的国家安全利益至关重要，而且对美国持续的经济领导地位也至关重要。全球对互联网的信任以及对构成这个高度多样化生态系统的平台和服务的安全性和稳定性的信心，对美国工业也同样至关重要。美国商务部在各机构与部门之间进行协调和沟通，与数字基础设施的所有者和运营商合作，提高数字经济生态系统的安全性和弹性。美国司法部也力促制定必要的政策、倡议和战略，以确保国家网络安全优先事项和美国在互联网生态系统中的持续领导地位。

美国商务部促进网络规范发展。美国商务部致力于以公开和透明的方式与个人和组织进行所有沟通和交易。社交媒体和 Web 2.0（SM/W2.0）服务是利益相关者和公众以高效、有效和透明的方式与部门互动的越来越重要的途径，所以商务部发布了社交媒体与网络 2.0 政策，社交媒体和 Web 2.0（SM/W2.0）的批准及使用政策。这个政策旨在指导运营单位和商务部员工充分利用 SM/W2.0 技术，同时通过降低使用这些服务的固有风险来保护商务部门及其员工。政策包含以下内容：

（1）联邦部门和机构安全使用社交媒体的指南，由首席信息官（CIO）委员会通过并于 2009 年 9 月发布；

（2）2009 年 1 月 21 日奥巴马总统发布关于透明度和开放政府的报告，呼吁政府公开并建立透明、公众参与和协作的系统；

（3）2010 年 6 月 25 日美国政府管理和预算办公室（OMB）报告 M-10-23，发布第三方网站和应用程序的代理使用指南；

（4）2010 年 10 月 20 日国家档案和记录管理局（NARA）公告 2011-02，发布 Web 2.0/社交媒体平台中的记录管理指南；

（5）2013 年 5 月，美国政府管理和预算办公室（OMB）发布数字政府战略；

（6）2015 年 4 月，美国联邦政府道德办公室（Office of Government Ethics，OGE）LA-15-03，发布适用于个人社交媒体使用的行为标准。

美国国家电信和信息管理局促进网络规范发展。2018 年美国国家电信和信息管理局发布了《国际网络安全优先事项：促进全球网络安全创新》的报告。这份报告强调了继续关注推进以标准为基础、以行业为主导的网络安全解决方案和创新对美国经济的重要性。报告主张在网络安全和信息通信技术（ICT）问题上，持续显著地扩大国际参与。报告具体建议：

（1）继续在国际上倡导以行业为主导的基于共识的网络安全标准和有效、自愿的解决方案；

（2）优先考虑美国网络安全公司，包括网络安全产品和服务供应商的国际市场准入，并打击贸易壁垒；

（3）主张政府间组织的产出不应包括要求建立全球网络安全法律框架或网络安全条约的规定性文本，以确保网络安全解决方案灵活性；

（4）专注于加密技术的国际采用；

（5）与国际合作伙伴一起扩大利益相关方的国际参与；

（6）利用网络安全教育举措在关键合作伙伴之间建构能力，并展示美国在国际上的领导地位。

美国政府机构在制定网络互联网的相关政策中，一方面强调对本国互联网产业的保护和规则的制定。另一方面强调参与和引领国际规则的制定，其政策措施在国内与国际之间的融通特点非常明显，不仅仅限于对国内的监管和规范，而是立足全球，在法律和政策制定上力求实现国内国外之间的融通和相互强化。

2018 年，特朗普政府颁布了《国家网络战略》，确定了美国网络安全的 4 项支柱、10 项目标与 42 项优先行动。2021 年，拜登政府推出《国家安全临时战略指南》，基本延续了特朗普的国家网络安全政策，并强调了建立强大的人才库的重要性，引导国有和民间资本投资网络基础设施和人才库，强调了政府对网络安全的投资。

第三节 美国数字贸易发展趋势

一、美国电子商务发展趋势

根据 eMarketer 的统计数据，2021 年全球线上销售占整体零售额的比例大约为 19%，而 2022 年将达到 20.3%。美国是全球电子商务规模第二的国家，其电商市场 2021 年达到 8708 亿美元。

eMarketer 预测，从 2022 年到 2025 年，美国电子商务的年均增速将达到 15.4%，在零售总额中占比将不断提高，到 2025 年其电子商务占零售总额比例将达到 23.6%。美国是一个高度成熟的市场，线下零售发达，总体零售额高。根据美国人口普查局的数据，2021 年，美国的整体零售总额超过 6.6 万亿美元。

相对于中国线上零售在整体零售中的占比，美国目前的电子商务占整体零售的比例并不高，在疫情的影响之下，美国人的线上购物得到了快速的增长，因此其电子商务尚有比较大的增长潜力。根据 Statista 的调查，2021 年，美国有 2.63 亿网购者，这一数字到 2025 年预计增长到 2.912 亿。同时，网购渗透率也将从 2021 年的 77% 增长至 2025 年的 85%。

根据 Datareportal 的数据，2021 年 1 月，美国的互联网渗透率高达 90%，未来美国的互联网渗透率有上升空间。2021 年 11 月，美国众议院通过了《基础设施投资和就业法案》（Infrastructure Investment and Jobs Act），根据该法案，美国将投入 650 亿美元，使得美国人都能使用上高速可靠的互联网，同时也将促进互联网费用的降低。根据经合组织对 35 个主要经济体的统计，美国的宽带费用在全部 35 个经济体中排名第二。这一政策的最大收益者将是住在乡村但依然没有达到可接受网速服务的 3000 多万美国人。通过这一宽带基础设施的建设，美国农村电商的潜力将得到发掘，整体电子商务的规模将快速增加。

制约电子商务发展的另一个重要因素是物流的速度。在美国，电子商务领袖企业开始负责自己的配送和物流业务，努力促进所有州的快速配送。例如，亚马逊正在建设自己的专用空运网络 Prime Air。这项投资的目标是能够在美国任何地方提供两天的送货服务。然而，大多数电子商务供应商仍然依赖于美国主要的快递公司，如 UPS、联邦快递和美国邮政服务。物流效率的提升也将极大促进美国电子商务的发展。

为了促进电子商务的发展，美国也在传统节假日和网络节假日推出了各种促销活动，黑色星期五、网络星期一、亚马逊 7 月的黄金日和感恩节都是美国重要的网上购物活动。

社交媒体已经成为电商领域的重要销售渠道。据 eMarketer 数据，2020 年美国社交媒体电商的销售额达到 269.7 亿美元，据预测到 2023 年将会增长到 561.7 亿美元，到 2025 年将达到 796.4 亿美元。美国本土的社交品牌 Facebook 依然是美国社交媒体电商的主要平台。由于美国对 TikTok 平台的相关限制，虽然会影响一部分社交媒体电商，但是因为 Facebook 的海量月活用户，因此对美国社交媒体电商的影响不会太大。

总体而言，在跨境电商领域，美国有雄厚的消费力基础，有比较多而强的国际化平台，年轻一代对网络购物的热衷度也不断提升，跨境电商的基础设施不断完善，其电子商务的总体规模将会快速增长。近年来，随着中国国民收入水平提升和消费的升级，中美的消费总体规模差距在不断缩小，但美国的消费总体规模相对于中国稍占优势，如果按照人均消费水平来看，美国的消费水平接近中国的 5 倍。当然，美国电子商务发展也存在一些挑战，首先，美国政府的宽带提升计划是否能够真正落实，政府能否协调各个运营商的利益，最终实现低价高速的宽带服务，这是影响补齐美国电子商务发展短板的一个重要方面。另一方面，在疫情影响下，物流和人工成本的上涨。2021 年 11 月，联合国贸易和发展会议（UNCTAD）发布的《2021 年海运述评报告》，报告指出由于需求旺盛、运输设备短缺、港口拥挤等因素影响，海运费将在未来一段时间继续保持高位。根据报告，如果全球集装箱价格继续上涨，那么全球进口价格水平到 2023 年将会上升 11%，消费水平可能上升 1.5%。运价的上升一方面会增加美国电子商务的整体价格水平，同时也会对购物体验造成负面影响。第三，疫情影响之下，美国居民的收入减少。根据美国劳工部 2021 年 12 月发布的数据，美国失业人口达到 690 万，比疫情之前增加了 120 万。因为收入的减少甚至失业，很多美国人无家可归。根据美国住房和城市发展部的数据，2020 年美国无家可归者达到 58 万，比 2019 年增加了 2.2%。收入的减少严重影响了美国居民的消费意愿。

二、美国社交平台发展趋势

皮尤研究中心（Pew Research Center）2005 年开始跟踪社交媒体的使用情况，当时只有 5% 的美国成年人至少使用其中一个平台。根据皮尤研究中心在 2021 年对美国成年人社交平台使用的调查发现，70% 的美国人曾经使用过社交平台，这一数据在过去的五年中基本没有太大的变化。在平台使用方面，YouTube 和 Facebook 继续保持统治地位，使用率分别达到 81% 和 69%。Instagram 使用率达到 40%，Pinterest 和 LinkedIn 分别占到 30% 的使用率，Snapchat、Twitter 和 WhatsApp 都获得了 25% 的使用率，TikTok 也获得了 21% 的使用率。

皮尤研究中心通过电话在 2021 年 1 月 25 日到 2021 年 2 月 8 日抽样调查

了全美 1502 人。在 18~29 岁的人群中，有一半以上的人群使用了 TikTok，而在 18~24 岁更加年轻的一代人中，有 76% 的人使用 Instagram，75% 的人使用 Snapchat，还有 55% 的人使用 TikTok。而 65 岁以上的人群中使用 Snapchat 的比例只有 2%。在 18~29 岁的成年人中，70% 的人使用 Facebook，65 岁以上人群中有一半人使用该平台。该群体中使用 YouTub 的占到 49%。而 18~29 岁人群中使用 YouTub 的占到 95%，30~49 岁人群中使用 YouTub 占 91%，50~64 岁人群中使用 YouTub 的占 83%。

在社交平台使用频率方面，70% 的 Facebook 用户每天都使用该平台，49% 的用户表示他们一天多次使用该平台。59% 的 Snapchat 和 Instagram 用户每天使用这两个平台，54% 的 YouTube 用户每天使用该平台，36% 的用户一天多次使用该平台。

可以看出使用社交平台的主要是年轻人，美国中老龄人使用社交平台的比例随着年龄的增长在不断降低。老龄人更多使用传统的 YouTube 和 Facebook，新型的社交平台主要为年轻人所使用。在使用频率上，年轻人使用社交平台的频率远远高于老龄人。

在疫情影响之下，2020 年美国社交平台都得到了快速的增长，Facebook 因为自身体量大，覆盖面已经很广，因此在前 8 大平台中增速最低，而 TikTok 作为新模式的社交平台获得了 87.1% 的增长，Reddit 也获得了 25.9% 的增长。2021 年随着疫情的相对缓解，再加上 2020 年的快速增长形成的基础，社交平台的增长速度有所放缓（表 2-2）。

表 2-2　美国社交平台增长率（%）

	2020 年	2021 年
TikTok	87.1	18.3
Reddit	25.9	14.4
Pinterest	7.8	3.1
LinkedIn	6.2	4.2
Instagram	6.2	3.7
Snapchat	4.0	2.6
Twitter	4.0	0.2
Facebook	3.3	0.8

资料来源：eMarketer，2021 年 4 月。

根据 eMarketer 2021 年的预测，社交电商在 2025 年将达到 794 亿美元，从 2022 年到 2025 年，年平均增长率将达到 21.5%。传统的电商平台更多是顺应消费者需求，而社交电商作为一种新的电商形态，通过社交平台提供有趣的社交内容，激发用户对某类产品或者服务的兴趣，通过社群的影响，引领消费，是一种典型的兴趣电商。在营销战略上体现了更多的主动性和创新性，减少了对传统电商平台的依赖。事实上，大多数社交媒体已经有了包括直播在内的内嵌购物功能，2021 年 12 月 22 日起，TikTok Shop 正式开放入驻。目前仅开放了英国市场，后续还会拓展到其他国家市场。在全球反垄断和独立站不断兴起的大背景下，社交媒体电商将迎来快速的发展。

三、美国数字音乐和电子游戏发展趋势

根据美国录制音乐协会（RIAA）的报告，2020 年全美的录制音乐总收入达到 122 亿美元，比 2019 年增长了 9.2%。增长主要来自流媒体音乐服务，该模块产生了 101 亿美元的收入，连续第五年处于快速增长。在流媒体平台中，Spotify 和苹果音乐共同贡献了 70 亿美元的产出，与此同时 2020 年数字音乐订购量达到了 7550 万，2019 年该数字是 6040 万。

根据 eMarketer 的预测，Spotify 的听众将从 2021 年的 8310 万增加到 2025 年的 1.006 亿，亚马逊音乐的听众也将从 4980 万增长到 5690 万，苹果音乐用户数量将从 3690 万增加到 4060 万。潘多拉音乐（Pandora）将从 5420 万降低到 4610 万。

数字音乐的头部集聚效应明显，Spotify 和苹果音乐占据了美国整体数字音乐的大部分市场。另外在数字音乐方面，流媒体已经成为了录制音乐的主要收入。在数字音乐版税费方面，2021 年 11 月，国际作者和作曲者协会联合会（CISAC）发布了《2021 全球版税收入报告》，2020 年，数字音乐版税收入增长了 16.2%，达到 23.99 亿欧元，占音乐版税的 29.3%。在音乐版税贡献方面仅次于电视、广播和有线电视音乐版税。美国依然是全球音乐版税贡献的大户，2018 年，美国收取的音乐版税占全球的 22.8%。

美国在数字音乐方面具有强大的生产能力，在音乐的国际影响力方面具有很大的优势。美国人付费音乐的习惯和传统比较成熟，知识产权的保护比较到位，因此美国数字音乐引领全球的状况在短期之内很难改变。

除了音乐之外，游戏作为重要的数字产品，也是美国数字经济的重要部

分。中国和美国分别是全球最大的两个游戏市场，根据 Newzoo 的统计数据，2021 年美国的游戏收入为 405 亿美元，仅次于中国的 440 亿美元，两国的游戏总收入占全球的 49%。美国玩家的人均消费远高于中国。根据 Statista 的预测，2022—2026 年，美国的电子游戏的年复合增长率（CAGR）将达到7.73%。电子游戏用户渗透率在 2022 年将达到 50.4%，而到 2026 年达到54.3%。而移动端的游戏收入在 2022 年将达到整体游戏收入的 67.95%。

四、美国软件和 ICT 服务领域发展趋势

根据 Statista 的数据，2021 年，美国软件产业的产值将达到 2922 亿美元，而其中企业软件的产值为 1160 亿美元，占 39.7%。从 2021 年到 2026年，美国软件产业将实现 7% 的复合增长率，将在 2026 年达到 4099.7 亿美元。而 2021 年全球的软件产业产值将达到 5780 亿美元，其中最大的板块是企业软件，达到了 2277 亿美元。全球软件产业的复合增长率将达到7.37%，到 2026 年，软件产业的总产值达到 8248 亿美元，其中美国占比将近一半。

作为全球计算机技术的发源地，美国的软件产业在全球处于引领位置，培育了微软、甲骨文、IBM、Novell、Adobe 等全球软件巨头。在系统软件领域，美国开发的系统软件占据全球 90% 以上的市场份额；在工业和服务业领域，美国软件企业也处于全球的头部。从人才储备来看，全球计算机领域的头部大学大部分都在美国。CS Rankings 发布了 2020—2021 年全球大学计算机专业（CS）排名，全球最顶尖的 10 个计算机专业中有 6 个在美国的大学，2 个在中国大学。

无论从产业发展的基础、技术储备、人才培养、基础研究等方面来看，美国软件行业在全球都处于比较领先的位置。未来几年中，美国将受到来自印度、中国、爱尔兰等国家软件产业的竞争冲击，这些国家的软件产业主要着力于应用端，而在基础性软件方面，由于开发难度大，市场格局稳定，因此新兴国家很难有所作为。中国、印度等国主要依靠其庞大的人口和市场，基于距离市场近的优势，在应用端结合产业发展和消费需求，开发出更多的应用型软件。在嵌入式软件领域，随着中国等新兴国家在硬件领域的高速发展，美国的嵌入式软件将遭受来自这些国家的挑战，产业利润和销售额将会下降。

另外，美国政府对中国等新兴市场国家在高科技领域的封锁和打压，在出口方面实施比较严格的技术管制，这一定程度上也会对美国的软件产业产生负面影响。

第四节 美国数字贸易主要规则

一、美国早期数字贸易相关规则

在 2013 年 7 月发布的《美国与全球经济中的数字贸易》中，美国国际贸易委员会（USITC）提出了数字贸易的概念，并对其进行了界定：通过互联网传输产品和服务的国内商务和国际贸易活动，交易标的包括音乐、游戏、视频、书籍等数字内容；也包括社交媒体、用户评论网站等数字媒介；搜索引擎；其他产品和服务。在这个定义里面，美国把数字贸易的地理范围确定在国内和国际两个领域，在数字贸易的交易对象中主要限定在数字化产品、数字媒介和搜索引擎等方面。该定义并没有包含通过网络实现的实物商品贸易。2017 年，美国贸易代表办公室（USTR）提出，数字贸易既包括互联网上产品的销售和服务的提供，又包括实现全球价值链的数据流、实现智能制造的服务等。上述定义是美国对数字贸易规则的基础性贡献，美国凭借其在数字贸易领域的经济实力和理论研究提出了数字贸易的概念，并进行了界定。

而实际上，美国在提出数字贸易概念之前，在数字贸易相关的规则方面已经有比较多的储备。数字贸易的核心在于知识产权的保护，美国 1789 年开始实施的《宪法》中指出："保障著作家和发明人对各自著作和发明在一定的期限内的专有权利，以促进科学和使用艺术的进步"。后来，美国又制定了《专利法》《商标法》《版权法》《反不正当竞争法》《互联网法》等，美国专利法的显著特征是对本国公司利益的保护，这种保护还通过"特殊 301 条款"延伸到海外，使得美国的跨国公司的知识产权得到有力的保护。

数字贸易的典型特征是信息的电子化传输，而信息安全则是保障信息有序流动的关键。美国在信息安全方面也有非常完善的法律储备。1977 年颁布了《联邦计算机系统保护法案》、1997 年颁布了《公共网络安全法》、1998 年颁布了《联邦互联网隐私保护暂行条例》《关于关键性基础设施保护的政策》，2000 年之后，美国在信息安全方面又颁布了一系列网络信息安全的相关规章和法案，比如《爱国者法案》《联邦信息安全管理法案》。同时针对互联网的特定领域颁布了相关法案，如《电信法》《电子商务法》等。

在数据保护领域，美国也在全球率先制定了系统化的法律体系，如金融领域的《格雷姆-里奇-比利雷法》、健康信息相关的《健康保险流通和责任法》、保护儿童信息的《儿童在线隐私保护法》、规定企业在数据隐私与数据安全责任方面的《联邦贸易委员会法》、电信领域隐私保护的《电子通信隐私法》。

可以看出美国因为在信息技术的领先优势，技术的迅速发展，促进了数字贸易相关法律法规的制定和完善，因此形成了全球比较领先的法律体系。另外，在政治体制上，美国没有类似欧洲封建皇权的历史制度包袱，致力于通过建章立制来保障各方主体的利益，最终通过各种专门的法律法规表现出来。美国在电信、数据保护、信息安全等数字贸易相关领域的法律储备为后续数字贸易规则的海外输出奠定了坚实的实践和理论基础。

二、美国试图在区域自贸协定中引领数字贸易规则

在 WTO 多哈谈判陷入僵局之后，全球数字经济的蓬勃发展形成了数字贸易规则方面的巨大真空，美国在数字贸易方面处于全球领先地位，自然而然在其与其他国家的自由贸易协定中逐步加入了数字贸易相关规则条款。2000年签订了美国—约旦 FTA 协定签订，2003 年签订了美国—新加坡 FTA、2007年签订了美国—韩国 FTA。在此阶段，美国数字贸易规则主要是电子商务版块的条款，涉及包括电子传输免关税、数字产品非歧视待遇等议题。这一阶段的数字贸易协定可以被认为是美国的第一代数字贸易规则。

2012 年正式签订的美国—韩国自由贸易协定，在这个协定中，首次出现了跨境信息流动条款，开启了美国第二代数字贸易规则的时代。在双边贸易协定之外，美国为了促进其数字贸易发展，先后参与了 TPP、TTIP、TISA、美加墨协定等相关区域贸易协定规则的制定与谈判，通过构建以 TPP、TTIP、TISA 三位一体的 Mega-FTA 数字贸易规则体系与多边贸易协定力求构建符合美国利益、体现自身立场的数字贸易规则体系，形成了数字贸易规则的"美式模板"并拓展至全球，加强美国数字贸易规则的影响力。

（一）跨太平洋伙伴关系协定（TPP）

《跨太平洋伙伴关系协定》（Trans-Pacific Partnership Agreement，TPP）签订于 2018 年 3 月，TPP 框架下的数字贸易规则是奥巴马时期数字贸易规则美式模板的集大成者。TPP 协定中的电子商务和数字贸易规则形成了数字贸易规则的基本框架，为未来数字贸易规则制定提供了样本。相关学者认为，美国数字贸易早期的规则可以分为"第一代数字贸易规则"与"下一代数字贸易规则"。而在 TPP 中，首次系统地提及了跨境数据自由流动、源代码保护等议题的第二代数字贸易规则，体现了美国在数字贸易规则制定方面自由化的趋向。在 TPP 协定中，美国深化了跨境数据自由流动、禁止数据本地化、扩大源代码保护、对电子传输（数字产品或服务）不征收关税、加强隐私保护、知识产权保护等多项数字贸易条款，可概括为减少数字贸易壁垒、保护消费者权益、促进电子商务发展、加强国际合作四个方面。TPP 体现了美国在数字贸易方面的基本立场，就是主张数据的自由流动，加强对美国本土企业的技术保护。

（二）跨大西洋贸易与投资伙伴协定（TTIP）

美国与欧盟为扩大双边贸易发展，从 2013 年开始推动了跨大西洋贸易与投资伙伴协定（TTIP）谈判，旨在降低贸易壁垒，促进欧美市场融合，谈判成功后将会对全球的数字贸易构建产生深刻影响。前途光明，但是在谈判上美国、欧盟双方由于在多个议题上存在分歧，谈判推进上迟缓困难。双方在数字贸易的部分规则上有一定共识，如消费者线上保护、互联网开放本质等相关议题，但在跨境数据流动中的隐私保护则是美欧双方的分歧点，美国主张跨境数据自由流动、欧盟主张保护隐私权，双方在理念与制度的差异、加上欧盟内部对数字贸易相关议题存在一定分歧，使得 TTIP 谈判难以推进与突破。

（三）国际服务贸易协定（TISA）

2013 年 3 月，由于《服务贸易总协定》（GATS）谈判进展缓慢，且服务贸易新形态层出不穷，GATS 已无法满足其发展需求。因此，美国率先与澳大利亚、欧盟等国家开始国际服务贸易协定（TISA）的谈判，力图重构数字服务贸易规则制度。成立之后受到高度关注，到 2015 年扩大到 25 个参与国，覆盖全球70%的数字服务贸易。TISA谈判议题包含了电子商务、数字贸易规则问题，如跨境数据自由流动和禁止本地化、数字传输永久免关税、源代码开放等内容，力求推动数字服务贸易的自由化。然而，TISA的谈判也受英国脱欧、特朗普上台后政策变化以及主要谈判方在多个议题下存在分歧等原因经历了漫长、坎坷的过程。

（四）美墨加协定（USMCA）

2018年11月，美国、墨西哥、加拿大三方签署《美墨加协定》（USMCA），在数字贸易规则进行了更新，并将数字贸易规则向高标准推进。尽管特朗普在上任之初反对TPP协定并宣布退出，但随着实践检验，TPP框架下的数字贸易规则对美国具有战略意义。因而，美国协同加拿大、墨西哥两个TPP缔约方，以TPP为逻辑起点，深化并拓展了TPP协定下的数字贸易条款。该协定中包含数字贸易的规定主要有：数字贸易相关术语的定义；适用范围与总则；关税；数字产品的非歧视待遇；国内电子交易法规体系；电子认证与电子签名；在线消费者保护；个人信息保护；无纸贸易；电子商务的网络进入与适用原则、电子交付方式的跨境信息传输、计算机设施定位、未经请求的商业电子信息；合作；网络安全问题；源代码；互动计算机服务；公开政府数据服务等。

（五）美国—日本数字贸易协定（UJDTA）

2019年11月，《美日数字贸易协定》（UJDTA）签署，并于2020年1月正式生效，在USMCA的基础上再次推高了规则水平。美国贸易代表办公室（USTR）评价道，"（协定）在这一领域确立了高标准规则，表明两国在全球数字贸易规则制定中继续发挥主导作用。"该协定继承了一部分USMCA和TPP的条款，如跨境信息传输、源代码、交互式计算机服务、网络安全等议题，也在数字税规则、非歧视原则、知识产权保护等议题有更进一步的拓展。

三、美国试图向WTO输出美式数字贸易规则

WTO在电子商务及数字贸易相关议题的多边谈判在近些年来进程缓慢。在数字贸易规则供给上暂时还未有统一完备的规则体系。近年来，美国多次向WTO提交电子商务提案，在其中的一部分提案中，也将电子商务替换为数

字贸易，借助 WTO 多边电子商务的谈判平台，将美国的数字贸易规则渗透进 WTO 电子商务多边谈判、并加强美国数字贸易规则在全球的影响力。

美国多次向 WTO 提交数字贸易提案，包括在 2018 年 4 月向 WTO 提交《电子商务倡议联合声明》草案、2019 年 4 月提交《数字贸易协定》草案等，在这些提案中美国逐渐使用数字贸易代替电子商务概念，并在数字贸易规则条款上更加详尽细致，来凸显数字贸易重要性。主要讨论的议题包括信息自由流动、数字产品公平待遇、贸易便利化等方面。这些议题大多与美国自身的多边或双边谈判主张相似，是美国力图在 WTO 多边框架下推行美国数字贸易规则意图的体现，体现了美国数字贸易规则的色彩。

此外，由于美国数字贸易的发展水平领先全球，美国的数字贸易规则相对完备，未来美国的数字贸易规则，特别是美国与欧盟、日本等发达国家的相关区域协定，或许也会在一定程度上影响其他国家的数字贸易规则制定乃至 WTO 多边规则谈判。例如，日本、加拿大在提交 WTO 电子商务多边谈判提案时部分内容与美国数字贸易规则相似，这体现了美国数字贸易对其他国家乃至 WTO 数字贸易规则的影响与渗透。

四、美国数字贸易规则的主要特点

（一）美国在数字贸易规则领域具有先发性

美国数字贸易规则构建相对较早，在国际数字贸易规则方面具有一定前瞻性。且由于美国数字贸易发展领先于全球，因此相关规则的制定与主导权依然掌握在美国及其他发达国家手中，存在集聚效应和制度先发优势。

（二）美国数字贸易规则具有独特性

美国构建了数字贸易规则"美式模板"，并不断演进升级。美国作为全球第一大经济体，在数字贸易方面的发展也处于领先地位。为促进其数字贸易发展，美国先后参与 TPP、TTIP、TISA、美加墨协定等相关双边或区域贸易协定的制定与谈判，力求构建符合美国利益、体现自身立场的数字贸易规则体系，形成数字贸易规则的"美式模板"并拓展至全球。

（三）美国数字贸易规则本位主义意味强烈

美国数字经济企业在全球处于领先地位，在技术上具有领先优势，在数量和规模上远远超过其他国家，因此有强烈的全球市场拓展的需求。在这种情况之下，通过允许数据的自由流动来促进企业的全球化运营，通过禁止源代码开放等规则继续保持其技术领先优势，这些规则都符合美国数字企业的整体利益，有助于美国继续在数字经济领域保持目前的领先地位。

（四）美国数字贸易规则具有显著排他性

美国在签订的双边和诸边贸易协定中，有意识地将中国、俄罗斯等国家排除在外，进而形成美国主导的数字贸易联盟。通过数字贸易联盟的不断扩大，不断扩大其在全球各个区域的影响力。另外，也对中国等数字贸易新兴国家采取打压态度，试图减少来自这些国家的竞争威胁。2022年5月，美国总统拜登、日本首相岸田文雄、印度总理莫迪在日本东京举行了"印太经济框架"（IPEF）启动仪式，该框架中涉及的一个重要内容就是数字贸易协定，目的在于确保美国在全球数字经济规则中的主导地位，同时尽力将中国排斥在外，避免中国在数字贸易规则制定中占主导地位。

第三章 欧盟数字贸易及规则发展

第一节 欧盟数字贸易现状及在全球
产业链中的位势

一、欧盟数字贸易在全球中的总位势

欧盟数字贸易发展滞后于其总体经济地位。欧盟的数字贸易规模和其总体经济社会发展水平不相称。欧盟的经济总量在 2021 年达到 17.088 万亿美元，与中国总量相当，但是其电子商务总值只有中国的 1/4 强。在数字贸易质量方面，欧盟的数字贸易领域的头部企业缺乏，根本无法跟中、美相提并论，在电子商务、社交平台、搜索引擎、电子游戏等领域远远不及中、美，甚至在一些领域不及日本和韩国。

欧盟数字贸易发展潜力大。欧盟在技术上的优势和整体经济社会发展水平较高，欧盟的数字贸易整体在全球处于第一梯队。2020 年，欧盟 27 国的GDP 总值达到了 15.2 万亿美元，人口为 4.48 亿，人均 GDP 为 3.4 万美元，欧盟未来有较广阔的数字贸易发展潜力。

二、数字贸易细分领域中欧盟在全球产业链中位势

(一) 欧盟电子商务发展情况

欧盟电子商务发展迅速。根据 Eurostat 的数据，在欧盟的 27 个国家中，2020 年互联网用户达到总人口的 89%，互联网用户中网购者比例达到

73%。从 2017 年到 2020 年，欧洲网购人数年均增长达到 67%。欧盟的电子商务市场还处于快速增长之中。2020 年，欧盟 27 国中有 16 国的电子商务 B2C 同比增长率达到 20% 以上，其中希腊达到了 79% 的增长率。据 Statista 数据，2020 年欧盟的电子商务总额达到了 1460 亿欧元。欧洲电商市场预计到 2023 年将达到 4838 亿美元的创纪录高位，较 2018 年增长 40%。跨境电商在欧盟的发展也比较迅速，欧洲的跨境电商市场占整体电商总市场的份额为 22.8%。根据欧盟统计局数据，2019 年欧盟 28 国电子商务销售额占企业总体的比重已经连续四年保持在 20%。欧盟已经成为继中国和美国之后全球最大的电子商务市场。

欧盟成员内电商发展参差不齐。2021 欧盟电子商务报告显示，从欧盟国家居民中的网购者比例来看，荷兰的网购者比例最高，达到了 91%；其次是丹麦，达到了 90%；瑞士排名第三，达到了 90%；德国排名第四，网购者比例达到了 87%。网购者比例最低的是保加利亚，只有 42%。欧盟内部最大的电子商务国家是德国，德国的电子商务总额达到了 270 亿欧元，法国达到了 200 亿欧元，欧盟内部 31% 的买家从欧盟的卖家购买商品。波兰、立陶宛、拉脱维亚和匈牙利的消费者中有 60% 以上通过跨境电商平台从中国卖家手中购买商品。

欧盟本土电商平台业务发展不足。在电子商务平台方面，欧盟排名前 5 的跨境电商平台分别为 Zalando、Fruugo、Asos、Farfetch 和 Carrefour。欧盟本土跨境电商平台的交易总额不到欧盟全球跨境电商交易额的 20%。全球跨境电商十大平台中，没有一家是欧洲电商平台。根据 Buy Shares 提供的数据，2020 年，Zalando 的月访问量是 1.9 亿户，亚马逊的月访问量是 52 亿户，速卖通的独立访问量达到 5.32 亿户。

（二）欧盟数字化产品发展情况

欧盟数字音乐发展规模大。根据调查显示，60% 以上的欧洲人每天倾听音乐。根据 Statista 的预测数据，2021 年欧盟数字音乐前 10 位的国家为德国（14.41 亿美元）、法国（7.89 亿美元）、西班牙（4.67 亿美元）、意大利（4.35 亿美元）、荷兰（2.38 亿美元）、瑞士（2.1 亿美元）、瑞典（2.09 亿美元）、挪威（1.65 亿美元）、比利时（1.44 亿美元）、爱尔兰（1.4 亿美元），欧盟数字音乐十强国家的数字音乐总产值达到了 42.38 亿美元。

欧盟 ICT 和知识产权服务进出口贸易额大。根据 WTO 的统计，2020 年全球 ICT 出口中欧盟达到 3459.02 亿美元，在 2019 年基础之上增加了 4%。2019 年欧盟的 ICT 出口为 3328.5 亿美元，占全球前十大经济体中份额为 55.9%。2020 年，欧盟的 ICT 进口为 1805.7 亿美元。2019 年，欧盟的 ICT 进口为 1784 亿美元，在全球前十大经济体中份额占比为 52.9%。在知识产权领域，2019 年，欧盟的知识产权出口达到 1677.4 亿美元，在十大经济体中占比 40.5%；进口 2357.6 亿美元，占比 56.3%。在全球经济体中，欧盟在 ICT 服务出口和知识产权出口方面占据全球第一的位置。

（三）欧盟的电信和数据传输业务发展情况

在电信服务和计算机服务领域，欧盟在全球具有领先优势。根据 WTO 的统计数据，2019 年，欧盟的电信出口 335.01 亿美元，在十大经济体中占比 51%，美国占比 12.2%；进口为 328.08 亿美元，占比为 59.1%。在计算机服务领域，欧盟 2019 年在计算机服务领域的出口为 2798.9 亿美元，在十大经济体中占比 5.7%；进口为 1323.3 亿美元，在十大经济体中占比 52.5%。

（四）欧盟的搜索引擎和社交平台业务发展情况

欧盟在搜索引擎和社交平台领域发展较弱。根据 Statcounter 的数据，2020 年全球前十大搜索引擎中，唯一一个来自欧洲的搜索引擎是来自德国的 Ecosia，全球占比 0.14%。查看 2021 年 10 月的数据发现，在欧洲市场，搜索引擎的基本排序略微有所变化，Ecosia 在欧洲搜索引擎的市场份额占比达到了 0.35%。相比于谷歌搜索，欧洲本土的搜索引擎的占比几乎可以忽略。根据 Statista 的数据，在社交平台领域，2020 年全球前 17 的社交平台中没有一家来自欧盟。

欧盟在数字贸易领域 SQE 国别位势分析见表 3-1。

表 3-1 欧盟数字贸易 SQE 国别位势分析

数字贸易细分领域	一级评价指标	二级评价指标	指标数值	11 个经济体排名	二级指标权重
电子商务	规模	电子商务市场总额（亿美元），2021 年	4488.5	3	100%
	质量	电商头部企业市值排名（亿美元），2022 年	306.5	6	100%
	环境	线上零售占社会零售总额比例（%），2020 年	10.2	6	40%
		互联网渗透率（%），2022 年	91	3	30%
		物流绩效指数（LPI），2018 年	3.64	4	30%
ICT	规模	ICT 服务出口额（亿美元），2019 年	1757.69	1	100%
	质量	ICT 头部企业数量与排名（个），2019 年	16	2	100%
	环境	宽带速率（Mbit/s），2022 年	135.22	5	70%
		计算机专业全球排名数量（个），2021 年	193	1	30%
搜索引擎	规模	网民绝对人数（万人），2021 年	38 645.2	4	100%
	质量	前 50 名搜索引擎数量（个），2022 年	8	2	100%
	环境	人口总数（万人），2022 年	44 518.1	4	80%
		受教育年限（年），2017 年	12.1	4	20%
社交平台	规模	社交平台用户数量（亿），2020 年	2.55	4	100%
	质量	头部社交平台数量与排名（个），2021 年	3	3	100%
	环境	网民平均每天花费在社交媒体时间（min/天），2021 年	82	9	60%
		居民平均年龄（岁），2022 年	42.3	10	40%

数字贸易细分领域	一级评价指标	二级评价指标	指标数值	11 个经济体排名	二级指标权重
数字音乐	规模	数字音乐产业规模（百万美元），2021 年	1336.55	2	100%
	质量	数字音乐头部企业数量与排名（个），2021 年	5	2	80%
		数字音乐版税收入（全球占比,%），2019 年	36.60	1	20%
	环境	数字音乐用户渗透率（%）	20.80	6	80%
		数字音乐 ARPU（美元/人），2021 年	53.4	5	20%
电子游戏	规模	产业总产值（亿美元），2021 年	156.2	4	100%
	质量	头部企业数量与排名（个），2021 年	16	3	100%
	环境	电子游戏玩家渗透率（%），2021 年	80	8	80%
		人均 GDP（美元），2022 年	26 624	5	20%

三、欧盟数字贸易在全球产业链中位势特点和形成原因

（一）欧盟数字贸易在全球产业链中位势特点

在全球数字贸易的版图上，欧盟的数字贸易具有以下特点：

——缺乏全球性的互联网平台。无论是在跨境电商领域，还是在社交或搜索领域，欧盟都缺乏具有影响力的平台。欧盟本地的平台在全球市场份额中占比非常低。欧盟在互联网平台方面具有一些本土化的平台，但这些平台大多进不到全球的前十。

——在 ICT、计算机服务、知识产权领域，欧盟具有领先优势。尽管欧盟在互联网平台方面缺乏竞争力，但是在计算机服务、ICT、知识产权领域在全球具有领先地位，在市场份额方面大大领先于中国和美国。

——欧盟内部国家之间在数字贸易水平上差异大。在欧洲的 44 个国家中，欧盟有 27 个国家。欧盟的 27 国之间的数字贸易水平相差比较大，数字贸易整体水平比较靠前的包括德国、法国、比利时、瑞典、荷兰等国家，而

罗马里亚、保加利亚等国家在数字贸易基础设施、数字产业基础、数字化人才等方面都处于比较低的水平。

——欧盟数字贸易的整体发展水平滞后于其整体经济发展水平。根据世界银行统计，2019 年欧盟的数字经济企业的市值占全球数字经济企业总市值低于 4%，而同期欧盟的整体经济在全球中占比达到 15.77% 以上，由此可见欧盟的数字经济发展水平与其经济总量严重不匹配。

（二）欧盟数字贸易现状的背后原因

一是欧盟在数字化产品和 ICT 领域领先的地位主要来自欧盟相关领域的雄厚基础。尽管在互联网领域，欧盟落后于中国和美国，但是在数字音乐、知识产权出口、电信服务、ICT 服务领域，欧盟依然处于世界领先地位。这主要得益于欧盟主要国家强大的科技基础。

二是欧盟的国家之间还没有形成统一的数字市场。2015 年欧盟倡导"单一数字市场"，但是实际上因为各个国家的数字贸易基础设施水平不一，整体经济水平、发展政策、数字贸易人才供给也不一样，真正的统一市场尚未形成。统一数字市场还停留在规划上，要真正实现"单一数字市场"还需要很长一段时间。由于统一数字市场的缺位，欧盟互联网企业的发展受到了极大的限制。欧洲之所以没有出现大的平台和超级数字经济企业，原因在于各个国家的人口和经济规模小，加上没有形成统一市场，以及欧洲相对保守的互联网政策与文化，使得互联网企业成长最需要的规模效应难以实现，最终导致没有出现大型的互联网平台企业。

三是数字贸易规则的限制。欧盟在数字贸易方面的规则制定是非常严格的，正如《通用数据保护条例》（GDPR）所示，欧盟可以说是世界上对个人隐私、个人数据、数据主权保护得最好的地区。2022 年 7 月通过《数字市场法案》，还有《数字服务法案》，都对数字企业在欧盟的经营提出了非常严格的要求。欧盟对消费者个人隐私的保护以及对数字主权的维护，导致欧盟在数字贸易领域的很多企业行为受到了限制，严重影响企业的发展。

世界银行数据显示，欧洲数字企业占全球数字企业总市值非常低，所以对全球数字经济发展的影响并无大碍。但业内普遍认为，在规范监管数字经济方面，欧盟一直走在世界前列，这或与欧盟作为人工智能与数字服务重要消费方的地位密不可分。《通用数据保护条例》几乎成为全球通行标准，约120 个国家受其影响，通过了类似法规保护隐私。在后疫情时期，欧盟进一步把发展数字经济的发力点落在推出新监管标准上。2020年4月，《人工智能伦理罗马宣言》的签署是欧盟推动全球数字经济监管新标准的标志性事件，将对人工智能和数字经济发展产生深远影响。

四是数字经济方面的人才供给不足。数字化人才的不足，严重影响了欧盟数字经济的发展。根据《泰晤士高等教育》世界大学排名的数据，2022年全球前二十五位的计算机科学专业有近乎半数都在美国大学中。在英国脱欧之后，欧盟的高校更是难以为"工业4.0""工业新法国"等数字经济相关发展规划提供高端人才支撑。根据欧盟的统计，2019年46%的欧盟大型企业缺乏信息和通信技术专家。在16~74岁的欧洲人群中，16.7%的人缺乏数字技能，25%的人仅有低水平的数字技能。

四、欧盟数字贸易发展的总体研判

把欧盟的数字贸易放在全球视域下，可以看出，欧盟的数字贸易发展在全球位势中处于第一梯队，基础雄厚，规则严格，在数字贸易新兴领域还有很大的发展潜力。欧盟的数字贸易基础设施整体水平在全球处于领先水平，虽然欧盟中少数国家的数字贸易基础设施水平比较低。具体到数字贸易的各个细分领域，欧盟在跨国金融服务、保险服务领域具有很强的优势，在工业制造业的数字化方面也具有领先优势。在数字化产品方面，得益于欧盟的历史积淀和创新文化，也在全球处于第一梯队。在信息与通信技术（ICT）领域也在全球处于第一梯队。但是在跨境电商、社交平台等互联网新兴行业中，欧盟很显然落后于美国和中国。从欧盟在全球产业链中的重要性来看，欧盟在全球产业链中不可或缺，基于其先进制造业的软件产业和知识产权服务依然是推动全球制造业高质量发展的重要力量。另外，在数字贸易规则领域，欧盟基于对个人隐私、公共安全的保护而制定的数字贸易规则"欧盟模板"在一定程度上符合发展的可持续性，因此在规则上有可能主导全球数字贸易规则的发展。从欧盟数字贸易发展的位势趋势来看，欧盟有数字贸易的雄厚基础和比较高的生活水平，高质量的公民素质和强大的整体购买力，因此在后续发展中，欧盟的位势将不断提高。

第二节　欧盟数字贸易发展的宏观政策

一、欧盟强化数字贸易的相关监管

欧盟官员呼吁出台数据监管政策。①2015 年 12 月 9 日，数字单一市场副总裁安德鲁斯·安西普（Andrus Ansip）在欧盟第三届数字日上表示："欧洲的数字经济仍然沿着封闭的国境线严重分裂。这阻碍了欧洲更广泛的数字增长。我们的提案以及欧盟个人数据保护规则将使所有类型的数据在单一市场中自由流动。数据的自由流动将使中小企业和初创企业更容易开发新的创新服务并进入新市场。"②2017 年 9 月 19 日，数字经济与社会专员玛丽亚·加布里埃尔（Mariya Gabriel）表示："为确保欧洲在数字经济新时代取得成功，我们需要可靠且可预测的数据流通规则。"公民和企业将受益于更好的产品和服务，"随着越来越多的数据可用于数据驱动的创新，消除跨境数据流动的障碍对于竞争激烈的欧洲数据经济至关重要。"③2019 年 5 月 25 日，《通用数据保护条例》将庆祝其生效的第一年。为纪念这一时刻，数字单一市场副总裁 Andrus Ansip 和司法、消费者和性别平等专员 Věra Jourová 发表了以下声明："新法律已成为欧洲的监管底线，塑造了我们在许多其他领域的应对措施。从人工智能、5G 网络的发展到我们选举的完整性，强大的数据保护规则有助于制定基于人们信任的政策和技术"。

欧盟坚持先立规矩、再谋发展。与美国对数字贸易发展政策先试水后监管的路径不同，欧盟一直奉行监管和立法先行的数字贸易发展路径。欧盟是世界上最早确立较为完善的数据监管规则的经济体，如个人信息保护条例及单一市场发展战略等。而且欧盟在数字贸易发展其他方面的政策也是比较详细的。

欧盟出台《电子商务指令》。2000 年 6 月 8 日欧洲议会和理事会发布《电子商务指令》。①该指令针对以下问题制定了统一规则：a. 对在线服务提供商的透明度和信息要求；b. 商业通讯；c. 电子合同和中介服务提供商的责任限制。②该指令的内部市场条款是电子商务指令的关键原则。它确保在线服务的提供者受其成立所在成员国的法律约束，而不是可访问服务所在成员国的法律约束。③该指令涵盖的服务示例包括：在线信息服务；在线销售产品和服务；在线广告；专业的服务；娱乐服务和基本中介服务，包括免费提供给接受者的服务，如由广告资助的服务。

欧盟出台《反滥用条款》。企业纳税，天经地义。为防止纳税人逃税和"刻意"避税，欧盟出台了相关法律。2012年12月6日，欧盟委员会提出了一项行动计划，以更有效地应对欧盟的逃税和避税问题。该计划制定了一套全面的措施，以帮助成员国保护其税基并收回因这些做法而损失的数十亿欧元。母子公司指令的修订构成了该行动计划的一部分。母子公司指令最初旨在防止位于不同成员国的同一集团公司对同一收入征税两次，避免双重征税。然而，某些公司利用指令中的规定和国家税收规则之间的不匹配来避免在任何成员国征税，试图双重不征税。因此，欧盟委员会建议堵住这些漏洞。2014年12月9日，《反滥用条款》达成一致并于2015年1月27日正式通过。新的"最低限度"（最低标准）反滥用条款将允许成员国制定更严格或更具体的国内规定或双重征税条约反滥用规定。共同的反滥用规则将允许成员国忽略用于避税目的的人为安排，并允许根据实际经济实质征税。

欧盟实施《通用数据保护条例》。保护个人数据是欧盟的一项基本权利，2018年5月25日《通用数据保护条例》开始适用。从那时起，几乎所有成员国都根据《通用数据保护条例》调整了本国法律。欧洲数据保护委员会、国家数据保护机构负责执行新规则并更好地协调他们的行动。《通用数据保护条例》是一套单一的规则，采用欧盟共同的个人数据保护方法，直接适用于成员国。它通过让个人重新控制其个人数据来增强信任，同时保证个人数据在欧盟成员国之间的自由流动。新规则为真正的欧盟单一数据存储和处理市场扫清道路，从而形成一个具有竞争力、安全和可靠的欧洲云领域，并降低数据存储和处理服务用户的价格。公司将使用更多云服务，并将其内部 IT 资源转移到最具成本效益的位置。

欧盟出台《电子隐私指令》。2017年1月10日，欧盟委员会发布《电子隐私指令》，该指令确保保护基本权利和自由，特别是在电子通信部门尊重私人生活、通信保密和保护个人数据。它还保证电子通信数据、设备和服务在欧盟的自由流动。它在欧盟的二级法律中落实了《欧洲联盟基本权利宪章》第7条所规定的在通信方面尊重私人生活的基本权利。更新后的规则旨在加强对欧盟数字单一市场的信任和安全。《电子隐私指令》的发布对欧洲个人和企业的好处有：企业和公民将受益于反映技术发展的更新规则，即无论使用何种技术，消费者通信的机密性都将在整个欧盟范围内受到保护；通过直接适用的法规取代当前的电子隐私指令，企业和公民将受益于整个欧盟的一套规则；用于在线广告的 cookie 和其他跟踪技术仍然合法，但将受到更明确的规则的约束，用户将享受完全透明的体验而无须在每次访问网站时点击横幅来征求他们对 cookie 的同意；一旦用户同意，传统电信服务将有更多机会处理通信内容和（或）元数据，以提供附加服务和发展业务；等等。

二、欧盟重视数字贸易发展

欧盟官员呼吁促进数字贸易发展。①在 2020 年 9 月的国情咨文中，欧盟委员会主席冯德莱恩宣布，欧洲应基于明确的目标和原则，以欧盟在 2030 年的共同愿景来确保数字主权。②"我相信我们必须更好地利用数字技术提供的巨大机遇，因为它没有国界。为此，我们需要有勇气打破国家在电信监管、版权和数据保护立法方面的空白，以及在无线电波的管理和竞争法的应用。"2014 年 7 月 15 日，在一份题为"欧洲的新起点：我的就业、增长、公平和民主变革议程"中，欧盟委员会前主席让-克洛德·容克发表了上述讲话。

欧盟意识到创建数字单一市场的必要性。欧盟认为，全球经济正在迅速数字化。ICT 不再是一个特定的部门，而是所有现代创新经济体系的基础。互联网和数字技术正在融入经济和社会的方方面面。这些变化的规模和速度，也为创新、增长和就业带来了巨大的机会。它们还为需要欧盟协调行动的公共当局，提出了具有挑战性的政策问题。所有会员国都在与类似的问题搏斗，但在国家基础上过于有限，无法让它们抓住所有机会并应对这种转型变革的所有挑战。故对于许多问题，欧洲层面提供了正确的框架。这是欧盟委员会将创建数字单一市场作为其主要优先事项之一的原因。

欧盟出台非个人数据在欧盟自由流动框架条例。2018 年 11 月 14 日欧洲议会和理事会发布关于非个人数据在欧盟自由流动框架的第 2018/1807 号条例。该条例适用于欧盟内除了个人数据之外的电子数据处理，包括：①将数据处理作为一项服务提供给在欧盟居住或者在欧盟设立机构的使用者，不论服务提供者是否在欧盟设立了机构。该数据处理是由居住在欧盟或者在欧盟设立机构的自然人或者法人出于自身需要而实施的。②对于由个人数据和非个人数据组成的数据集，本条例适用于数据集中的非个人数据部分。如果数据集里面的个人数据和非个人数据存在不可分割的联系，则本法规不应损害法规（EU）2016/679 的适用。

欧盟通过《数字单一市场战略》。2015 年 5 月 6 日，欧盟通过了欧洲的《数字单一市场战略》。该战略建立在三大支柱之上。①让消费者和企业更好地获得欧洲各地的在线商品和服务，这需要迅速消除在线和离线世界之间的关键差异，以打破跨境在线活动的障碍。②为数字网络和服务的蓬勃发展创造合适的条件，这需要高速、安全和值得信赖的基础设施和内容服务，并辅以创新、投资、公平竞争的合适监管条件。③最大限度地发挥欧洲数字经济的增长潜力，这需要投资云计算和大数据等 ICT 基础设施和技术，以及研究和创新，以提高工业竞争力以及更好的公共服务、包容性和技能。

欧盟发布《2030 数字罗盘：欧洲数字十年之路》。2021 年 3 月 9 日，欧盟发布了《2030 数字罗盘：欧洲数字十年之路》（2030 Digital Compass：the European way for the Digital Decade）的规划。一是该规划联合各方力量使数字化转型进而促进欧洲的复原力。该计划从落实《数据治理法》《数字服务法》《数字市场法》《网络安全战略》开始。联盟预算将支持数字化转型所需的投资，包括凝聚力计划（Cohesion）、技术支持工具（Technical Support Instrument）和数字欧洲计划。联合立法者同意至少 20% 的复苏和恢复基金（RRF）支持数字转型，以在坚实的基础上建立欧洲的数字十年。二是描绘了 2030 年愿景。赋予公民和企业权力，建立一个不让任何人掉队的数字社会。数字化为人们提供了新的繁荣来源，使企业家能够在他们居住的任何地方进行创新、设立和发展业务。在欧洲和全球范围内开放市场和投资，并使得越来越多的欧洲人感受到威胁的时候创造新的就业机会。同时，数字化也可以为实现欧洲绿色协议的目标做出重大贡献。三是描绘欧盟数字轨迹的四个基点。培养和吸引数字技能人群和高技能数字专业人员；加强安全且高性能的可持续数字基础设施的投入；加快企业数字化转型；促进公共服务数字化。四是造就欧盟数字公民。鼓励所有欧洲人，充分利用数字机会和技术。确保线下适用的相同权利，可以在线上充分行使。五是实现 2030 年目标的指南针。在数据治理方面，欧盟委员会以数字政策计划的形式提出数字指南针，由欧洲议会和理事会的共同决定通过，将重点放在数字交付和对共同数字目标的持续承诺上。为了实现欧洲数字十年的愿景，需要汇聚成员国和欧盟资源。需要大量资金和协调所有参与者，支持欧洲数字化转型所必需的大型技术项目，提高欧洲建设数字的尖端能力。六是维护数字十年的国际伙伴关系。建立强大的国际数字合作伙伴关系，以匹配欧盟指南针的四大支柱，即技能、基础设施、业务转型和公共服务。这些将加强欧盟维护自身利益和提供全球解决方案的能力，同时打击不公平和滥用行为，确保欧盟数字供应链的安全性和弹性。

第三节　欧盟数字贸易发展趋势

一、电子商务发展趋势

电子商务日益成为欧洲经济的支柱。在过去十年中，特别是在新冠肺炎疫情病毒大流行以来，电子商务正日益成为欧洲经济的支柱。尤其是西欧的零售电子商务销售持续增长较快。据 Statista 2019 年的数据，西欧国家中英国和丹麦的 B2C 电子商务占 GDP 的比重在 5% 以上，欧盟电子商务占企业总营业额的平均份额增长了近 10%。在欧洲，网上零售购物已经变得非常普遍。电子商务行业已被证明具有韧性，电子商务对欧洲经济活动和社会的延续至关重要。

疫情加快零售商建立基础设施。疫情导致零售商迅速建立基础设施，以支持电子商务销售的增长。这种基础设施的出现，反过来又加速了西欧向电子商务的转变。许多企业加速数字化转型，并开发出新的无缝商务解决方案，从支付到非接触式点击收款等全渠道物流解决方案。与此同时，欧盟委员会（European Commission）在其复苏计划中提出进行发展模式转型，强化了打造更数字化、更绿色欧洲的雄心，称重建强大的欧洲经济需要对数字化和可持续基础设施进行投资。

"电子商务欧洲"深入人心。"电子商务欧洲"已经成为欧盟制定的 2021 年工作计划的优先事项。欧盟通过这一计划，以实现数字创新，刺激数字和经济可持续发展。通过消除单一市场中残留的障碍，释放欧洲企业的跨境潜力。欧洲实行无缝商业模式来满足消费者需求的趋势将会加速，但在欧盟内部，甚至在成员国内部，无缝商业解决方案的监管方式缺乏协调，这对该行业构成了额外的挑战。另外，长期以来欧委会一直寻求增加对大型数字企业的税收，但美国则认为数字税具有歧视性，并考虑因此会引入报复性关税。2021 年 7 月 12 日欧委会召开新闻发布会表示，欧盟将推迟引入数字税作为额外收入来源。

在线支付持续向便捷安全方向发展。在欧盟层面的政策导向下，支付数字化、降低风险和增加信任是发展的趋势。从 2019 年 9 月开始，新的支付法规在欧洲推出，该法规要求对欧洲经济区（EEA）的许多在线支付进行严格的强客户身份验证（Strong Customer Authentication，SCA）。商家面临的主要挑战之一是向 SCA 的过渡。由于欧盟内许多国家选择逐步执行 SCA，在国家层面的准备和执行水平上存在差异，导致向 SCA 过渡时出现了一些问题，交易失败率时有发生。3DS 支付验证服务（Three-Domain Secure，3DS）的渗透和使用持续增长，但网络问题、注册挑战、豁免的可用性挑战以及其他已确认的问题继续影响着市场。未来重点是收集有关性能、SCA 实现的成本以及 SCA 实现对欺诈影响的数据，而不是仅仅关注遵从性数据。随着移动和可穿戴支付的持续增长，商家将不得不继续适应无缝支付的需求，数据驱动的产品和通过数字身份的无缝认证和授权将变得越来越重要。

平台经济更加规范。平台经济正在重新定义零售商在线销售商品或服务的方式。新冠肺炎疫情加剧了这一进程，越来越多的实体店不得不开始使用电子商务市场等在线平台来继续销售其产品。这一趋势正在欧洲境内外产生激烈的新竞争。价值链中各角色的责任、消费者的信任和忠诚，以及中小企业如何在竞争日益激烈的世界中茁壮成长和竞争等问题变得更加重要。如何在促进该行业的创新和增长与加强多元化在线零售领域的竞争力之间取得正确的平衡，取决于欧盟立法者。欧盟正在开展一系列针对平台经济的举措，包括欧盟委员会的数字服务法和数字市场法。未来欧盟试图创造更安全的数字空间，让所有数字服务用户的基本权利都得到保护，建立公平的竞争环境，使得欧盟在单一市场和全球范围内促进数字经济的创新、增长和竞争力。

产品安全成为监管核心内容。成功实施和执行产品安全规则，以及在欧盟和非欧盟企业之间建立和维持一个公平的竞争环境将是培育欧洲电子商务环境的关键，也是为欧洲消费者提供安全的商品和服务的途径。欧盟委员会提交《通用产品安全条例》，该条例将取代现行的《通用产品安全指令》（GPSD），该提案主要针对新兴科技的产品安全挑战，为越来越多的线上市场明确义务。

二、数字音乐发展趋势

欧洲的音乐流媒体市场增长迅猛。多种数字音乐平台的需求和音乐用户数量的增加等因素，推动了欧洲音乐流媒体市场的增长。2019 年，欧洲的音乐流媒体市场价值为 62.602 亿美元，预计到 2027 年将达到 98.12 亿美元；从 2020 年到 2027 年，预计将以 5.5%的复合年增长率增长。Amazon 公司、谷歌公司、Deezer 和苹果公司是该地区市场上为数不多的几家公司之一。数字音乐服务提供商通过手机、平板电脑、电脑和智能设备，为消费者提供听音乐的数字化体验。汽车车载信息娱乐系统和家庭智能音箱的普及，是音乐流媒体提供扩大业务的重要契机。一些著名的点播音乐流媒体平台如谷歌 Play Music、Spotify、Apple Music、Sound Cloud 和 Amazon Prime Music，它们采取各种策略来获得更多用户，流媒体音乐是最受欢迎的服务之一。

盗版频道和免费音乐平台的出现给欧洲数字音乐市场带来了新的挑战。由于盗版频道和免费音乐平台的出现，用户数量减少，阻碍了欧洲音乐流媒体市场的发展。此外，许多音乐流媒体服务提供商提供免费试用期以吸引更多消费者的注意，也在一定程度上扰乱了数字音乐市场。

三、社交媒体发展趋势

欧洲使用社交媒体分析具有良好传统，未来社交媒体发展趋势继续看好。社交媒体是欧洲增长最快的媒体和娱乐类别之一，正成为向活跃和潜在读者尤其是千禧一代展示品牌和内容的一种有意义的方式。Netflix、Amazon Prime、CBS 等流媒体服务机构使用社交媒体收集观看人数最多的节目数据，并对其进行分析，进而向客户提供类似的建议。在德国，基于社交媒体的预测模型被广泛用于测试不同的定价、广告和社交场景，允许广播公司在营销活动、销售预测和定价方面做出基于事实和数据的商业决策。德国的许多竞选活动都依赖社交媒体分析来推断公众情绪。法国航空公司和荷兰皇家航空公司一直在使用社交媒体来了解旅游和旅行，因为旅游在这两个国家很受欢迎。西班牙是欧洲国家中增长最快的智能手机市场之一，在西班牙智能手机的增长导致了社交媒体的增长，而社交媒体的增长反过来又会导致社交媒体分析市场的增长。意大利社交媒体数据处理初创公司 KPI6 一直在整合 Facebook 的数据，认为这样有助于做出营销和战略决策。

四、物流产业数字化趋势

以数字技术为驱动的创新物流蓬勃发展。随着数字环境的出现，以数字技术为驱动的创新物流解决方案正日益取代传统服务。通过核心业务运营的技术数字化，推动物流服务商采用创新的商业模式，实现业务转型。物理技术在物流行业的应用依然处于增长趋势，如引进机器人技术能够降低成本、提高工作效率。欧洲国家重点转向了寻求更好的数据分析，从而提高供应链的效率。运营商正在转变注意力，从物理自动化转向数据驱动，实现提高供应链盈利能力的策略。具体技术包括区块链、人工智能、物联网，以及其他提供加速包裹追踪的平台数字化系统。数据本身越来越被视为一种商品，物流运营商正试图利用一个与商品流相关的全球信息网络来创造新的收入流。

数字化技术使新订单具有更快的响应时间。欧洲越来越多的运营商合同涉及电子商务，商家的办事速度和效率越来越重要，因而更加依赖于信息处理和供应链中客户信息的透明程度。供应链的进一步数字化对于通过逆向物流吸收不良和退货的货物也是必要的，这样能够增加逆向物流行业的估值。根据 PostNord 的统计数据，欧洲消费者喜欢把从网上购买的商品进行退货处理。2017 年年初到 2018 年春天，电商退货比较高的欧盟国家包括德国、荷兰，两个国家消费者网购的退货率达到了 53% 和 52%，前八个退货率最高的欧洲国家中，退货率最低的国家也达到了 32%。总体而言，西欧国家的退货率比较高，其次是北欧国家，退货率最低的是东欧国家。数字化技术的发展能够快速解决退货处理中的物流信息化问题。

五、总体发展趋势

欧盟致力于建立开放和互联世界中的数字主权国家。2021 年 3 月，欧盟委员会通过了《2030 数字罗盘：欧洲数字十年之路》战略，该战略提出到 2030 年成功实现欧盟数字化转型的愿景、目标和途径。欧盟的雄心是在一个开放和互联的世界中成为数字主权国家，并推行数字政策，使人民和企业能够抓住一个以人为本、可持续和更繁荣的数字时代的未来。"数字十年"之路的目标是确保欧盟实现其目标。欧盟数字转型符合加强数字领导和促进以人为中心的欧盟价值观和愿景。

欧盟数字转型和发展的总体目标。欧盟数字转型和发展的总体目标是加强各成员国的数字合作，确保监察的一致性、可比性和完整性。具体措施分为：第一，促进以人为本、包容、安全和开放的数字环境、数字技术和服务尊重，并加强欧盟的原则和价值观；第二，增强成员国的集体复原力，显著弥合数字鸿沟，促进所有人提升基本和专业数字技能，并培养开发高性能数字教育和培训系统；第三，通过安全和可访问的数字基础设施，确保数字主权能够处理大量的数据；第四，促进部署和使用数字能力，使人们能够接触数字技术，小型企业能够在轻松和公平的条件下享受数据红利；第五，确保民主生活、公共服务、保健和护理服务能够到达每一个人。特别是保证弱势群体都可以上网，为残疾人提供包容高效和个性化的服务，满足高安全性的隐私标准；第六，确保数字基础设施和技术能够实现更加可持续、高效的能源和资源效率，促进可持续循环和气候中性的经济与社会，符合欧洲绿色协议，为数字化转型做出贡献。

欧盟2030年个人与企业的数字目标。根据欧盟发布的《2030数字罗盘：欧洲数字十年之路》计划，到2030年欧盟在个人与企业方面制定了如下目标：第一，增加数字技术人口和高技能数字专业人员，年龄在16~74岁的人士中至少有80%具备基本的数字技能；第二，至少有2000万人从事信息和通信工作技术，致力建设安全、高效和可持续的数字基础设施，保障所有欧洲家庭都有千兆网络覆盖5G，覆盖人口稠密地区；第三，顶尖和可持续的半导体企业产值至少占世界产值的20%；第四，到2025年，欧盟将拥有第一台量子计算机。除此之外，至少75%的欧洲企业应该采用云计算、大数据或人工智能技术，90%的中小企业至少达到基本的数字化强度。在公共服务数字化方面，欧盟为100%企业提供主要公共服务，100%欧盟公民都能查阅他们的电子医疗记录健康档案（EHR），至少80%欧盟公民使用数字身份识别（ID）解决方案。

欧盟的工业和数字贸易的总体水平比较高。欧盟的数字贸易基础雄厚，欧盟整体市场的需求庞大成熟，这些都为欧盟未来实现2030数字罗盘计划中的目标奠定了坚实的基础。在德国、法国、意大利、荷兰、爱尔兰、比利时等数字经济相对领先的欧盟成员国的带动下，欧盟有望实现单一数字市场。

第四节　欧盟数字贸易主要规则

一、欧盟数字贸易规则发展概况

欧盟数字贸易规则发展水平居于全球领先地位。目前，全球主要经济体正通过区域贸易协定、WTO 多边框架积极推动数字贸易规则新体系的制定和完善。由于欧盟的数字贸易发展水平在全球范围内居于比较领先地位，欧盟的数字贸易规则建设也在相当程度上推动了全球数字贸易规则体系的发展。

《通用数据保护条例》是欧盟数字贸易规则的基石，《数字市场法》和《数字服务法》则从国家和消费者利益出发，对数字市场和数字市场主体进行具体监管。上述三个重要法律形成欧盟数字贸易国内规则的核心三角。

《数字市场法》的核心内容。《数字市场法》中引入了"守门人"的概念。守门人是指包括视频共享、社交网络、搜索引擎和中介服务等在内的一系列核心平台提供商。《数字市场法》对守门人的评判条件进行了界定：企业业务对欧盟有重大影响，企业在过去三个年度在欧洲经济区实现的年营业额等于或者超过 65 亿欧元，或在上一财政年度的平均市值或等值公平市价至少达到 650 亿欧元，并在至少三个成员国提供核心平台服务；企业目前在市场中的地位比较牢固和持久，或者后续有可能获得这种市场地位；企业运营的是核心平台服务，是商家接触终端消费者的重要门户，企业核心服务平台在欧盟建立或位于欧盟的月活跃终端用户超过 4500 万，并在欧盟建立的年活跃商业用户超过 1 万。

《数字服务法》的核心内容。打击包括商品和服务在内的网上非法内容，通过可信标记加强打击非法内容的力度。提出了在线市场商业用户可追溯性的新义务，借以识别销售非法商品的卖家。为用户提供有效保障，包括对平台内容的审核决策提出质疑。要求在线平台采取更加广泛的透明措施，包括数据访问、推荐算法和广告来源的透明度。规定大型平台有义务进行风险管理措施，防止系统被滥用于虚假宣传或非法活动。研究人员可以获得大型平台的关键数据，以便研究平台如何工作。依托新设立的欧洲数字服务委员会，完善应对网络空间复杂性的监管机构。《数字服务法》克服了欧盟各成员国在监管上不一致给小公司带来的麻烦，为欧洲公民提供平等保护。通过统一的数据规则减少不必要的法律负担，为激励数字创新、中小企业参与竞争创造良好环境。《数字服务法》建立了明确的事前监管机制，根据"通知和行动"原则迫使数字平台对非法内容尽快行动。另外，用户和消费者可以通过审计报告和独立研究更好地了解大型在线平台对社会的影响。

"欧式模板"影响全球数字贸易规则的走向。欧盟的数字贸易规则制定立场经历了由保守到积极的转变。欧盟在数字贸易规则制定上具有突出的地位，对内制定严格完善的数字贸易法规，对外在与多国签订的贸易协定中积极主导数字贸易相关规则，初步建立了对应的"欧式模板"。"欧式模板"与美国建立的数字贸易规则"美式模板"一起引领了全球数字贸易规则的走向。

二、欧盟数字贸易规则体系

（一）欧盟通过自由贸易协定（FTA）输出数字贸易规则

欧盟同欧洲、美洲、亚洲等多个国家和地区签订了多个自由贸易协定（FTA），早期贸易协定包括欧盟—瑞士七项双边协定、欧盟—土耳其关税同盟、欧盟与智利联系协定、欧盟—墨西哥自由贸易协定、欧盟—地中海联系协定、欧盟与南非合作协定、韩国—欧盟自由贸易协定等相关协定。欧盟与不同国家签订的自由贸易协定在内容上各有侧重，涉及的议题主要为服务贸易自由化、知识产权、投资自由化等议题。除此之外，2005年欧盟与智利的FTA中首次涉及了电子商务章节，此时的措辞还多是较为温和的建议性意见，较少强调约束性。从2016年公布《欧盟外交与安全政策的全球战略》后，才多用约束性语句，展示了从谨慎的保守性语言向主动性条款的转变。这些早期欧盟的自由贸易协定的谈判，尤其是知识产权、服务贸易等议题，在一定程度上为后续欧盟乃至全球的数字贸易规则奠定了基础。截至2021年12月，欧盟已经达成了41个自由贸易协定或联系协定，主要贸易协定中只有5个协定用专门一章来对双方的电子商务或数字贸易进行规定。详见表3-2。

表 3-2 欧盟签署的主要自由贸易协定

自由贸易地区	协议名称	涉及数字贸易章节或内容
韩国	韩国—欧盟自由贸易协定	服务贸易
新加坡	欧盟—新加坡自由贸易协定	服务贸易、电子商务
越南	欧盟—越南自由贸易协定	服务贸易、电子商务
加拿大	欧盟—加拿大全面经济与贸易协定	通信、电子商务、服务贸易
日本	欧盟—日本经济伙伴关系协定	服务贸易、电子商务
南方共同体市场	欧盟—南方共同体市场贸易协定	服务贸易
墨西哥	欧盟—墨西哥贸易协定	服务贸易、数字贸易

（二）欧盟的双边及区域贸易协定

1. 跨大西洋贸易与投资伙伴协定（TTIP）

美国与欧盟为扩大双边贸易发展，从 2013 年开始推动跨大西洋贸易与投资伙伴协定（TTIP）谈判，旨在降低贸易壁垒，促进欧美市场融合，谈判成功后将会对全球的数字贸易产生深刻影响。该谈判前途光明，但在多个议题上存在分歧，谈判推进迟缓困难。双方在数字贸易的部分规则上有一定共识，如消费者线上保护、互联网开放本质等相关议题，但在跨境数据流动中的隐私保护则是美欧双方的分歧点。美国主张跨境数据自由流动、欧盟主张保护隐私权，双方在理念与制度的差异，加上欧盟内部对数字贸易相关议题存在一定分歧，使得 TTIP 谈判难以推进与突破。

2. 国际服务贸易协定（TISA）

由于《服务贸易总协定》（GATS）升级谈判进展缓慢，且服务贸易新形态层出不穷，GATS 已无法满足其发展需求。因此，美国率先与澳大利亚、欧盟等国家开始国际服务贸易协定（TISA）的谈判，力图重构数字服务贸易规则制度。该协定谈判受到高度关注，到 2015 年扩大到 25 个参与国，覆盖全球 70% 的数字服务贸易。TISA 谈判议题包含了电子商务、数字贸易规则问题，如跨境数据自由流动和禁止本地化、数字传输永久免关税、源代码开放等内容，力求推动数字服务贸易的自由化。然而，TISA 的谈判过程中，也受英国脱欧、特朗普上台后政策变化以及主要谈判方在多个议题下存在分歧原因而正经历漫长、坎坷的过程。

三、欧盟力求"欧式模板"能够接入 WTO 框架

欧盟积极向 WTO 提交数字贸易规则提案。由于 WTO 在电子商务及数字贸易相关议题的多边谈判近些年来进程缓慢，在数字经济时代下，严重滞后的规则制定一定程度上阻碍了数字贸易发展。为推动欧盟乃至全球数字贸易发展，欧盟积极在近年来多次向 WTO 提交提案，其中不仅包含电子商务的内容，也涵盖了数据跨境流动、电信服务等方面。

欧盟力图融入全球数字贸易规则体系之中。欧盟主张达成高标准的规则，将数据流动纳入多边贸易规则，要求开放的市场准入，并且重视在隐私保护的基础上有序进行数据的跨境流动。这与其在双边及诸边贸易中的诉求一致。欧盟向 WTO 提交的这类议题，大多与欧盟自身的诸边或双边谈判主张相似。欧盟力图将自身诉求融入全球数字贸易规则体系之中，促进了欧盟数字贸易规则的不断发展并形成"欧式模板"。

四、欧盟数字贸易规则特点

（一）欧盟在全球数字贸易规则制定方面处于相对领先地位

"欧式模板"是目前全球数字贸易规则的引领力量，主要包括跨境数据自由流动、知识产权保护、隐私保护等议题，但目前总体上看依然处于初始阶段，与美式模板的系统化体系相比还存在一定不足。在一些具体问题上，欧盟的相应规则没有提出相对具体的对策。和美国相比，在数字贸易规则体系上还存在一定的差距。

（二）欧盟注重将自身的诉求融入全球数字贸易规则中

近年来，欧盟与各国的贸易协定体现了欧盟对数字贸易规则制订越来越重视。欧盟越来越重视将自身诉求融入全球数字贸易规则制定中，如主张将数字的跨境自由流动纳入多边贸易规则、但同时注重维护个人隐私，强调对数据流动的监管与保护等。此外，由于自身利益诉求不同，欧盟与美国在数据跨境流动和个人隐私方面有较大的分歧。美国在数据的跨境流动议题上主张自由流动，积极制定及发布相关的规则与政策来推动数字的自由流动。但欧盟方面主张注重维护个人隐私，强调对数据流动的监管与保护。欧美双方

在相关议题上的分歧，也间接导致一些数字贸易的规则谈判推动困难，如跨大西洋贸易与投资伙伴协定（TTIP）的推进迟缓，一个重要的原因就是美欧双方在自身诉求上存在矛盾与分歧。

（三）欧盟内部在数字贸易规则的部分议题上还存在分歧

欧盟由不同的国家组成，在数字贸易规则制定上，尽管所有国家对促进数字贸易蓬勃发展存在共识，但各个国家本身是独立的主体，在不同议题诉求和利益上存在分歧和矛盾。欧盟内部存在分歧，导致欧盟在制定规则时推进难度较大。

第四章 英国数字贸易及规则发展

第一节 英国数字贸易在全球产业链中的位势

一、发展规模

（一）总体概况

英国数字贸易规模位居世界前列。联合国贸易和发展会议（UNCTAD）发布数据显示，2020 年全球数字贸易出口规模高达 31 926 亿美元，同比增长 3.8%。发达经济体、发展中经济体和转型经济体的数字贸易出口规模分别为 24 310 亿美元、7204 亿美元、412 亿美元，在全球数字贸易出口占比分别为 76.1%、22.6%、1.3%。2020 年美国数字贸易进出口排名全球第一，英国紧随其后。英国是老牌资本主义国家，其数字经济规模位居世界前列，数字贸易也呈现稳步上升的发展态势。作为主权贸易国，第二大数字服务出口国，最具创新性的经济体之一，英国为全球市场提供了很多资源。英国在很早之前就瞄准了数字贸易这一新兴领域，渴望在当今以国际合作和全球治理为大背景的环境下争得一席之地。2019 年英国数字服务出口排名全球第二，达到 3072.7 亿美元（进出口总额为 4707.1 亿美元），得益于伦敦在世界金融体系中的核心地位及其高度发达的金融、保险服务产业。

（二）互联网企业发展情况

英国互联网产业在全球产业链中的话语权弱。数字经济发展正在以迅雷不及掩耳之势打造一个全新的商业格局。根据联合国贸易和发展会议（UNCTAD）估测数据，2019年全球电子商务销售额跃升至26.7万亿美元。互联网产业在经济发展中发挥着越来越重要的作用。然而，产业的发展情况与企业息息相关，枯荣与共。特别是国家头部企业的数量以及在市场所占的份额极其重要，但在全球互联网产业，按市值排名的全球TOP 10的互联网企业主要集中在美国和中国，亚马逊、Alphabet、京东、Facebook、腾讯、阿里、Netflix和百度排名较为靠前，英国的ASOS（As Seen On Screen）只在全球TOP 30占了一席。由于头部企业数量较少，行业集中度不高，英国互联网产业在全球产业链的话语权并不是很大。

（三）行业发展历史

英国政府一贯重视数字经济的发展。如今，数字化贸易逐渐被人们熟悉，但数字化贸易得以推广，却经历了十分漫长的过程。数字贸易的兴起离不开数字经济的发展，英国政府注重发挥顶层战略引领作用，通过打造数字政府，增强对数字经济的支持。近年来，数字经济已成为英国经济新的增长点。2018年数字行业为英国经济贡献了1490亿英镑，占英国GDP的7.7%，数字行业增速是英国国民经济增速的6倍。2019年数字行业为英国经济贡献了1500亿英镑、150万个工作岗位。英国政府一直相当重视数字经济的发展，相继颁布了多项法律条款推动数字经济领域的发展，这为英国打造全球数字贸易强国奠定了基础。

二、英国在数字贸易的细分领域全球产业链中位势

（一）在跨境电商领域

英国互联网渗透率较高。互联网是数字贸易的载体。英国人口数量达6708.1万，是高度发达的资本主义国家，欧洲四大经济体之一。作为世界上第一个完成工业革命的国家，英国网络基础设施较为发达。在英国，几乎所有16~44岁的成年人都是互联网用户（99%），75岁及以上的互联网用户比例到2020年达到54%。2020年，使用互联网的残疾成年人数量也十分庞大。伦敦是英国互联网使用率最高的地区（95%），而北爱尔兰则保持最低水平（88%）。

英国电商市场发展较快。2020 年英国电子商务市场规模达到 524 亿欧元，参与网购人数为 4860 万，参与跨境网购人数多达 3260 万。eMarket 报告，英国以 34.7%的增速位列"2020 年全球电商销售增长最快国家"的第五名，高于全球电商 27%的增长率。

英国跨境电商平台"两家独大"。英国作为世界上电子商务最发达的市场之一，在跨境电商领域的实力也不容小觑。英国的头部跨境电商出口平台主要有亚马逊（Amazon）英国站点、eBay 英国站点、Gumtree、Fruugo、On-Buy。其中，最突出的两个高流量平台是亚马逊英国站以及 eBay 英国站，这两个跨境电商平台"两家独大"，基本占据英国消费市场的主导地位。英国通讯管理局（Ofcom）发布的报告显示，2020 年英国人线上支出达到 1130 亿英镑，同比增长 48%。跨境电子商务技术和服务提供商 eShopWorld（ESW）的报告 *The Global Voices* 2021: *Cross-Border Shopper Insights* 也显示，英国是仅次于中国和美国的全球第三大跨境网购市场。

Amazon.co.uk 是亚马逊最早开发的市场之一。越来越多的英国人在亚马逊英国站上购物，而且购买频率也越来越高。从卖家入驻情况、亚马逊物流（FBA）使用情况和商品出售情况可以了解到英国跨境电商的发展情况。据亚马逊称，2017 年英国就有 280 000 个注册卖家。其中，16%卖家来自欧盟以外的国家，近一半非欧盟卖家使用 FBA，通过 FBA，亚马逊极大提高了买家的购物体验。在亚马逊英国站点 TOP 100 的卖家中，有 27%使用了 FBA，TOP 1000 的卖家中有 27%使用了 FBA，而在 TOP 10 000 的卖家中有 33%使用了 FBA。

eBay 是英国消费者主要的购物平台之一。网站分析工具 SimilarWeb 统计，截至 2020 年 2 月的月流量检测结果显示，eBay 英国站点的月活量高达 2.45 亿户。eBay 英国站发布公告称，自疫情以来，eBay 英国站初创公司数量新增 237%。疫情期间，人们的购物需求不断发生变化，eBay 公布了 *The eBay Shopping Barometer Report* 中的十大热门商品，分别是：国际象棋、口罩、"动物之森"游戏、NHS 彩虹旗、水彩笔、拼图、投影仪、露台加热器、游泳池、乐高积木。可以看出疫情期间人们动手的意愿增强了，各种 DIY 产品渐渐兴起。

跨境商品的 1/3 源自非欧盟地区。在线购买的多为日用消费品。根据 2021 *European E-commerce Report*，2020 年英国人在线上购物最常购买的商品为服装和鞋类，比例达到了 68%。排名第二的是文化娱乐类，主要为书籍和有声读物，约有 46% 的消费者表示曾在网购中购买此品类。排名第三的品类是食品，约有 45% 的网购者表示曾在线上购买食物。第四位是家电数码，43% 的英国网购消费者会在网上挑选此类产品。第五位为美妆护肤用品，在总类别中占到 39%。根据 2018 年 7 月的 *Statista Global Survey*，英国网购消费者的年龄主体分布在 25~54 岁，约占 69.2%。近 1/3 消费者曾向非欧盟海外跨境电商卖家购买过商品。

（二）数字化产品

英国数字音乐市场地位重回全球前列。在数字音乐时代，亚马逊、苹果、Spotify、谷歌称霸数字音乐产业。随着实体唱片行业越来越不景气，曾经辉煌一时的英国百代唱片公司也名声渐小。这一情形倒逼英国加快对数字音乐市场的发展步伐，近年来英国的音乐产业发展日新月异。根据英国音乐行业交易协会 BPI 的统计数据，2020 年流媒体在英国总体音乐消费中占比已高达 80.6%。据 BPI 披露的公开资料显示，2018 年，英国唱片公司的整体流媒体收入达 5.164 亿英镑（约合 45.42 亿元人民币），其中仅 Spotify、亚马逊音乐和苹果音乐运营的订阅流媒体平台就取得了 4.68 亿英镑（约合 41.16 亿元人民币），占比高达 90%。2021 年，英国的数字音乐产值达到了 17.78 亿美元，在全球数字音乐市场中位居前列。

英国 ICT 服务业较为发达。ICT 服务业在数字产业中占主导地位。根据中国信通院发布的数据，2018 年世界主要国家 ICT 服务业（包含电信业、软件和信息技术服务业、互联网行业）规模介于 10 亿~14 000 亿美元。在 ICT 服务业方面，美国 ICT 服务业规模最大，为 1.3 万亿美元；中国位居第二，为 4243 亿美元；日本为 2425 亿美元，位列第三。德国、英国、法国、印度等 4 国 ICT 服务业规模也超过 1000 亿美元。根据 WTO 的数据，2020 年英国的 ICT 行业中产值在十大 ICT 经济体中排名第五，英国的 ICT 服务业占数字产业化比重超过 90%。

英国的视频、电影业保持强劲增长势头。英国影视行业历史悠久，作品精良，而且具备优秀的人才储备，甚至不亚于美国好莱坞。在影视制作与数字视频蓬勃发展的今天，英国的视频、电影业保持强劲增长势头。数据网站 Statista 于 2020 年 11 月公布的统计显示，1994—2019 年，每年在英国拍摄制作的长片电影量（包括英国本土电影、国际合拍电影和向英国投资拍摄的电影）保持着强劲势头。2019 年英国电影为全球票房贡献了 103 亿美元，几乎占全球总票房的 1/4。其中，英美制片厂合作制作的漫威大片《复仇者联盟：终局之战》在全球斩获了 23 亿美元票房，一度成为影史票房最高电影。

（三）数字化服务

社交平台和搜索引擎被美国企业垄断。在社交平台和搜索引擎领域，英国与欧盟其他国家一样，都缺乏强大的互联网平台企业，其市场基本被美国企业所垄断。根据 Statista 的数据显示，在社交媒体方面，2020 年英国 15～25 岁的年轻人群体最喜欢的是 YouTube，其使用比例达到了 82%。而 26～35 岁的年龄群体则最喜欢 Facebook，其使用率达到了 82.5%。当年龄群体为 36～45 岁时，Facebook 的使用率就骤降至不到 30%，YouTube 则只剩 13.2%。在搜索引擎方面，Google 是英国最常用最重要的网站，英国人也会使用 Yahoo、Bing 和 IE 浏览器，但还是远远没有 Google 使用广泛。

根据本研究中的 SQE 数字贸易全球位势分析模型，可以看出英国在数字贸易相关的头部企业方面在 11 个经济体中排名比较靠后。在互联网渗透率、网购率、电子商务渗透率、数字音乐用户付费率等数字贸易质量性指标中排名比较靠前。在数字贸易的规模方面，限于英国的人口和市场的容量，数字贸易的规模性指标方面也大多处于 11 个经济体中的后半区。英国在数字贸易各个细分领域的具体指标得分参见表 4-1。

表 4-1 英国数字贸易 SQE 国别位势分析模型

数字贸易细分领域	一级评价指标	二级评价指标	指标数值	11 个经济体排名	二级指标权重
电子商务	规模	电子商务市场总额（亿美元），2021 年	1095.6	6	100%
	质量	电商头部企业市值排名（亿美元），2022 年	15.3	11	100%
	环境	线上零售占社会零售总额比例（%），2020 年	28.90	1	40%
		互联网渗透率（%），2022 年	94.82	2	30%
		物流绩效指数（LPI），2018 年	3.99	2	30%

数字贸易细分领域	一级评价指标	二级评价指标	指标数值	11个经济体排名	二级指标权重
ICT	规模	ICT 服务出口额（亿美元），2019 年	283.6	5	100%
	质量	ICT 头部企业数量与排名（个），2019 年	2	7	100%
	环境	宽带速率（Mbit/s），2022 年	102.24	7	70%
		计算机专业全球排名数量（个），2021 年	52	3	30%
搜索引擎	规模	网民绝对人数（万人），2021 年	6500	9	100%
	质量	前 50 名搜索引擎数量（个），2022 年	0	11	100%
	环境	人口总数（万人），2022 年	6849.8	9	80%
		受教育年限（年），2017 年	12.9	2	20%
社交平台	规模	社交平台用户数量（亿），2020 年	0.45	9	100%
	质量	头部社交平台数量与排名（个），2021 年	1	9	100%
	环境	网民平均每天花费在社交媒体时间（min/天），2021 年	109	8	60%
		居民平均年龄（岁），2022 年	40.5	8	40%
数字音乐	规模	数字音乐产业规模（百万美元），2021 年	655.35	3	100%
	质量	数字音乐头部企业数量与排名（个），2021 年	0	10	80%
		数字音乐版税收入（全球占比,%），2019 年	7.50	4	20%
	环境	数字音乐用户渗透率（%）	40.20	2	80%
		数字音乐 ARPU（美元/人），2021 年	82.38	2	20%

全球数字贸易发展及规则变革

数字贸易细分领域	一级评价指标	二级评价指标	指标数值	11 个经济体排名	二级指标权重
电子游戏	规模	产业总产值（亿美元），2021 年	53	7	100%
	质量	头部企业数量与排名（个），2021 年	4	6	100%
	环境	电子游戏玩家渗透率（%），2021 年	75	10	80%
		人均 GDP（美元），2022 年	41 125	2	20%

第二节　英国数字贸易发展的宏观政策

英国在脱欧前的数字贸易政策基本按与欧盟出台的相关政策来实施，脱欧后英国就制定了一些数字贸易政策，但与欧盟的政策方向有差异。比如在数据流动方面，欧盟向来管控严格，重视数据的保护，而英国在启动脱欧进程后便反对保护主义，主张可靠的数据跨境自由流动，并且在贸易方面寻求独立贸易。

一、跨境电商政策

（一）英国政要高度重视贸易与数字贸易

英国前首相特蕾莎·梅在《出口战略：支持和连接企业在世界舞台上的成长》政策文件的前言中写道，出口对英国经济和全球英国战略至关重要。出口的企业生产力更高，能够创造更多就业机会，支付更高的工资。贸易也是英国政府努力支持贫困国家摆脱贫困的重要组成部分，同时还能创造未来的贸易伙伴。贸易也将帮助英国更好地从疫情中恢复过来，为企业提供所需的支持，以充分发挥其潜力并利用英国的新竞争优势。贸易将有助于在全球范围内推动绿色工业革命，使英国公司比以往任何时候都更容易分享尖端的无碳技术。

英国国会议员，国际贸易国务秘书兼贸易委员会主席 Liam Fox 博士在

《出口战略：支持和连接企业在世界舞台上的成长》政策文件的前言中也指出：全球贸易正在迅速增长和变化，这对英国出口商来说是一个充满机遇的世界。预计未来 10~15 年全球经济增长的大约 90% 将在欧盟以外产生，而数字经济和服务贸易的增长正在使世界变得比以往任何时候都小。自由贸易协定是贸易委员会的命脉。但如果英国企业不利用它们，它们就没有任何意义。这就是为什么在制定新的世界领先的出口战略时，想设定一些共同目标——企业和政府目标的原因。

（二）英国国家规划鼓励贸易与数字贸易

2018 年 8 月 21 日，英国国际贸易部发布《出口战略：支持和连接企业在世界舞台上的成长》的政策，政府的措施包括：①鼓励和激励可以出口但尚未开始出口或刚刚开始出口的企业。②通过提供有关公共或私营部门或其同行出口的信息、建议来实际帮助企业。③将企业与海外买家、国际市场以及彼此联系起来，帮助他们克服贸易壁垒，尤其是在新兴和发展中市场。建立国际化企业网络，并作为"英国团队"与其他国家企业合作。④在英国出口融资方面，英国拥有世界上最具创新性和灵活性的出口信贷机构之一，将提供一系列产品和服务来支持英国出口商，以确保任何可行的英国出口都不会因缺乏融资或保险而失败。

2021 年 11 月 17 日，英国国际贸易部发布《英国制造，销往世界》，该战略建立在英国国际贸易部 2018 年出口战略的基础之上。为了利用新自由贸易协定带来的新贸易机会，英国国际贸易部将：①鼓励和激励企业出口，出口市场包括已经同英国签署或正在谈判自由贸易协定的国家和地区；②帮助企业如何正确利用这些贸易协定带来的利好，降低贸易的难度；③紧密联系英国企业与海外买家或中间商，促进自由协议的执行或贸易壁垒的解决。

（三）英国政府出台贸易与数字贸易政策的背景

英国政府认为，英国面临出口的挑战。对于英国出口商来说，这是一个充满机遇的世界。英国政府相关部门认为全球经济正在快速变化，尽管未来全球贸易增长存在一些不确定性，但仍会产生许多新机遇。只有通过出口，英国才能把握当前世界经济转型的趋势，充分利用未来经济增长方式的变化。

英国政府认为，现在是英国出口的关键时刻。英国政府认为，必须通过贸易协定谈判，来帮助英国企业的出口。出口能够支撑英国数百万个工作岗位，使小企业能够提高生产力，并扩大英国与全球的经济联系。政府的出口计划为英国出口商的海外拓展奠定了基础。英国从根本上是一个开放和自由化的经济体，一直积极与世界开展业务和贸易。英国政府正在制定重要的国内促进政策，力求在清洁环保经济和技术等关键领域取得出口优势。英国的创新战略、"净零战略"和绿色工业革命十点计划将把英国塑造成一个科学超级大国。英国政府试图通过帮助企业增长等措施，提高企业的生产能力，并帮助企业在此过程中实现国际化。

二、数据监管政策

（一）英国政府推出《数字监管：推动增长并开启创新》

2021年7月6日，英国数字、文化、媒体和体育部发布《数字监管：推动增长并开启创新》的政策。该政策明确了政府需要在数字监管领域实现的3个目标：①通过促进整个数字领域的竞争与创新来推动数字经济的增长；②确保这种增长和创新不会伤害英国公民或企业，确保英国的网络安全；③通过塑造一个促进繁荣的民主社会的数字经济，保护人们的基本权利与自由。为确保政府实现这一愿景，英国政府对设计和实施数字监管制定了明确的原则。在必要干预时，政府必须：①积极推动创新；②取得前瞻性和连贯的成果；③应对国际机遇和挑战。

政府致力于适当的监管，并在适当的时候放松监管。该计划确定了政府如何在数字经济中实现这些目标，并将政府的数字监管原则付诸实践。政府将探索一系列机制，包括改进政府的决策过程，审查监管机构法律职责的变化来保持政策一致性，以及通过双边和多边关系来推广政府的举措。政府将合理应对数字技术的风险，不会因为数字技术的风险而掩盖数字技术的巨大好处。

（二）英国政府推出《数字贸易目标》

2021年9月20日，英国政府发布《数字贸易目标》的政策文件，其中在数据流方面，联合国际贸易部（DIT）将支持国际数据流动，防止不合理的数据跨境障碍，同时保持英国对个人数据保护的高标准。具体政策措施包括：

（1）倡导自由、开放、可信的跨境数据流动；

（2）尽量减少不利于公平和公开竞争的数据本地化；

（3）探索数据如何通过国际供应链促进货物顺利运输；

（4）力求确保数据的自由流动能够推动创新并改善贸易机会，使企业能够为客户提供新服务，并使用新技术实现新的交易方式；

（5）支持依赖嵌入式数据和服务的商品贸易企业；

（6）要求贸易伙伴承诺建立或维护保护个人数据的国内法律框架，同时确保来自英国的个人数据将继续受到本国数据保护立法的保护；

（7）与英国合作伙伴合作发布透明、匿名和开放的政府数据集，为企业提供创新服务的机会。

（三）英国政府制定数据监管政策的动因

一方面，从音乐和电视流媒体到旅游应用程序和在线购物，数据对英国公民的生活变得越来越重要。它是英国生产力和业务增长的重要推动力，支撑现代全球价值链，并为英国企业进行国际贸易创造新的、高增长的机会，而无须面临传统的市场准入壁垒。另一方面，英国政府需要维护消费者对其个人数据持续保护的信心。无论是在英国国内贸易还是跨境贸易中，消费者对其个人数据使用方式的信任都非常重要。

三、英国政府在 ICT 领域政策

（一）英国政府官员发声支持大幅提升互联网基础设施水平

英国保守党议员朱莉娅·洛佩兹声称，截至 2021 年 10 月，英国电信行业已经为英国超过 1800 万个场所提供了千兆宽带（覆盖率为 60%），比 2019 年 11 月提高了 10%。然而，还有很多工作要做——近期目标是到 2025 年实现至少 85% 的千兆覆盖率，以期在此之后尽快实现全国覆盖。在推出世界一流的数字基础设施时，基础设施的共享很重要。它可以大大降低部署网络的成本，加快部署速度，并可以减少挖掘街道的需要，防止对当地人口造成不必要的干扰并减少碳排放。

（二）英国国家规划引导 ICT 发展

2016 年《通信（基础设施接入）条例》（"ATI 条例"）在英国实施。该条例旨在降低部署高速电子通信网络的成本（宽带成本降低指令）。该条例规定：①在运营商之间共享有关无源基础设施位置信息的框架；②运营商以对双方公平合理的条件（包括价格）授予无源基础设施接入权的流程；③允许网络提供商了解与物理基础设施有关的计划土建工程的信息框架，因为这些土建工程是公共资助的，所以立法还允许网络提供商一起协调工程；④为涉及 Ofcom（英国通信管理局）的当事方以及向竞争上诉法庭提出上诉的争议解决机制。

2021 年 11 月英国政府发布《产品安全和电信基础设施法案》（PSTI）。该法案在产品安全措施方面：①授权部长指定和修改与消费者可联网的消费品有关的最低安全要求；②对制造商、进口商和分销商征收与这些产品有关的必须遵守的关税；③对违反这些义务的行为进行强制执行。产品安全措施将适用于消费者可联网产品供应链中的制造商、进口商和分销商。在电信基础设施措施方面：①修改《电子通信法》，进行必要的法律改革来支持政府的宏伟计划，尽快在全国范围内推出面向未来的千兆宽带和 5G 网络；②要求电信运营商考虑使用替代性争议解决机制（"ADR"），鼓励通过合作谈判以达成新的和续签过期的协议；③在对私人土地没有影响的特定情况下，运营商有权来升级和共享 2017 年法案改革之前安装的设备；④在整个英国引入条款，确保到期协议得到一贯续签，并且条款与新签协议条款相似，并允许根据过期协议与安装设备的运营商续签该协议，或请求新的协议；⑤引入新规定，使经营者能够在土地所有者不响应其对法典权利反复诉求的情况下，迅速获得对某些类型土地的法典权利。电信基础设施措施将适用于与《电子通信法》规定的权利相关的请求和协议所涉及的所有各方，包括电信运营商、基础设施提供商、土地所有者和占用者，以及土地代理人和法律代表等专业人士。

（三）ICT 促进政策出台的背景

英国需要生产安全的消费者可连接产品。PSTI 关注的主要领域包括消费者可联网产品，如智能婴儿监视器和智能扬声器等，为公民和企业提供了巨大的好处，让他们以更低的碳足迹过上更好的互联生活。根据 PSTI 附带的情况说明书，到 2030 年，全球将有多达 500 亿个可联网产品，平均每个英国家庭有 9 个。然而，这些产品中网络安全要求的采信率很低，只有 1/5 的制造商在消费类可联网产品中嵌入了基本安全要求，而绝大多数消费者并不知情，认为这些产品是安全的。

英国政府意识到完善电信基础设施需协调好多个市场主体。许多电信运营商和土地所有者的报告说，他们在争取安装、使用和升级电信基础设施的权利时遇到了困难。这些困难意味着达成协议需要更长的时间，这反过来又会减慢为家庭和企业提供更好的移动和宽带连接速度。有时土地所有者无法响应电信运营商的要求，这也会延迟部署，还可能导致运营商改变部署计划。续签协议的程序和框架方面缺乏明确性和一致性，运营商对某些协议应该如何续签存在不确定性，并且在某些情况下，完全无法获得新协议，即使他们可能已经拥有设备。综上所述，这些问题导致续签协议的完成出现大量延迟，这对现有设备升级和共享的速度有潜在影响。

四、英国数字贸易发展愿景

英国政府在 2021 年 11 月 25 日发布《贸易委员会报告：数字贸易》政策文件。该报告阐述了数字贸易的重要性，同时政府也提出了相关的愿景，即凭借英国的优势让英国成为数字贸易的全球领导者。

"数字贸易为英国带来了巨大的机遇。正如英国在 18 世纪第一次工业革命中引领世界一样，我们现在有机会在数字革命中发挥主导作用。"贸易委员会主席兼国际贸易国务秘书安妮-玛丽·特里威廉议员说道，"我的愿景是让英国成为数字贸易的拥护者和全球领导者之一，建立下一代贸易协议的全球网络，推动英国所有地区和所有部门的生产力、就业和经济增长。我们已经是世界第二大服务出口国，这意味着我们处于理想的位置，可以利用这种新的经营方式。我们拥有竞争激烈、世界领先的数字和服务行业、全球第三高的技术投资率、杰出的人才以及广泛的创新企业和初创企业，使用数字技术开发新产品并将其销售到全球市场。全球贸易的数字化也有助于推动我们的商品出口，2019 年的出口额为 3720 亿英镑。拥抱数字贸易提供的机会将使我们始终处于技术革命的最前沿，确保我们在数字贸易方面处于领先地位，并利用这些为英国、我们的贸易伙伴乃至全世界带来好处。"

第三节　英国数字贸易发展趋势

一、英国雄心勃勃的数字贸易"五点计划"

2021 年 9 月，英国国际贸易大臣安妮-玛丽·特里威廉（Anne-Marie Tre-velyan）宣布英国数字贸易的"五点计划"，充分表达了英国数字贸易的目标以及愿景。该计划将寻求降低英国企业的成本，减少繁文缛节并加强数据保护，以建立自由公平的数字贸易格局，以帮助英国企业和消费者蓬勃发展。让英国成为数字贸易领域的全球领导者，并通过国际协议网络推动整个英国的生产力、就业和增长。当然，要实现这一愿景还存在很多现实和未知的困难。虽然一些国家对数字贸易更加开放，也有其他国家正在采取更加保护主义的方法，但英国的目标是通过解决五个领域的一系列障碍来实现其愿景。

（一）开放数字贸易市场，积极签订数字贸易协定

作为第一个与新加坡达成数字经济协议的欧洲国家，英国正在开辟新天地。这是可以而且应该引人注目的现代交易类型。英国正准备加入跨太平洋伙伴关系，这将与 11 个充满活力的印太市场相结合。通过拥抱全球市场的新机遇，促进更开放的数字市场，以确保英国消费者和企业能够进入其他国家的数字市场，并获得更多收益。通过简化在线销售并帮助他们进行高效且便宜的交易，数字贸易使各个行业的企业能够接触到更多的客户。消费者将有更多机会进入能够提供种类更丰富、价格更实惠的产品和服务的国际市场。他们还将受益于安全的数字经济，该经济将继续得到英国强有力的数据保护保障措施的支持。

英国政府还将通过以下措施来支持本国的优质企业走向全球：

（1）寻求与英国贸易伙伴建立可预测和开放的监管原则，确保英国企业能够在海外市场与国内供应商公平竞争；

（2）在世界范围内帮助处于全球领先地位的英国服务业寻求市场准入，如金融、专业业务、法律、技术和创意产业部门；

（3）通过谈判获得公平、有竞争力和透明的国际市场准入以及最大限度

地减少贸易扭曲，为英国电信行业提供强有力的支持；

（4）使用英国已经签署的自由贸易协定（FTA）来支持具有数字技能的英国专业人士和工人在国际市场上自由流动；

（5）促进对数字化服务的投资；

（6）坚决支持世贸组织暂停对电子传输征收关税，永久反对此类关税；

（7）继续倡导将自由、开放和安全的互联网作为全球数字经济蓬勃发展和创新的基石；

（8）与英国合作伙伴合作，消除阻碍电子商务活动的歧视性障碍。

（二）通过保护可信的跨境数据流，使企业进行国际贸易变得更简单、更便宜

英国政府充分意识到数据对社会经济发展的重要作用，认为数据是英国生产力和业务增长的重要推动力，为英国企业进行国际贸易创造新的、高增长的机会，而无须面临传统的市场准入壁垒。英国政府力图在跨境数据流动中实现消费者和企业利益的最大化，同时保持和促进对个人数据的高标准保护，从而使英国成为制定数据贸易平衡方法的全球领导者。英国正在与贸易伙伴合作解决数据本地化限制。对数据存储和处理位置的限制不利于公平和公开的竞争，并会增加成本，从而妨碍中小企业和初创企业在其他国家开展业务。英国是数据透明度的倡导者。英国政府希望与贸易伙伴合作，以可访问的格式发布适当的政府数据集。这使企业能够进入新的市场和创新机会，同时为消费者提供更好的应用程序、服务和体验，如实时公共交通信息。早些年英国跨境数据流动受到限制，除非数据流入国可以提供充足的保护，同欧盟一样，坚持数据本地化。英国必须打破不公平或歧视性的数字贸易壁垒，倡导自由和可信的跨境数据流动，这将使利用数据进行国际贸易企业的运行更简单、更便宜，同时保持英国对个人数据保护的高标准。通过加强消费者和知识产权保护来支持消费者和企业。要求英国的贸易伙伴承诺建立或维护保护个人数据的国内法律框架，同时确保来自英国的个人数据将继续受到英国国内数据保护立法的保护。

（三）高标准保护数字贸易中的消费者利益和知识产权

英国政府需要确保有效的和平衡的知识产权框架，确保企业能够从创新中获益。政府需要寻求网络中立，承诺开放互联网访问，保留合法公共政策

干预的空间。要求贸易伙伴避免不合理的数据请求，如要求披露源代码作为在某些市场开展业务的条件。英国政府认为让消费者和企业确信他们的权利将在数字市场中受到保护非常重要，消费者在网上购买商品和服务时，必须采取有效措施来保护他们的权利。这涉及为保护在线消费者利益制定高质量的数据共享规则。

（四）开发并与合作伙伴支持数字贸易系统

未来英国会加强数字贸易系统的建设，具体内容包括：促进"默认数字化"的海关和边境流程，使企业的贸易更容易；促进多边合作，促进支持海关和边境流程数字化所需的数据流动；寻求通过使用数字技术促进更容易、更便宜和更有效的国际贸易，包括无纸交易、电子合同、电子认证和电子信托服务；在WTO和英国签订的自由贸易协定中倡导全球数字贸易便利化，以减少繁文缛节、加快行政流程。

（五）积极参与国际合作与全球治理

在数字贸易领域，英国将会积极参与国际合作与全球治理，具体包括：①与世贸组织合作伙伴合作，推进数字贸易的新规则制定，以确保全球治理与技术发展保持同步，并营造公平、可预测、透明、有竞争力和非歧视性的商业环境。②与志同道合的合作伙伴合作，促进高透明度与健全的监管原则、稳健的循证方法，在世贸组织电子商务联合声明倡议谈判中继续发挥主导作用。③与具有前瞻性的合作伙伴合作，建立高端的数字贸易协议，包括在创新和新兴技术、金融科技和网络安全等领域的合作。

数字化变革的快速步伐及其提供的革命性新机遇，反衬出全球数字贸易治理体系的不发达。英国需要与国际伙伴合作，继续制定国际数字贸易规则框架。其中包括利用WTO在内的现有对话机制，例如，电子商务联合声明倡议、自由贸易协定网络以及监管机构之间的国际合作，以制定相互可接受的标准。英国政府认为，管理数字贸易的规则应该对数字创新和新兴技术做出快速反应，让企业和消费者能够充分发挥其潜力。应该鼓励全球数字标准和框架的互操作性，以最大限度地利用数字贸易的机会和利益。英国政府的目标是在世贸组织等多边论坛上成为数字贸易领域的领头羊。

二、英国数字经济将成为助推经济增长的重要引擎

数字技术为英国经济赋能。根据 Computer Weekly 对英国的数字经济 2021 年研究调查报告显示，如果数字投资持续下去，到 2025 年，英国国内生产总值将比现在多 740 亿英镑，到 2030 年将增加 1270 亿英镑，到 2040 年将增加 2320 亿英镑，这将占整个英国经济规模的 6.9%。这项研究是由维珍传媒商业和经济与商业研究中心（CEBR）进行的，该项目研究了数字化转型驱动的技术浪潮对经济的潜在影响，这些技术为英国创造了新的工作和联系方式。

数字投资促进英国经济复苏。英国政府旨在通过数字投资实现经济增长，帮助英国经济从新冠肺炎疫情和退出欧盟单一市场而遭受的打击中复苏。2020 年，英国 GDP 为 1.96 万亿英镑，比 2019 年减少 2160 亿英镑，主要原因是新冠肺炎疫情。英国 CEBR 表示，英国经济各行业的数字化转型加速，证明了新的工作方式的可行性，数字化转型可以降低成本，提高生产率。

CEBR 经济分析主管克里斯蒂安·尼库莱斯库—马尔库（Cristian Niculescu-Marcu）表示，"历史表明，因为企业和其他利益相关者寻求提高对新环境的适应性，经济困难时期有助于促进技术进步和采用。"该研究分析了由新的工作和连接方式引发的"数字转型浪潮"对经济的潜在影响。他表示："这可能在未来几十年创造一条经济高速公路，帮助英国经济增长，同时也具有应对未来挑战的灵活性。"该研究揭示了数字化转型对商业和公共部门的好处，并发现英国公共部门的效率可以提高且成本削减。该机构表示，到 2040 年，医疗和社会保健数字投资可能会为 GDP 增加 330 亿英镑。与此同时，零售、专业服务和建筑行业的数字投资可能产生 330 亿英镑的价值。该研究称，新冠肺炎疫情加速的数字转型可以提高员工的生产率，对那些能够充分利用数字转型的员工来说，其生产率可以增长 12%。

根据云通信平台提供商 Twilio 的报告，96% 的英国企业决策者指出，疫情加快了他们公司的数字化转型计划，其中 66% 的人表示，这"大大"加快了公司的数字化转型计划。

（一）英国数字音乐将持续走强

英国音乐产业现在是最热门的市场之一。新冠肺炎疫情期间，英国的音频流媒体消费和音乐出口达到了历史新高，英国将自己定位为 2021 年世界上

最大的音乐市场之一。2020 年，英国音乐产业在海外得到爆发。事实上，英国已经超过德国成为欧洲最大的音乐市场。

流媒体音乐提升了这个行业的节奏，将数字音乐收入提升到新的水平，这是新冠肺炎疫情给全球唱片市场带来的为数不多的积极影响之一。传统的现场演唱会几乎不存在，但由于音乐流媒体，像英国这样的国家已经经历了可观的收入增长。2020 年，英国音乐产业的收入增长 3.8%。2020 年，英国的唱片收入达到 11.18 亿英镑。这包括流媒体和其他形式。根据国际唱片行业协会的最新报告，英国已经连续第六年保持世界第三大音乐市场的地位。代表该国唱片行业的协会英国唱联（BPI）发布的年度年鉴《2021 年关于音乐的一切》也显示，音乐消费的增长主要是由在线流媒体和数字购买推动的。2020 年，音频流媒体收入达到 7.365 亿英镑，同比增长 15.4%。

英国人越来越多地使用 Spotify、Deezer、Tidal、SoundCloud 或 YouTube Music 等流媒体服务来寻找、收听和分享音乐。英国的数字化转变是如此不可思议，2020 年流媒体占据了该国音乐消费的 80%。哈里·斯泰尔斯（Harry Styles）、杜阿·里帕（Dua Lipa）和酷玩乐队（Coldplay）等全球知名歌手在数字平台上的播放量达到数亿次，但新兴的本地人才也为英国独立音乐的崛起发挥了关键作用。到 2020 年年底，音频流达到 1390 亿次，近 200 名英国艺术家的音乐播放量超过 1 亿次。

（二）英国数字营销的社交媒体化趋势明显

根据 B2B Marketing Expo 对英国数字营销的调查显示，在 2020 年的 12 个月里，视频会议工具 Zoom 经历了指数级增长，B2B 社交媒体平台 LinkedIn 的用户内容创造增长了 60%，55% 的英国买家表示，即使商业街重新开门，他们也会继续在网上购物。新冠肺炎疫情无疑加快了英国数字技术的使用，对于英国的品牌来说，跟上最新的技术发展，以保证与目标受众产生共鸣，并始终立于市场前沿是至关重要的。2020 年因为疫情的管控，整个社交媒体平台的使用和在线参与度大幅飙升。很显然，社交媒体将在今后的几年继续为品牌发挥重要作用。然而，Facebook 和 Instagram 等平台将成为购买和转化过程的重要组成部分，它们将增加 Instagram Shop 等易于使用的应用软件，促使越来越多的消费者在不离开应用的情况下完成购买。社交媒体管理平台 Sprout social 的研究进一步证实了这一点。该研究显示，50% 的 Instagram 用户在看完一个帖子之后，购买了帖子中所推广的产品或服务。

2020 年年初，Sprout Social 公司预测，50%的互联网搜索将基于语音，30%将使用没有屏幕的设备完成，如亚马逊的 Alexa。无论是通过 Siri 等台式机上的语音激活 AI 助手，还是通过智能手机设备，全球越来越多的消费者开始尝试使用语音搜索。搜索引擎优化专家透露，语音搜索和基于文本的搜索结果不同，这是品牌企业在今后的数字营销和搜索引擎优化策略时需要重视的趋势。除了语音搜索，视觉搜索也在继续攀升，谷歌等公司的图像识别 AI 和 AR 算法在不断发展，推动越来越多的网络用户从使用文本搜索转向基于图像和视频的搜索。和语音搜索一样，视觉搜索也是所有品牌都需要重视的趋势，因为这一趋势将在 2020 年后持续发展，尤其是在电子商务领域。具体应对策略包括优化所有上传到品牌网站的图像标题和描述，以及使用替代文本或 ALT 标签。这两点可以使产品在进行搜索引擎优化时，更容易让谷歌定位到产品图像，进而让产品获得更多的曝光量。

（三）英国电子商务变得更加习以为常

根据 OSOME Company 对英国电子商务发展报告显示，电子商务目前占英国零售总额的 1/4 以上。这一数字预计将在未来几年稳步增长，到 2024 年将达到占所有零售销售额的近 1/3。

网上购物已经成为数百万英国消费者的生活常态。这意味着，英国消费者对接收（和退货）网上购买的商品非常熟悉。拥有如此高水平的网上购物体验，英国消费者对送货速度、用户体验和顺利退货流程都抱有很高的期望。为了能够在这个蓬勃发展的市场中取得成功，在英国市场的电子商务公司必须考虑到消费者的这些期望。根据 Statista 2020 年对英国的预测数据显示，英国电子商务市场的收入预计将在 2025 年达到 1191 亿美元。预计收入的年增长率（2021—2025 年复合年增长率）为 3.5%。英国电子商务市场最大的领域是时装。

作为应对疫情严格封锁措施的一部分，英国政府在 2020 年强制关闭了非必要零售商店，英国消费者想购买食品杂货或药品以外的任何东西，都不能在商店里购买。即使当商业街重新开放时，情况也远非正常，社交距离措施意味着排队是司空见惯的，商店里的人也很有限。店内严格要求佩戴口罩。大部分人继续在家里避难，而许多人出于谨慎完全没有实体店购物。因此，零售电子商务在 2020 年迎来丰收也就不足为奇了。

事实上，根据 eMarketer 的预测，随着市场自我调整，2021 年英国零售电子商务销售额将下降 6.3%。电子商务零售总额要达到 2020 年的高峰还需要几年的时间，但到 2023 年，这一数字将远远超过疫情前的任何数字，达到 1435.1 亿英镑（合 1831.7 亿美元）。根据 Statista 2020 年对该国调查的数据显示，在英国，55%的人在网上购物，消费者最喜欢在网上购买的物品是衣服和体育用品。根据英国国家统计局 2020 年的采访，32%的英国网上购物者从餐馆、快餐连锁店或餐饮服务机构购买外卖。最不受网上消费者欢迎的服务和产品是自行车、轻便摩托车、汽车或其他零部件，只有不到 10%的家庭选择在网上购买上述商品。

第四节　英国数字贸易主要规则

一、英国数字贸易规则发展概况

英国数字贸易的全球地位突出。英国在 2016 年全民公投宣布脱欧，并经过 3 年多的谈判，于 2020 年 1 月正式退出欧盟。本研究中英国数字贸易的规则发展阶段，大致分为 2016 年以前英国作为欧盟成员的阶段，以及 2016 年之后英国脱离欧盟，着手建立自己的数字贸易规则体系的阶段。作为老牌的贸易强国，也是早期国际贸易规则的制定者，并依托强大的数字化技术水平，英国的数字贸易发展水平比较高，在全球数字贸易中占据一定的地位。eMarketer 发布数据显示，2020 年，英国电子商务渗透率达到了 84%，互联网普及率达到 97%。英国是欧盟电子商务发展的主要国家之一。在欧洲，英国电商的渗透率高，也是世界上最大的网络销售市场之一，英国数字贸易在全球的地位突出。

英国数字贸易规则在全球的地位举足轻重。目前，全球主要经济体正通过区域贸易协定、WTO 多边框架积极推动数字贸易规则新体系的制定和完善。由于欧盟的数字贸易发展水平在全球范围内居于领先地位，相应地，欧盟的数字贸易规则建设也一定程度引领了全球数字贸易规则体系。在脱欧前，英国的数字贸易规则制定立场前期基本与欧盟相一致。以英国的经济实力与经济基础，英国数字贸易规则在全球的地位必然举足轻重，对欧盟的数字贸易规则制定以及全球的数字规则制定将带来一定的影响。

二、英国数字贸易规则具体内容

英国在数字贸易规则制定方面雄心勃勃。①英国在 2021 年 6 月的 G7 峰会上，积极推进成员国之间签署关于跨境数据使用和数字贸易管理原则的协议。②英国贸易委员会在 2021 年 11 月发布了一份关于数字贸易方面的报告，在这份报告中英国政府表达了在数字贸易领域的五大目标：形成开放性的市场；促进自由而且受信任的数据流动；消费者和商户的安全保障；数字贸易体系；与全球其他发达国家的一致性规则、常态与标准。③英国展现了想加入 CPTPP 的战略意图。2021 年 2 月，英国宣布，正式申请加入全面与进步跨太平洋伙伴关系协定（CPTPP），并关注印度—太平洋市场，促进英国数字经济的快速发展。英国国际贸易大臣安妮-玛丽·特里威廉表示："数字贸易为我们出色的英国企业提供了巨大的机会，这就是我们正在建立一个全球贸易协议网络的原因：在英国各地推动生产力并促进高薪工作和经济的持续增长。通过解决全球舞台上的数字保护主义，倡导自由、开放和有竞争力的数字经济，更多英国公司将能够向全球出口其创新、高质量的服务和商品。"④2021 年 9 月，因为与美国的自由贸易协定迟迟无法达成，英国首相约翰逊表示希望能够加入美墨加自由贸易协定。⑤英国政府提出了 2022 年年底之前将签署自由贸易协定（FTA）的国家和地区的覆盖比率提高到总贸易额 80%的目标。

脱欧后的英国积极拓展对外经贸关系与数字贸易合作。英国希望在脱欧之后能够与现有的欧盟贸易伙伴之间维持贸易关系，同时也能够进一步拓展与其他国家的贸易关系，达成更多的数字贸易协定。欧盟与全球的 70 多个国家签署了 40 多份贸易协定，英国在脱欧之后需要与这些国家复制欧盟与它们签订的自由贸易协定，否则英国与这些国家之间只能遵循 WTO 的贸易规则。截至 2021 年 1 月，英国已与 64 个国家达成了 34 份双边贸易协定，包括日本、新加坡、韩国、土耳其、南非、越南等欧盟外的主要贸易伙伴。其中，30 份协定已于 2021 年 1 月 1 日起开始实施。英国签订的上述自由贸易协定的主要目的是维持英国在脱欧之后与这些国家的经贸关系，避免因为脱欧而产生巨大的双边经贸下滑。

具体签署的国别与协定的主要内容如下：

——英国和韩国的自由贸易协定主要基于对从韩国进口的汽车与汽车零

配件维持零关税水平。

——英国与土耳其的自由贸易协定主要包括关税、知识产权、政府采购、技术壁垒、贸易救济、争议解决等传统内容。

——英国与冰岛、挪威、卢森堡主要对货物贸易方面的内容进行了规定。

——英国与新加坡的自由贸易协定中主要涉及减少电子、汽车与相关零件、药剂品与医疗器材和可再生能源这 4 个行业的非关税壁垒。根据双边协定，新加坡出口到英国的 84% 的商品关税将要取消。到了 2024 年 11 月，所有商品将免于关税。英国与新加坡在达成自由贸易协定之后，双方就数字贸易领域的相关磋商也提上了议事日程。英国于 2021 年 6 月开始启动了与新加坡在数字经济领域的谈判。

——英国与澳大利亚的双边贸易协定主要议题也是削减双方诸多商品的关税，包括苏格兰威士忌、服装、汽车，以及饱受争议的农产品。在农产品方面，出于对本国农民的保护，英国将逐步降低关税。

——英国与越南的自由贸易协定主要涵盖领域包括：商品贸易、原产地规则、海关、贸易便利化、食品安全卫生、贸易技术壁垒、服务贸易、投资、贸易防御、竞争、国有企业、政府购物、知识产权、贸易与可持续发展、法律和体制等内容。

——日英 EPA 在关税削减等方面大致沿袭了日欧 EPA 的内容，涵盖了农产品、汽车等领域。协定生效后，英国出口日本约 94% 的产品、英国从日本进口约 99% 的产品将取消关税。在数字贸易领域，英国与日本的协定超过了欧盟与日本签订的协定，该协定的达成有利于数据的自由流动，保障个人信息安全。日本是 CPTPP 的主导成员国，英国与日本签订贸易协定有助于英国在未来加入 CPTPP。

英国在治理数字经济领域有较为完善的规划和部署。早在 2017 年 3 月，英国政府就提出《英国数字战略》，谋划了英国在数字经济领域获得领先优势的规划和部署。英国政府还出台《公共服务标准》，为完善数字政务服务的用户体验和满意度设立了 14 条标准。英国 1624 年就制定《专利法案》，2018 年修订《数据保护法案》，2000 年制定《电子通讯法》，2002 年制定《电子签名条例》，2003 年修订《通信法》，2011 年制定《电子通信和无线电报条例》，2016 年修订《隐私与电子通信条例》，2018 年通过《通用数据保护条例》。在电子商务领域，根据欧盟 European Directive97/7/EC 指令，英国于 2000 年出台《消费者保护（远程销售）规章》，对电子商务消费方和供货方的权利义务进行了界定；2002年英国政府出台《电子商务条例》，就网络服务商对消费者提供的信息方面的规则进行了规定。在隐私保护和信息保护领域，英国制定《英国信息保护法》（1998）和《英国隐私和电子通信法》（2003）。在保障电子支付领域，出台《欧盟电子支付建议》（97/489）、《欧盟电子货币指令》（2000/46、2009/110），对电子货币的发行、使用以及电子货币或资金被冒用等问题进行了规范。

三、英国政府在数字贸易领域规则的特点

（一）英国政府在数字贸易领域有比较扎实的规则基础

作为老牌资本主义国家，英国在法律体系建设方面有比较长的历史，法律规则的积累深厚，如1642年英国就制定了《专利法案》，对后续的知识产权相关贸易具有奠基性的意义。加入欧盟40多年，英国在欧盟中处于重要位置，参与制定了大量的法律法规，因此在数字贸易领域有比较广泛的规则基础。脱欧之后，英国会对相关的法律法规进行修订以适应其国家战略，但是在短期之内，依然会沿用欧盟时代所制定和签署的相关法规。相比于数字贸易的新兴领域，英国在数字贸易传统领域的规则基础更加雄厚。

（二）在数字贸易规则方面与欧盟、美国有显著的差异

从英国对数字贸易规则的态度和基本原则来看，英国有志于积极推动数字贸易的自由化发展，从而为本国的高科技企业提供广阔的全球市场。从规则的内容来看，欧盟的数字贸易规则更趋向于隐私保护和数据流动的限制，但英国在数字贸易规则上比欧盟有更加开放的态度，希望在数字经济领域有自由开放的竞争。英国正式提出加入DEPA（数字经济伙伴关系协定），DEPA强调加强个人信息防护，但是也规定开放一定程度的政府信息、促进跨境数据的交换，基于"监管沙盒"进行创新。在人工智能方面，DEPA也提倡建立具有道德标准的人工智能管制框架。从英国积极申请加入DEPA来分析，英国在数字贸易领域会与欧盟有显著的不同，但同时也不同于美国的数字贸易规则，而更可能在美、欧之间寻求一个中间地带，来满足其国内数字经济发展的需要，表现出强烈的实用主义倾向。

（三）英国在数字贸易规则方面起步晚，但目标高

英国的数字贸易规则有比较深厚的基础，但是因为脱欧的影响，英国在数字贸易规则制定方面基本延续欧盟的规则，但是脱欧后，英国为了谋求在数字贸易规则领域的话语权，积极申请加入 CPTPP，并积极与新加坡在数字经济领域加强谈判，旨在数字贸易领域形成有英国特色的规则体系和话语权。英国在数字经济领域，尤其是文化与创意产业方面，具有比较强劲的竞争优势，在金融、保险等数字化服务方面也具有深厚的底蕴。另外，英国在数字经济相关人才的储备方面虽然弱于美国，但是在欧盟中处于领先地位。而从整体国民的数字技能、互联网渗透率来分析，英国在数字贸易规则领域为了保障本国企业的利益，会争取在国际数字贸易规则体系中获取强势有利的地位，尤其是在与美国的自由贸易谈判迟迟无法达成协议的情况之下，英国会依据历史纽带，加强与英联邦国家在数字贸易领域规则上的谈判和对接，不断提高自己在数字贸易国际规则上的地位。

第五章　日本、韩国数字贸易及规则发展

第一节　日本、韩国数字贸易在全球产业链中的位势

一、日本数字贸易发展现状及在全球产业链中的位势

（一）发展规模

世界正在进入数字经济时代，为数字服务贸易发展奠定了基础。数字贸易增长速度方面，日本表现亮眼。根据中国信息通信研究院《数字贸易发展白皮书（2020 年）》，日本在 2019 年的数字贸易出口增速达到了 9%，在全球排名中位居前列。为了能在数字贸易规则方面取得突破，打造全球数字经济的亚洲枢纽，在国际贸易新规则制定方面占据有利地位，日本积极不断地推动数字新政，持续加强对第五代移动通信技术（5G）和信息通信技术（ICT）等领域的投资力度。日本政府高度重视数字经济发展，提出了通过数字信息技术在全社会渗透，从而打造新日本的战略目标。

（二）发展结构

1. 在跨境电商领域

2020 年，新冠肺炎疫情的爆发加速了全球变革，企业和消费者变得越来越"数字化"，在线教育、线上办公和网上购物都快速增长。根据联合国贸易和发展会议的报告，全球网上零售额占零售总额的比例从 2019 年的 16%上升到 2020 年的 19%。在新冠肺炎疫情的推动下，日本网上零售业也得到了极大

的发展。

日本是世界第三大经济体，全球第四大电商市场国家，日本经济产业省发布的 2020 年日本电商的数据显示，2020 年日本的网络 B2C 总额达到 12 兆日币，比 2019 年增长了 21%。2020 年日本的 B2C 电商渗透率（EC 化率）达到了 8.08%，而在 2015 年这一数据仅为 4.75%。根据商务部的数据，中国 2020 年网上零售占社会零售品销售总额的比例为 24.9%。根据产经省的调查，截至 2021 年 6 月，日本的网购普及率达到了 51.3%。Statista 的数据显示，英国 2020 年的网购渗透率达到了 84%，为全球最高。可以看出，日本的网购普及率还有相当大的增长潜力。根据中国国家统计局的数据，截至 2021 年 6 月，中国网购人群占网民整体比例为 80.3%。相比而言，日本在跨境电商领域极具潜力。根据 Web Retailer 2020 年发布的数据，按照每个月的访问量，日本国内最大的三家电商平台分别是：PayPay Mall，月访问量达到 20 亿；亚马逊日本站，月访问量为 5.77 亿；乐天（Rakuten），月访问量为 5.21 亿。日本消费者习惯在本国电商平台购买商品，只有 10.2% 的日本消费者从海外网站购物。从平台的销售量来分析，乐天、亚马逊日本、雅虎分居前三。

根据联合国的统计数据，2021 年日本拥有 1.25 亿人口，其中网民人数达到 1.01 亿，且拥有高购买力的亚马逊顾客群体已达数百万，而且还在持续增加中。其中被称为"互联网超市"的乐天，用户群体中 18~34 岁居多，深受年轻人群体的喜欢，年轻群体无疑是消费的主力。日本消费者对商品的品质要求比较高，同时对线下购物的体验感比较看重，对网络支付比较谨慎，习惯现金支付，这些因素一定程度上影响日本网民的网上购物意愿，导致网上购物的发展速度相对较慢。但是随着疫情的发展以及网络购物平台的体验不断优化，日本电商得到快速发展。日本消费者有三大特征：购买力强、退货率低、复购率高。根据日本总务省 2021 年 9 月公布的数据，截至 2021 年 9 月，该国 65 岁及以上老年人口达到 3640 万，占总人口的 29.1%。老龄化已经成为日本社会的一个重要特征，少子化和不婚化比较严重，老龄化短期之内无法逆转。日本总务省 2021 年 6 月公布的 2020 年人口调查数据显示，日本家庭的平均人数由 2015 年的 2.38 人下降到 2020 年的 2.27 人，针对老龄人和独居人士的电商产品是日本电商市场的一个重要板块。

2. 在数字化产品方面

随着智能手机的普及，消费者开始习惯使用在线音乐平台，而不是使用 CD 听歌。根据日本唱片业协会（RIAJ）的数据，2018 年日本数字音乐较去年增长了 13%，达到了 645 亿日元，已经连续五年增长。其中，流媒体音乐同比增长 33%，达到 349 亿日元，占比高达 54%，第一次超过数字下载（40%）。根据 Statista 的数据，2020 年，日本流媒体音乐在数字音乐中占比达到了 75%，成为全球第五大流媒体音乐市场。根据国际唱片行业协会 IFPI 的统计数据，日本 2020 年录制音乐的产值达到了 29 亿美元，是全球第二大录制音乐市场。而在人均音乐消费方面，日本稳居全球第一。2020 年日本的数字音乐产值达到了 783 亿日元，比 2019 年增长了 11%，连续三年保持增长，而实物载体音乐市场下降 15%，降至 1944 亿日元。

日本的游戏产业非常发达。根据 Newzoo 的统计数据，2020 年全球游戏市场达到了 1749 亿美元，同比增长 19.63%。日本游戏收入达到了 195 亿美元，占全球第三位，中国为 440 亿美元，美国为 413 亿美元。日本玩家的平均消费达到了每人每年 291 美元，为全球最高。按照全球 iOS 与 Google Play 综合收入排名，2020 年度全球游戏发行商榜单 Top10 中，日本占据了两席，分别为 BANDAI NAMCO 和 SONY，由此可见日本游戏产业的规模和质量在全球属于第一梯队。

根据联合国贸易和发展会议的统计，日本出口的 ICT 商品在 2020 年达 570 亿美元，相较于 2019 年的 564 亿美元有所增长。2020 年 3 月，日本三大电信运营商正式推出了 5G 网络商用服务，也意味着日本正式进入 5G 时代，与其他国家比较，明显起步较晚。根据中国商务部的统计数据，2019 年中国软件出口前十位的国家和地区分别为美国、欧盟（28 国）、中国香港、日本、韩国、新加坡、中国台湾、德国、英国和爱尔兰，说明中国与日韩在软件应用方面交易较为频繁。2019 年中国出口日本的软件协议总金额为 64.7 亿美元，出口韩国为 35.2 亿美元。

3. 搜索引擎与社交平台领域

StatCounter 数据显示，2021 年 2 月到 2022 年 2 月，日本搜索引擎市场中谷歌市场份额为 77.04%，排名第一；雅虎市场份额为 17.4%，排名第二；必应市场份额为 5.06%，排名第三；DuckDuckGo 为 0.24%，排名第四；百度为 0.12%，排名第五；CocCoc 为 0.05%，排名第六。根据 Datareportal 的数据，2022 年 1 月日本使用的前 7 大社交媒体软件分别为 YouTube、LINE、Twitter、Instagram、Facebook、TikTok 和 LinkedIn。与世界其他地区相比，日本社交媒体的渗透率相对较低，根据 We are Social 发布的数据，2021 年 1 月日本社交媒体用户渗透率为 74.3%，这可能是由于日本人工作节奏快，缺乏社交平台使用时间所致，而社交用户中98%是通过移动端上网。日本的社交平台的可供选择性较大，各种年龄段的用户都能找到适合自己的社交平台。与欧洲相比，日本在社交平台方面，本土的社交平台的占有率比较高，形成了自己的独特社交平台。

运用 SQE 数字贸易国别位势分析框架，对日本数字贸易产业的整体国际竞争位势进行分析（表5-1），日本在电子商务领域在全球处于第四位，但是整体电商渗透率比较低，低于全球平均水平。在发展环境上，日本消费者对实体购物情有独钟，如果不是疫情原因，日本的网络购物可能还是会停留在比较低的渗透率。因此电商的发展环境相对差，但是电商规则比较完备。在数字音乐和游戏领域，日本的整体发展的规模和质量位居全球前列。ICT 领域，日本的基础设施建设还在追赶之中，整体文化对 ICT 技术的接受还有待提高。在搜索引擎领域，日本雅虎具有绝对领先的地位，在社交媒体领域，日本自有的社交媒体市场占有率最高。

表 5-1　日本数字贸易 SQE 国别位势分析模型

数字贸易细分领域	一级评价指标	二级评价指标	指标数值	11个经济体排名	二级指标权重
电子商务	规模	电子商务市场总额（亿美元），2021年	1280	4	100%
	质量	电商头部企业市值排名（亿美元），2022年	364.2	5	100%
	环境	线上零售占社会零售总额比例（%），2020年	13.80	5	40%
		互联网渗透率（%），2022年	90.22	5	30%
		物流绩效指数（LPI），2018年	4.03	1	30%
ICT	规模	ICT 服务出口额（亿美元），2019年	51.5	7	100%
	质量	ICT 头部企业数量与排名（个），2019年	12	3	100%
	环境	宽带速率（Mbit/s），2022年	178.76	4	70%
		计算机专业全球排名数量（个），2021年	16	8	30%

数字贸易细分领域	一级评价指标	二级评价指标	指标数值	11个经济体排名	二级指标权重
搜索引擎	规模	网民绝对人数（万人），2021年	11 740	8	100%
	质量	前50名搜索引擎数量（个），2022年	1	6	100%
	环境	人口总数（万人），2022年	12 558.5	8	80%
		受教育年限（年），2017年	12.8	3	20%
社交平台	规模	社交平台用户数量（亿），2020年	0.906	7	100%
	质量	头部社交平台数量与排名（个），2021年	1	4	100%
	环境	网民平均每天花费在社交媒体时间（min/天），2021年	51	11	60%
		居民平均年龄（岁），2022年	47.3	11	40%
数字音乐	规模	数字音乐产业规模（百万美元），2021年	572.775	4	100%
	质量	数字音乐头部企业数量与排名（个），2021年	2	5	80%
		数字音乐版税收入（全球占比,%），2019年	10.30	3	20%
	环境	数字音乐用户渗透率（%）	23.90	5	80%
		数字音乐ARPU（美元/人），2021年	58.8	4	20%
电子游戏	规模	产业总产值（亿美元），2021年	221	3	100%
	质量	头部企业数量与排名（个），2021年	34	1	100%
	环境	电子游戏玩家渗透率（%），2021年	74.50	11	80%
		人均GDP（美元），2022年	40 193	3	20%

全球数字贸易发展及规则变革

二、韩国数字贸易发展的现状及在全球产业链中的位势

(一) 韩国数字贸易发展规模

根据中国信息通信研究院的统计，2020 年以中国、日本、韩国、泰国、越南等为代表的亚洲数字经济增加值规模为 10 万亿美元，仅次于美洲，占 47 个经济体数字经济总量的 30.7%。美国的数字经济规模在 2020 年达到了 13.6 万亿美元，名列第一。从数字经济占 GDP 比重来分析，韩国位列全球第四，数字经济占比达到 52%。德国、英国、美国三个老牌发达国家则排名前三，数字经济占 GDP 比分别为 66.7%、66% 和 65%。韩国政府十分重视数字经济的发展，2020 年 6 月，韩国计划至 2025 年，以数字化、绿色化和稳就业为方向投入约 76 万亿韩元，建设大数据平台、第五代移动通信、人工智能等数字产业基础设施，发展 "非接触经济"，从而推动社会间接资本的数字化发展，克服疫情影响，挖掘经济增长新动力。

(二) 韩国数字贸易的结构

1. 在电商领域

据韩国科学技术信息通信部透露，2020 年韩国网民超过 4600 万人，占总人口的 91.9%。到 2022 年，韩国互联网渗透率达到 96.5%。2019 年 4 月，韩国率先在全国范围内开通商用 5G 网络服务。2020 年 4 月发布的 "Speedtest 全球指数" 显示，韩国凭借 5G 网络，移动连接速度居世界首位。随着国内移动通信公司的积极推进和政府支持下的 5G 基础设施建设，截至 2021 年 1 月，韩国 5G 用户已达 1287 万名。

电子商务是韩国整体消费市场的重要组成部分。近些年持续增长，得益于韩国互联网的高渗透率，韩国的电子商务发展规模大，速度快。根据联合国贸易和发展会议 2021 年发布的《2019 年全球电子商务评估及新冠肺炎疫情对 2020 年在线零售影响的初步评估》，韩国的在线零售额在 2020 年达到了 1044 亿美元，占全国零售总额的 25.9%，高于全球 19% 的平均值，在全球仅次于中国。韩国的电商总规模在 2020 年占全球第五，2022 年上升到全球国家中第四位。

根据数据研究公司 Research and Markets 的预测，到 2025 年，韩国电子商务市场预计将达到 3251.2 亿美元，2021—2025 年的复合年增长率为 19.92%。

韩国电子商务的发展也得益于韩国智能手机的高拥有量。根据 Statista 的数据，2020 年，韩国智能手机用户达到了 4900 万，同比增长了 2%，智能手机的持有率也达到了 91%。根据韩国统计局的数据，2020 年 12 月，韩国居民通过智能手机、平板电脑和其他移动设备进行购物同比增长 33.8%，占网络购物总值的 69%。

在跨境电商方面，根据 eMarketer 的统计，2020 年，韩国消费者在线购物中来自外国零售网站的达到 35 亿美元，同比增长了 12.9%，其中 44.5% 的购物来自美国在线零售商。韩国消费者购买的进口商品主要包括服装与时尚、食品与饮料、消费电子产品、家居用品和化妆品。进口商品主要来自美国与欧盟。

跟中国和美国的电子商务市场不一样，韩国的电子商务市场非常分散。根据 Intralink Research 的统计，2021 年 9 月，韩国电子商务市场较受欢迎的是 coupang.com，紧随其后的是 Gmarket 和 11 街。在购买影响因素方面，根据 eBay Korea 针对韩国顾客进行的问卷调查，超过一半的人（51%）选择了价格优惠，选择商品多样化和品质优秀的比例各占 16% 和 15%。在网上购物支付方面，韩国消费者偏向于信用卡支付，信用卡渗透率接近 60%，其次是电子钱包、银行转账和货到付款。

韩国的电子商务在全球发展水平比较高，在总体规模上处于前五的水平，电商的渗透率很高，本土平台的市场占有率比较高。因此要打开韩国市场，必须突破语言和文化方面的限制。

2. 在数字化产品方面

据 IFPI 数据，2010—2019 年全球录制音乐产业总收入总体呈先降后增态势。近两年来，全球录制音乐总收入呈逐年增长态势，2019 年全球录制音乐产业总收入为 202 亿美元，同比增长 8%。韩国文化体育观光部和韩国国际文化交流振兴院发布的《2019 年韩流白皮书》展望了文艺界输出韩流的前景。韩国在全球音乐市场中的份额高达 6.2%，但收入排在英德法等国之后，连续两年排名第六，在亚洲排名第二，仅次于日本。近两三年，数字音乐的份额显著升高，韩国对各国的音乐出口占比由高到低依次是对日 62.5%、对华 21.4%、对东南亚 12.6%、对欧 1.7%、对北美 1.1%，对亚洲市场的依赖程度仍然较高。Melon 作为韩国最大的流媒体数字音乐平台，用户数量达到了 3300 万，提供超过 4000 万首歌曲，在韩国占据了近 50% 的市场份额。从付费率来看，韩国市场的数字音乐付费率达到了惊人的 90%。韩国数字音乐市场相对特殊，数字音乐用户几乎全部都是付费用户。主要是因为韩国的数字版权监管严格，主流数字音乐平台几乎不提供免费的音乐播放服务。2021 年 2 月，全球最大的在线音乐平台 Spotify 也进入了韩国市场。

韩国文化产业振兴院统计数据显示，韩国是游戏产业强国，2019 年其在全球游戏市场所占比重为 6.2%，紧随美国、中国、日本、英国，位居世界第五。其中，PC 游戏以 12.5% 的占有率位列世界第三，仅次于中国和美国；移动游戏以 9.1% 的占有率居世界第四，位列中国、美国和日本之后。韩国游戏出口自 2010 年来一直呈增长趋势，年均增长约 9%。2019 年韩国游戏出口额为 66.5 亿美元，2020 年达到 72.5 亿美元（占韩国文化产业出口额的 66.9%），同比增长 8.8%。

根据韩国产业通商资源部的统计数据，韩国 2020 年 ICT 产品的出口达到了 1836 亿美元，同比增长 3.8%。进口 1120 亿美元。半导体出口达到 1002.5 亿美元，计算机及外围设备达到 139.1 亿美元，显示平板达到 207.2 亿美元，智能手机 112.7 亿美元。韩国 ICT 产品最大的进口国是中国，ICT 产品出口中国达到 868.8 亿美元。

3. 在搜索引擎与社交平台领域

根据 Statcounter 的数据，2021 年 12 月，韩国搜索引擎网站前 5 名所占的市场份额，Google 76.93%，Naver 17.89%，Bing 2.12%，Daum 2.06%，Yahoo 0.42%。在韩国市场 Google 并不像在欧洲国家那样，基本是占据了 90% 以上的市场份额。Naver 的市场占有率达到了 17.89%，它也是韩国社交软件 LINE 的母公司，作为韩国本土的搜索引擎，在全球的市场占有率也达到了第五的水平。

在社交网站领域，韩国人的社交活跃度也非常高。据市场调研机构 DMC 传媒发布的报告，截至 2021 年 1 月，韩国的社交媒体渗透率达到 89.3%，达到世界平均水平 53.6% 的 1.7 倍。仅次于阿联酋的 99%，位居全球第二。社交媒体渗透率比较高的国家和地区还包括：荷兰 88%，马来西亚 86%，中国香港 85.6%，加拿大 84.9%，新加坡 84.4%，丹麦 83.6%，瑞典 82.1%，日本 74.3%，美国 72.3%，中国 64.6%。由此可见在社交平台方面，韩国人的社交平台渗透率是全球领先的。

根据 Statocounter 的数据，2021 年 12 月，社交平台中 Facebook 在韩国市场占有率为 68.55%，Twitter 占 17.83%，YouTube 占 7.85%，Pinterest 占比 2.56%，Instagram 占比 1.74%，Reddit 占比 0.7%。据尼尔森 KoreanClick 调查，韩国各大社交平台中独立访客数（Unique Visitors）最多的是优兔（You-

Tube），多达 3766 万人次。随后依次是 BAND（1965 万）、Instagram（1885 万）、Facebook（1371 万）、Kakao Story（919 万），Twitter（517 万），抖音（301 万）。BAND 和 Kakaostory 分别是韩国 IT 巨头 NAVER 和 Kakao 运营的社交媒体。在各年龄段中，10~39 岁人群最常用的社交平台是 Instagram，40~59 岁人群最常用 BAND。在社交媒体领域，韩国的社交平台具有很强的竞争力。Naver Band 是韩国安卓客户中最大的使用者。

韩国虽然只是一个人口 5178 万（2020 年）的小国，但是在数字贸易的多个方面展现出比较强的竞争力，尤其在游戏、数字音乐、影视产品、电子商务等领域，韩国都处于全球比较领先的位置。韩国的潮流文化，以及韩国在对外传播方面的有力措施，使得韩国的文化产品在东南亚地区很受欢迎，成为席卷全球的"韩流"。

根据 SQE 数字贸易国别位势分析框架，韩国在游戏和数字音乐方面在全球的位势比较高，在 ICT 产业领域在全球处于第二梯队的位置，但距离第一梯队还有一定的距离。在自主搜索引擎方面，有比较出色的表现，拥有自己比较有影响力的国产搜索引擎。在电子商务领域，韩国电商的规模在全球第二方阵，但是在自主电商平台方面具有比较强的优势。另外在规则领域，韩国也有比较完善的国内规则，在产业发展环境方面，韩国比日本对互联网具有更加开放的文化与环境，详见表 5-2。

表 5-2　韩国数字贸易 SQE 国别位势分析

数字贸易细分领域	一级评价指标	二级评价指标	指标数值	11 个经济体排名	二级指标权重
电子商务	规模	电子商务市场总额（亿美元），2021 年	1203	5	100%
	质量	电商头部企业市值排名（亿美元），2022 年	464.4	4	100%
	环境	线上零售占社会零售总额比例（%），2020 年	28	2	40%
		互联网渗透率，2022 年（%）	96.51	1	30%
		物流绩效指数（LPI），2018 年	3.61	5	30%

数字贸易细分领域	一级评价指标	二级评价指标	指标数值	11个经济体排名	二级指标权重
ICT	规模	ICT 服务出口额（亿美元），2019 年	47	9	100%
	质量	ICT 头部企业数量与排名（个），2019 年	4	5	100%
	环境	宽带速率（Mbit/s），2022 年	212.57	1	70%
		计算机专业全球排名数量（个），2021 年	18	7	30%
搜索引擎	规模	网民绝对人数（万人），2021 年	4942.1	10	100%
	质量	前 50 名搜索引擎数量（个），2022 年	1	4	100%
	环境	人口总数（万人），2022 年	5133	11	80%
		受教育年限（年），2017 年	12.1	4	20%
社交平台	规模	社交平台用户数量（亿），2020 年	0.447	10	100%
	质量	头部社交平台数量与排名（个），2021 年	1	8	100%
	环境	网民平均每天花费在社交媒体时间（min/天），2021 年	68	10	60%
		居民平均年龄（岁），2022 年	41.8	9	40%
数字音乐	规模	数字音乐产业规模（百万美元），2021 年	291.696	6	100%
	质量	数字音乐头部企业数量与排名（个），2021 年	1	7	80%
		数字音乐版税收入（全球占比,%），2019 年	2.10	5	20%
	环境	数字音乐用户渗透率（%）	34.40	4	80%
		数字音乐 ARPU（美元/人），2021 年	59.6	3	20%

数字贸易细分领域	一级评价指标	二级评价指标	指标数值	11个经济体排名	二级指标权重
电子游戏	规模	产业总产值（亿美元），2021 年	75.5	5	100%
	质量	头部企业数量与排名（个），2021 年	6	5	100%
	环境	电子游戏玩家渗透率（%），2021 年	83.30	5	80%
		人均 GDP（美元），2022 年	31 632	4	20%

第二节　日本、韩国数字贸易的宏观政策

一、日本在数字贸易方面的宏观政策

数字贸易如今已经成为日本的主导产业，日本曾经连续 42 年蝉联世界第二大经济体，其电子信息技术在全球居于领先地位，并且日本和美国等发达国家一样对数字贸易都制定了比较完善的政策。但是，日本的数字经济的基础设施并没有与时俱进的发展，根据英国《经济学人》期刊对全球 100 多个国家网络环境的评估，日本在全球位于第 17 位，日本在《日本复兴战略》中明确提出了要通过数字贸易的发展来振兴日本的经济。

（一）跨境电商政策

1. 国家规划

为了快速发展信息和通信技术，在日本政府设立的 IT 综合战略总部领导下，日本经济产业省制定和实施各种政策，旨在更好地利用 IT 来创造新的生活方式和增加经济活力。在信息化经济社会环境改善方面，主要措施之一即为电子商务的推广，制定了以下相关政策。

（1）2020 年 11 月，日本政府推出了《IT 基本法》修正案，《IT 基本法》是日本建设数字化国家的纲领性法律，在第四条、第十九条专门说明电子商务发展对构建先进信息沟通社会的重要意义，以及发展电子商务需要对旧法

律法规的修改以及新法律的制定，以及对消费者权益和知识产权的保护。修正案是该法案自 2000 年生效以来的首次修订，在该修正案中正式提出建立日本数字厅，以提高全社会的数字基础设施和数字化运行水平，是电子商务发展数字基础设施方面的重要基础法律。

（2）2001 年 12 月 25 日，关于保护电子商务消费者和电子合同的《关于电子消费者合同以及电子承诺通知的民法特例法律》（2001 年 6 月 29 日第 95 号法）开始实施。

（3）经济产业省召开了"跨境电子商务法律问题研究组会议"和"促进跨境电子商务的说明会"，以明确跨境电商相关法律问题。

（4）2019 年 12 月日本经济产业省修订《电子商务及信息商品交易规则》，该规则明确了包括民法典在内的相关法律如何适用于电子商务和信息商品交易相关的各种法律问题。2018 年日本对《不正当竞争防止法》和《著作权法》进行了修订，对以下问题进行了重新规定：在互联网上提供用户名、密码；互联网著作权作品的使用；知识产权受让人的相关规则；对功能和使用期限有限制软件的法律规定；使用数据集行为的法律处理等。

（5）日本《个人信息保护法》于 2005 年正式实施，2017 年为了适应互联网和大数据产业的发展，将该法律的适用对象由 5001 人以上的企业扩展到所有的企业，并允许企业与社会团体在对数据进行模糊处理之后可以使用这些获取的数据。

2. 政策背后原因

（1）随着信息经济社会的到来，在商业、行政活动和人们的生活中出现了新的挑战。日本经济产业省正在制定信息安全和电子商务基础设施发展等政策，以建设一个每个人都可以舒适、安全地参与的信息经济社会。

（2）近年来，利用互联网的电子商务规模继续扩大，随着技术的发展，电子商务的形式也日益多样化。一方面，以互联网上流通的信息商品为交易对象的经济行为也越来越普遍；另一方面，许多现行法律，包括《民法典》，其立法前提不一定是电子商务，在应用于电子商务时会出现解释不明确的现象。因此，日本经济产业省对电子商务中各种法律问题做出了解释，也提出了如何适用现行法律的规范。

（3）相比于线下交易，电子商务是更容易产生纠纷的商业环境，因为它是双方不直接面对面交换商品或付款的无形交易。此外，随着近年来电子商务的进一步扩展和多样化，也出现了很多与个人信息相关的问题。因此为了营造一个消费者可以安心参与电子商务的环境，必须有一个机制来预防此类问题并快速解决。

（二）ICT 领域的政策

1. 国家规划

（1）2019 年日本总务省（MIC）发布了《2019 年信息通信白皮书》，其中第二部分第 4 章分析了 ICT 的政策趋势，介绍日本信息通信技术政策的最新动向，重点介绍总务省在电信业务、无线电波、广播、利用、研发和国际战略等领域的努力。

（2）2018 年日本政府制定《数字政府实行计划》，其中列举了关于数字政府建设领域的举措。2017 年 5 月日本政府制定了"数字政府促进政策"，该政策旨在实现数字政府，在数字前提下审视政府的各项行政事务，重点提高公众和企业的便利性。该方案旨在贯彻落实《促进公私数据利用基本法》和《数字政府促进政策》，目标是实现安全、可靠、公平、公正、繁荣的社会。

2. ICT 政策的发展历程

2001 年 1 月，政府成立了"先进信息通信网络社会推进战略总部"（IT 综合战略总部），并制定了"电子日本战略"，以积极利用信息技术，并努力使所有公民都能从中受益。

2013 年 1 月，总务省稳步推进以网络基础设施建设为重点的措施，进行了一系列战略审查，并于 2013 年 1 月收到了安倍首相关于 IT 政策重组的指示，同年 6 月，新的 IT 战略（World's Most Advanced IT National Creation Declaration）获得内阁批准。

2016 年 12 月，《促进公私数据利用基本法》颁布实施，目的在于全面、高效地为公共和私营部门数据利用创造环境，同时将重点转向利用信息技术，旨在成为世界最先进的信息技术国家。2017 年 5 月，日本内阁决定制定《世界先进 IT 国家创造宣言·公私数据利用推进基本计划》，建立一个"数据丰富的人类社会"和"公共和私营部门数据利用社会"的模式，让所有公民都能从利用 IT 和数据中获益，并真正实现富足社会。

2019 年 6 月，IT 综合战略总部确定了数字时代的新 IT 政策大纲。其目的包括：①创造环境，在数字时代的国际竞争中取胜；②通过全社会的数字化解决日本问题；③成为日本未来 IT 政策的"指南针"。同月，内阁决定制定

《世界先进数字国家创造宣言》和《促进公私数据利用基本计划》，并制定了实现包容性数字社会的优先计划。

2021年6月15日，日本的政府内阁和ICT基本战略委员会发布全面数据战略概述（草案），日本政府在开放数据方面做了许多努力。在《2020年海外市场扩张战略》中，日本总务省（MIC）列出了未来3年在海外开展的20个优先数字项目，称为新丸项目（Niimaru）。其目的是在政府间对话和日本国际协力机构（Japan International Cooperation Agency，JICA）资金的帮助下，促进日本公司进入目标国家和地区的市场，并在这些第三市场推广其技术。

2021年9月1日，日本政府数字厅正式成立，数字厅的前身为内阁官房IT综合战略室，该部门隶属于日本首相，将作为常设机构。数字厅将负责所有政府部门和机构的信息技术预算编制工作。数字厅的另外一个工作是引入政府云平台，使得地方政府的IT系统保持一体化和标准化。同时还负责推广"我的号码"系统，为所有居民提供身份证号码，为后面改善公共服务奠定基础。除此之外，数字厅还将在医疗和教育等领域推进数字化进程。

二、日本数字贸易相关法律

1. 2000年5月31日，日本政府颁布《电子签名和认证业务法》，该法旨在：①规定如何推定电磁记录的真实性；②特定认证业务的认证制度和其他必要事项；③促进信息以电磁方式分发和信息处理，确保电子签名的顺利使用，从而促进人民生活改善和国民经济的健康发展。

2. 日本政府颁布的《促进公私数据利用基本法》于2016年12月实行。其中第一章第三条提到促进公私数据的利用，结合《数字社会形成基本法》《网络安全基本法》《个人信息保护法》等相关法律，力求在保护个人和公司权益的同时，确保信息的通畅传播。

3. 2021年5月，日本政府颁布《数字改革关联法》，该法旨在规定建立数字机构，对中央与地方政府各自的系统进行标准化和互通化。作为数字化基础的日本个人编号制度相关管辖权限，将从内阁府和总务省移至数字厅，以推进个人编号卡的普及。

三、韩国在数字贸易方面的宏观政策

韩国数字贸易发展程度比较高，其政府在政策制定方面特别是在数据监管、数字产品和服务贸易、数字企业的本地进入管制都比较严格。

（一）数字化政策

1. 国家规划

（1）2021年2月22日，韩国专利局局长简要介绍了由总理主持的第28届国家知识产权委员会决定的基于人工智能/数据的数字知识产权创新战略。本次创新战略主要内容有：①重构知识产权法律体系，应对数字化转型；②建立一个让个人和企业能够方便利用知识产权数据的基础设施；③增强基于知识产权的数字产业竞争力；④通过指定各地区的专门大学为知识产权重点大学，从而加强专业人员的知识产权能力。⑤引领知识产权贸易新秩序，引领数字时代国际新规范的形成，完善国内制度，使CPTPP、USMCA等新贸易规范与国内规范相统一。

（2）2021年7月14日，在第四届韩版新政战略会议上，韩国政府发布韩版新政2.0计划，其中数字新政的措施包括：①将数字融合和复合扩展到各个领域，培育超互联新产业，如元宇宙、云和区块链，支持ICT融合业务，包括开发和构建开放元宇宙平台，构建数据，支持各种元宇宙内容的创建，促进公共部门的私有云转型，推动大型区块链推广项目，以及培养数字时代的核心基础技术。②推动数字新政1.0向国民生活、社区等扩散：加强数据、网络和人工智能（DNA）生态系统，包括促进私人数据的使用①，并建立6G国际联合研究合作框架；促进教育、医疗等数字基础设施的升级②，中小企业的数字化③扩散等；推进智慧城市④、持续打造智慧产业园区等让国民有安全便捷的生活环境。

2. 政策背后原因

由新冠肺炎疫情引起在线经济活动的增加加速了韩国数字化转型，需要保护的新数字知识产权作品正在涌现，例如人工智能创作、数据、全息商标和图像设计。因此，需要迫切完善能够从人工智能和数据等新数字技术中创造新知识产权的法律和制度，并且需要在整个过程中战略性地使用专利、内容、研究和工业数据等知识产权数据。为了能够通过人工智能和基于数据的

---

① 传播个人的数据（修订《个人信息保护法》），支持假名信息的合并和使用。
② 推广智能医院领导模式，普及智能急救医疗服务，远程教育制度化等。
③ 通过传播适合小商户特点的智能技术（物联网、人工智能等），对智能商店进行质的推进。
④ 基于智慧城市综合平台的数据枢纽扩展，智慧工业园区创新数据中心间数据利用方案共享等。

知识产权创新实现数字强国的愿景，韩国政府制定了四项主战略和八项具体战略，以保护数字新政期间产生的人工智能和数据等数字新技术并将其推广应用。

（二）数据监管政策

1. 国家规划与法律

（1）2011年3月29日，韩国国会通过了《个人信息保护法》，同年9月30日正式实施，在此之后经过多轮修订。该法第四条规定信息主体对其个人信息的处理享有以下权利：①获得个人信息处理信息的权利；②选择和决定是否同意处理个人信息的权利、同意范围等；③个人信息是否已被处理的检查权和个人信息访问权（包括复印件的出具，下同）；④要求暂停、更正、删除和销毁个人信息的权利；⑤因个人信息处理造成的损害获得及时、公平的救济权。

第五条规定：①国家和地方政府应采取措施，防止因超出目的的收集、滥用、无端监视和跟踪个人信息而造成损害，从而维护人的尊严和个人隐私；②国家和地方政府应制定必要的措施，包括改进法律，以保护信息主体根据第4条享有的权利；③国家和地方政府应当尊重、促进和支持个人信息处理者的自主个人信息保护活动，改进个人信息处理的不合理社会行为；④国家和地方政府制定或者修改个人信息处理法律、法规的，应当符合本法的目的。

（2）2018年8月31日，政府公布了与产业发展和数据利用相关的监管创新计划，以振兴数据经济。其主要内容有：①培育产业振兴数据经济，大幅扩大数据领域投资，加速创新增长，建立100个大数据中心，支持中小型企业数据购买和处理凭证，扩大战略投资；②使用与数据相关的监管创新，引入安全保护匿名信息的概念，使个人信息无法被识别，将匿名信息排除在个人信息保护的主体之外，建立数据绑定的法律基础，完善匿名信息安全对策，强化个人信息控制者的责任。

（3）2020年6月，韩国科学和信息通信技术部颁布《云计算发展和用户保护法》，第三条规定：①国家和地方政府应当制定促进云计算的发展和使用、营造安全使用云计算服务的环境等必要政策；②云计算服务提供者应保护用户信息，努力提供可靠的云计算服务；③用户应保证云计算服务的安全不受损害。

（4）2020年12月，政府有关部门颁布《促进信息通信网络利用和信息保护法》，其中第三条规定了信息通信服务提供者和用户责任：①信息通信服务提供商应保护用户，提供健康、安全的信息通信服务，保护用户权益和提高用户信息使用能力；②用户应努力建立良好的信息社会；③政府可协助信息及通讯服务提供者团体或使用者团体进行信息保护，以及保护信息及通讯网络中的青少年等活动。

（三）政策制定历程

数据经济是创新增长政策的重要任务。创新增长是政府实现新经济增长和收入驱动增长的核心战略。2017 年 10 月，韩国政府准备了应对系统，如成立第四次工业革命总统委员会，由总统直接领导。2017 年 11 月成立"应对计划"。从 2018 年开始，数据和人工智能（AI）领域激活政策正式启动。继 2018 年 6 月公布"数据产业振兴战略"后，数据和人工智能（AI）经济在创新部长会议上被选为实现平台经济创新增长的三大战略投资领域之一。并且该项目纳入 2019 年投资预算。2018 年 8 月 31 日文在寅总统在"重振数据经济的监管创新现场访问"中宣布"向数据经济转型"，并提出了"一个处理数据最好、最安全的国家"的愿景。

第三节　日本、韩国数字贸易发展趋势

一、日本数字贸易发展趋势

（一）日本电子商务发展趋势

根据 Statista 的预测，日本的电商市场到 2022 年将达到 2412 亿美元。从 2022 年到 2025 年，日本电子商务市场的年均复合增长率将达到 14.9%，从而到 2025 年达到 3660 亿美元的总规模。网购用户的规模也将不断增加，估计到 2025 年达到 1.063 亿人，互联网网购渗透率将在 2025 年达到 85.7%，电商人均消费规模将达到 2500 美元。

在电商消费品类方面，到 2025 年，日本消费者通过网络购买的商品品类按照销售规模依次为：服装、家具、电子产品、美妆和个人护理用品、食品、饮料、玩具和 DIY 用品等。而 2020 年，日本网络销售的产品品类按照销售规模依次为：服装、电子产品、家具、美妆和个人护理用品、玩具和 DIY 用品、食品、饮料。从主要品类来看，在未来的几年中，日本消费者网络购物的主要商品品类不会有太大的变化，但是在各个品类的规模结构上有一些比较小的调整，比如玩具和 DIY 用品到 2025 年时所占的比例可能减少，虽然绝对值有一倍多的增长。增长得比较快的有：食品增长 2 倍多，饮料增长 2 倍多，玩具和 DIY 用品增长 1 倍多，美妆和个人护理用品增长 1 倍多，家具也有 1 倍多的增长。

从电商的主要市场来看，日本的国内电商占主体，大概只有 2% 是跨境电商。从网络购物的支付方式来看，借记卡和信用卡的使用将逐年下降，电子钱包的使用将快速增长，到 2025 年将达到支付总额的 45%，同时转账模式也在缓慢下降之中。2022 年，日本将继续保持全球电商第三的规模。2021 年，日本电商网络购物者的年龄结构中，55～64 岁的占比 19.4%，45～54 岁的占比 25.9%，35～44 岁的占比 23.8%，25～34 岁的占比 19.4%，18～24 岁的占比 11.5%，可以看出主力购买人群是 35～54 岁的人群，占总比例超过 50%。

根据日本内阁府 2021 年 12 月份发布的数据，2020 年日本人均 GDP 达到 40 048 美元，是中国的三倍多，居民的购买能力强。根据联合国《2020 人类发展报告》，中国 15 岁以上人群的平均受教育年限为 9.91 年，而日本为 12.9 年，日本居民网络购物的学习潜力比较高。

（二）日本数字媒体发展趋势

根据 Hatago Consultancy 2019 年对日本数字媒体发展报告中表示，新冠肺炎疫情影响了包括日本在内的世界各地的社交网络使用。尽管 Instagram 和 Facebook 等"西方"社交网络越来越受欢迎，但日本的情况看起来仍与世界其他地方有很大不同。因为日本人使用和花时间在社交网络上的方式与世界其他地方非常不同。Facebook 是世界上拥有最多用户的社交网络，其次是 Instagram，它们现在在世界上许多国家都处于黄金时代，但在日本却并不是这样的。该报告指出，日本有 8600 万用户，占总人口的 60% 以上使用 LINE 作为日常交流工具。它还提供 50 个应用程序与个人 LINE 账户相关，如 LINE Pay，LINE GAME，Shopping App，LINE TV，LINE Music，LINE Business，LINE Manga，LINE gift，LINE ticket，LINE travel JP，LINE career，LINE mobile 等。

与其他社交平台不同，LINE 是专门为日本人设计的。它具备日本用户所需要的所有主要功能，因此成为了大多数日本人的即时通讯应用。从年轻一代到 40 岁以上的人，LINE 都很受欢迎。在日本，所有人都使用 LINE 进行交流，就像西方国家的 WhatsApp 一样。

同样需要注意的是，LINE 可以让你接触到那些只使用智能手机上网的人。根据 LINE 的调查，49% 的日本智能手机用户只在智能手机上使用互联网，42% 的人同时使用智能手机和电脑。同时 Twitter 在日本的使用量也仍在上升，Twitter 已逐渐成为日本消费者最喜爱的社交平台，日本 58.7% 的男性和 48.7% 的女性经常使用它。其次是 Instagram 和 Facebook。

（三）日本数字音乐发展趋势

日本是世界第二大唱片市场，根据国际唱片业协会的数据，2019 年日本唱片公司创造的价值约为 29 亿美元。远超世界上的大部分国家，这也是一个与其他商业重镇步调不一致的市场。

尽管 2020 年日本实体音乐形式的销售有所下降，但 CD 和黑胶唱片仍占该国年度录制音乐贸易收入的 2/3 以上。不过，日本数字音乐发展方向正在缓慢但确定无疑地发生变化：根据国际唱联（IFPI）的《全球音乐报告》（Global Music Report），日本 2020 年的流媒体贸易收入增长了 1/3，超过 4.8 亿美元，使日本成为全球第五大流媒体音乐市场。对这一增长贡献最大的平台之一是日本最大的国内流媒体服务平台 LINE Music。

据路透社东京 2020 年 11 月报道，在全世界的音乐爱好者都开始使用 CD 之后，日本的音乐爱好者们已经开始按下弹出键，转而使用流媒体服务。因为受疫情影响，艺人们取消了店内活动，粉丝们呆在家里。尽管过去 10 年销量缓慢下滑，但 CD 仍是日本最受欢迎的音乐形式，2019 年约占录制音乐销量的 70%。在美国和欧洲市场，长期以来，CD 一直被归入历史的垃圾堆，取而代之的是在线下载和最近的流媒体。Enders Analysis 负责日本媒体业务的杰米·麦克尤恩（Jamie MacEwan）说，流媒体服务在日本的销售额在几年前还不到 10%，2019 年增长至 15%，2020 年可能超过 20%。这一转变受到全球音乐产业的密切关注，因为日本是仅次于美国的世界第二大音乐市场，年市场价值近 30 亿美元。MacEwan 表示："数字总收入超过实体总收入的交叉点现在只是时间问题。除了打击在日本仍占有很大份额的塔乐唱片（Tower Records）等 CD 零售商外，这一转变可能还预示着亚马逊（Amazon）和四年前才进入日本的 Spotify 等流媒体服务，以及规模较小的日本本土竞争对手将迎来更多增长。

（四）日本 ICT 产业发展的趋势

电子产业是 ICT 产业的基础，自战后到 20 世纪末，日本的电子产业在全球都处于领先地位，诞生了尼康、佳能、索尼、NEC、富士通等全球知名头部电子企业。但是自从"广场协议"以来，日本的电子产业开始慢慢衰落，在 ICT 领域也没有能够在 5G 等关键技术浪潮中占据领先地位。2000 年日本制定了 IT 基本法，并借助 E－Japan 等战略大力在 ICT 领域进行大力推进，但是效果并不显著。2020 年的新冠肺炎疫情充分暴露出日本在 ICT 领域的短板，从数字化基础设施到政府和企业的数字化水平都与美国、中国等有比较大的差距。事实上，日本政府在此之前已经意识到在信息通信等领域日本竞争力下降的问题，2018 年在 OECD 颁布的各国劳动生产率报告中，日本仅仅位列第 21 位。2019 年年底，日本政府增加了 9550 亿日元的"数字新政"预算，目的是推动日本在 5G 和人工智能领域的快速发展。2021 年 9 月，日本成立了数字厅，进一步在组织安排上加快了对全社会数字化建设的步伐。

根据 Statista 的统计数据，日本 IT 相关社会基础设施的市场规模，在 2024 年将达到 6020 亿日元，云平台的服务在 2020 年达到 8500 亿日元，2024 年将达到 17 400 亿日元，数据中心服务的市场在 2024 年将达到 1.76 万亿日元，2026 年达到 2.04 万亿日元。IT 服务业，包括咨询、实施、管理服务、云基础设施服务和服务外包，在 2019 年为 1160 亿美元，将在 2024 年达到 1390 亿美元的规模。2020 年日本虚拟办公工具的销售额大约为 2.5 亿日元，预计 2025 年达到 180 亿日元。

由于疫情的影响，日本数字经济的问题得到了充分的暴露，但也促使日本政府在数字经济上的大量投入。虽然受到人口老龄化、相对谨慎保守的民族文化等影响，日本的电子商务水平可能不一定会像中国那样高速发展，但是其 ICT 行业依然会以较快的速度增长，从而拉近与中、美等国之间的差距。如果日本能够在传统制造业中大力推行 ICT 技术，实现传统产业的智能化发展，其整体经济发展的韧性将得到极大加强。

二、韩国数字贸易发展趋势

（一）韩国电子商务发展趋势

根据韩联社报告，2020 年韩国的电子商务全球排名第五，达到 1041 亿美元，在亚太地区仅次于中国与日本。根据 Statista 的数据，到 2025 年将达到 1335 亿美元，2022—2025 年的复合增长率为 3.95%。到 2025 年，韩国线上购物人群的数量将达到 4260 万人，互联网用户中网络购物占比将在 2025 年增加到 83%。网络购物者人均消费额将达到 3007 美元。

根据 eMarketer 的数据，韩国 2020 年来自外国购物网站上的在线购物达到 35 亿美元，同比增长 12.9%，其中有 44.5% 是从美国购买的。尽管目前美国是韩国的主要跨境电商购物的来源国，但是未来欧盟和中国将不断扩大在韩国电商市场的份额和影响力。从购物人群来看，20~39 岁的人是韩国电商行业的购物主力军，但是 40~60 岁人群的网络购物比例也达到了 59.3%。根据 Statista 的数据，2020 年，65.5% 的韩国人使用手机购物，预计未来手机端的网购会持续上升，到 2025 年预计韩国手机端的网络购物者占全部网络购物者的 81.8%。

根据国际货币基金组织公布的数据，2020 年，韩国的人均 GDP 达到 31 494.9 美元，在全球排名第 27 位，日本的人均 GDP 为 40 137.8 美元。

根据 Statista 的数据，在支付方式上，韩国电商电子钱包的支付占比将不断上升，2021 年，电子钱包的支付比例为 14%，预计到 2025 年上升到 26%。银行卡支付的比例将从 2021 年的 62% 下降到 2025 年的 53%。追逐时尚和潮流是韩国人购物的主要特点，网红、明星在韩国人网络购物中的影响力在不断上升，直播电商将在韩国电商中的比例不断增加。

韩国政府指出，以数据为基础的定制服务提供将决定零售行业在数字零售时代的竞争力。因此，计划截至 2022 年将建立面向中小企业和创业企业的 300 万个产品的标准化数据库，到 2021 年为止建立数据利用平台。此外，为了有效应对多种小批量交易和准时配送的网上交易，计划建立以信息通信技术为基础的配送中心，并为实现"最后一英里"的配送创新，提前实施无人机和机器人的商用。

为此，政府制定了在无人居住的偏僻地区（岛屿、山区）实施无人机配送指导方针、允许配送机器人实施在人行道上进行配送等详细计划。随着全球电子商务的快速发展，政府还制定了通过电子商务提高韩国企业的全球竞争力，帮助在线零售企业开拓海外市场的战略，具体包括：建立海外共享物流中心；加强履行服务；并加大对进入海外零售渠道企业的推广力度。韩国的电子商务市场一直在稳步增长，而新冠肺炎疫情又进一步刺激了电子商务市场的增长。网上交易占国内零售总额的比例预计将在未来继续增长。事实上，在大型平台提供商业主导的市场重组前景下，企业运营商一直在挖掘扩大业务范围的可能性。另外，全球电子商务企业"亚马逊"将与国内电子商务企业"SK Planet"携手，进入开放的电子商务市场"第11街"。

（二）韩国数字社交平台发展趋势

韩国媒体调查委员会公布了从 2010 年到 2020 年每年进行的调查数据。结果表明，社交媒体已经成为韩国人今天生活中不可或缺的一部分。韩国的社交媒体用户数量非常多。事实上，韩国的社交普及率（87%）位居世界第三，仅次于阿联酋（99%）和中国台湾（88%）。许多韩国人使用的社交媒体应用程序都是 Facebook 和 Instagram，但也有不少韩国知名的国内应用程序，如 KaKaoTalk 和 BAND（由韩国最受欢迎的搜索引擎 Naver 创建）。可能是因为沉迷于分享你最新的奢侈品钱包的照片，也可能是因为韩国拥有世界上最快的网速——韩国人高度痴迷于社交媒体。

韩国媒体调查委员会公布了从 2010 年到 2020 年每年进行的调查数据。其中，社交网络服务（SNS）使用率为 52.4%，超过一半的受访者使用社交网络服务。自 2011 年以来，这一趋势一直在稳步上升（16.8%）。可以肯定地说，现在使用社交媒体的韩国妈妈、爸爸和祖父母比以往任何时候都多。社交媒体已经成为所有人聚会交流的地方，而 2010 年年初的社交媒体网站和应用定位为面向"年轻一代"。包容性意味着成年人和老年人也会花更多的时间在社交媒体上。在该调查中，使用频率最高的社交网站是 Facebook（23.7%），但自 2017 年以来一直在下降。YouTube（22.4%）和 Instagram（22.3%）使用率大幅增加，但 KaKao Story（16.6%）和 Naver Band（7.9%）的使用率却有所减少。2020 年固定电话使用率为 29.7%，2011 年（59.4%）后逐渐下降，降至 30% 以下。自 2011 年（24.9%）以来，网络电话使用率也逐渐下降，达到 8.3%，固定电话使用率总体呈持续下降趋势。

(三) 韩国数字音乐发展趋势

根据 Statista 在 2020 年对韩国数字音乐产业发展预测报告指出,到 2021 年,数字音乐部分的收入预计将达到 8.31 亿美元。2021—2025 年数字音乐复合年均增长率预计为 12.11%,到 2025 年预计市场规模为 13.13 亿美元。最大的细分市场是音乐流媒体,2021 年的市场规模为 8.01 亿美元。在数字音乐领域,预计到 2025 年,用户数量将达到 1980 万。用户渗透率预计到 2025 年将达到 38.6%。

全球最大的数字音乐平台 Spotify 于 2021 年正式进入韩国市场,体现了韩国数字音乐市场的勃勃生机和巨大潜力。Spotify 在韩国的高管认为韩国是全球公认的音乐、文化和技术创新的中心,Spotify 其实从 2014 年就推出了首个 K-Pop 播放列表"K-Pop Daebak",该列表收录了防弹少年团(BTS)、BLACKPINK 和 ITZY 等歌手。从 2014 年开始到 2020 年,Spotify 上的 K-Pop 收听量增长了 2000% 以上,显然歌迷对韩国音乐的热情非常高。在 Spotify 之前,苹果音乐已经进驻韩国音乐市场,并拥有四年的韩国市场运营经验,同时 YouTube 也在 2020 年进入韩国市场,除此之外,Melon、Bugs、Genie、Flo 和 Vibe 等本地音乐流媒体平台也发展快速。可以预见,韩国作为全球数字音乐的重镇,其数字音乐的发展将进入快车道并在一定程度上引领全球数字音乐的发展。

(四) 韩国 ICT 产业发展的趋势

根据韩国科学技术情报通信部的数据,韩国的 ICT 产业的总产值将达到 4950 万亿韩元,而 2019 年该数据为 4570 万亿韩元。2019 年,韩国 ICT 产业中,电子元器件为 179.5 万亿韩元,计算机及外围设备 15.1 万亿韩元,通讯及广播设备 40.1 万亿韩元,视频与音频设备 8.6 万亿韩元,信息与通讯应用与基础设备 64.6 万亿韩元。通讯服务为 36.2 万亿韩元,广播服务为 18.7 万亿韩元,信息服务为 13.3 万亿韩元。在韩国的 ICT 产业中,硬件依然占据了 79.8% 的份额,纯粹的 ICT 服务则只有 20.2% 的份额,ICT 服务总额为 47 亿美元,是美国的 1/10 强,在本书研究的 11 个经济体中仅高于南非和巴西。

根据 Statista 的预测,2025 年韩国电子元器件总产值将达到 225.9 万亿韩元,计算机及外围设备 17.2 万亿韩元,通讯及广播设备 34.4 万亿韩元,视频与音频设备 6.4 万亿韩元，信息与通讯应用与基础设备 47.3 万亿韩元。通讯服务为 38 万亿韩元，广播服务为 19.5 万亿韩元，信息服务为 30.8 万亿韩元。根据预测，2025 年韩国的 ICT 服务业将比 2019 年增加 12.9%，高于 8.65% 的 ICT 全行业增长率。从预测的数据来看，韩国的 ICT 产业的增速并不快。从绝对值来看，按照 2019 年的平均汇率计算，2019 年韩国 ICT 行业的总产值为 3996 亿美元，如果按照 2019 年的汇率来算，2025 年，韩国的 ICT 行业的总产值为 4328 亿美元。

2020 年，韩国 ICT 行业接受的风险投资为 10 764 亿韩元，仅次于生物医药行业 11970 亿韩元的投资，远远高于第三名物流分拨行业 7242 亿韩元。ICT 行业在韩国的发展前景还是被投资界所看好，但是要赶上美、中、英等 ICT 强国还需要比较长一段时间。

第四节　日本、韩国数字贸易主要规则

一、日韩数字贸易规则发展概况

随着互联网、信息通信建设、信息技术等数字化技术的进步与发展，以数字化技术为载体的数字贸易不断蓬勃发展，并逐渐成为国际贸易相关规则谈判的热点议题。与此同时，数字贸易也需要构建与之相匹配的国际数字贸易规则。日韩作为东亚地区的经济大国，在数字贸易方面蓬勃发展，发展速度迅猛，但是，相比较美国与欧盟，日韩地区的数字贸易从整体规模上尚有一些差距。此外，在数字贸易规则体系方面，日韩基本是美国数字贸易规则的跟随者，在数字规则制定方面引领作用不够。当前，在美国和欧盟构建了"美式模板"和"欧式模板"并主导着全球数字贸易规则的背景之下，中日韩所代表的东亚经济体的"东亚模板"的构建与合作则凸显了合作的可能，未来，中国或许可以与东亚各大经济体一道共同摸索符合东亚诉求的数字贸易发展模式与数字贸易规则体系建设，从而促进东亚地区数字贸易的高质量发展与进步。

二、日韩主要数字贸易规则

(一) WTO 框架下的数字贸易规则

长期以来，世界贸易组织（WTO）是引领多边贸易体制下的国际经贸规则的重要机构，尽管在当前，WTO 方面依然对数字贸易领域始终还未提出具有统一、权威的数字贸易相关规则，但从数字贸易兴起以来，WTO 的各成员国都陆续提交了在数字贸易方面的相关提案，包括数字贸易的知识产权、跨境数据流动、数字化产品关税问题等，以期能够借助 WTO 这一国际经贸机构来推动数字贸易统一规则体系的建立。

在电子商务领域，日本与韩国在 2016 年与美国、欧盟、加拿大、巴西、中国等国家共同联合向 WTO 提交了电子商务方面的相关提案。其中，日本提案主要讨论了电子商务发展的关注点——现行 WTO 组织框架与方案在数字贸易的电子商务领域中起到的作用，建议成员国应当尽快讨论电子商务议题，强调电子商务规则的重要性。韩国提案则建议 WTO 成员国对电子商务的规则达成共识，探讨电子商务中的监管问题，希望 WTO 能在电子商务发展中起到促进包容性增长的作用，此外还提及了电子商务领域的诸多参与者，包括制造商、服务提供者、消费者、监管者等多个角色及各自存在不同的利益诉求。

可见，在数字贸易尤其是电子商务蓬勃发展的同时，日韩也关注到了电子商务以及数字贸易发展中的规则障碍，并都致力于在 WTO 框架下构建电子商务新规则，以促进电子商务与数字贸易在国家乃至全球的发展，以求把握住数字贸易发展契机。

(二) 日本、韩国的自由贸易协定中数字贸易规则影响

1. 日本 FTA 数字贸易规则情况

根据中国信通院发布的《全球数字经济白皮书》，日本的数字贸易发展水平和速度居于世界前列，是全球数字经济第四国，2020 年数字经济的规模达到 2.48 万亿美元。日本同美国、欧盟一道形成的联盟，将把握全球数字贸易发展格局中的主导权，对数字贸易规则的制定有望在全球形成较大的影响力。但是，日本的绝对实力和政治地位与美国、欧盟相比还存在较大差距，因

此，日本也试图通过积极推广其数字贸易规则来达到提高其自身在数字贸易规则方面的话语权。目前，日本已经与澳大利亚、智利、墨西哥、秘鲁、新加坡、马来西亚、泰国、印度尼西亚、文莱、越南、印度、蒙古国等十五个国家签署了 15 个 EPA（日本所签署的 FTA 一般被称为 EPA，即"经济合作伙伴协定"）。日本早期签署的 EPA 的重点议题是无纸化贸易，包括了日本—菲律宾 EPA、日本—新加坡 EPA、日本—泰国 EPA，主要包含了双方在无纸化贸易的合作与交流、评估、建立专门的机构或委员会等方式，规定了无纸化贸易的相关规则。2009 年日本和瑞士所签署的自贸协定开始出现了电子商务规定，后续签订的日本—澳大利亚 EPA（2015 年生效）主要包括数字产品与服务非歧视待遇、电子签名和认证等条款，但日本与其他国家的自由贸易协定涉及数字贸易的时间比较晚，涉及面还不够宽泛。

（1）日本—东盟 FTA

从与东盟国家的 FTA 看来，为开拓东南亚市场，日本在 21 世纪初开始关注以自由贸易协定，即 EPA 为代表的双边贸易协定，积极在东盟进行推进。但是，东盟国家在与日本展开合作时，由于东盟内部的发展不平衡、区域经济一体化程度不够高，导致日本的 EPA 战略在东盟国家推进受阻。从与东盟 FTA 的总体来看，日本 EPA 中涉及电子商务的章节与条款并不是很多，此外，虽然日本在本国国情条件和自身需求下确实修改了一部分条款，但日本的条款在很大程度上借鉴了美式模板的数字贸易规则。

（2）日本—美国数字贸易协定（UJDTA）

2019 年 11 月，《美日数字贸易协定》（UJDTA）签署，并于 2020 年 1 月正式生效，在 USMCA 的基础上再次推高了规则水平。美国贸易代表办公室（USTR）评价道，"（协定）在这一领域确立了高标准规则，表明两国在全球数字贸易规则制定中继续发挥主导作用。"该协定继承了一部分 USMCA 和 TPP 的条款，如跨境信息传输、源代码、交互式计算机服务、网络安全等议题，也在数字税规则、非歧视原则、知识产权保护等议题有更进一步的拓展。

（3）日本—欧盟 EPA

2019 年 2 月，日本与欧盟（EU）的经济伙伴关系协定（EPA）正式生效，其规模超过了跨太平洋伙伴关系协定（TPP），是全球数字贸易格局中的一股重要的不可忽视的力量。日本—欧盟 EPA 由总则、货物贸易、原产地规则、海关和贸易便利化、贸易救济、卫生和植物卫生措施（SPS）、技术性贸易壁垒（TBT）、服务贸易及投资自由化和电子商务、资本移动和支付及转移、政府采购、反垄断、补贴与反补贴、国有企业、知识产权、公司治理、贸易与可持续发展、透明度、规制合作、农业合作、中小企业、争端解决、管理和机制条款、最终条款等 23 章构成。也涵盖了数字贸易领域的多个议题，如贸易便利化、服务贸易、投资自由化、知识产权保护、电子商务、资本移动和支付与转移等多项内容。双方基本沿袭了在 TPP、TTIP 中的基本谈判立场，在部分议题拥有相似的战略利益。从具体内容看来，日本—欧盟签署的经济伙伴关系协定体现了标准高、涉及议题范围广的特点，与 WTO 现有规则和其他自由贸易协定相比，具有一定的进步性。

2. 韩国 FTA 数字贸易规则情况

从 2003 年至今，韩国已与包括智利、欧盟、东盟、美国、中国、加拿大、新西兰、印度、澳大利亚、越南、土耳其、哥伦比亚、中美五国（尼加拉瓜、洪都拉斯、哥斯达黎加、萨尔瓦多及巴拿马）等 27 个国家签署了 16 个自由贸易协定，基本都已生效。其中，除了韩国—智利、韩国—东盟、韩国—印度、韩国—新西兰、韩国—欧洲自由贸易联盟等 5 个 FTA 没有包含电子商务规则之外，其余的 11 个 FTA 中电子商务规则均以专门章节出现。韩国的 FTA 中，最早出现和制定电子商务规则的是 2005 年与新加坡签订的 FTA。韩国是世界数字贸易领域规则制定中较早涉及电子商务的经济体。此外，值得一提的是，韩国—美国在 2012 年生效的 FTA 具有重要的里程碑作用。由于韩国—美国 FTA（2007 年结束谈判，2012 年正式生效）除了完整集成电子商务类条款之外，还首次出现了跨境信息流动条款（跨境信息流动被认为是新一代数字贸易规则的内容），因此美国—韩国 FTA 被视作具有承前启后的突破性意义，在一定程度上体现了美国与韩国在数字贸易规则方面的前瞻性，对后来韩国本国的数字贸易政策乃至其他国家的 FTA 规则的制定产生了一定的影响。

（三）日本、韩国多边或区域贸易协定中的数字贸易规则

近年来，随着数字化技术的不断进步革新，数字贸易蓬勃发展。然而，在数字贸易的规则上，却始终缺乏全球性国际规则和惯例，另外由于国际经贸治理体系的问题，WTO 谈判处于停滞状态，WTO 框架下至今还没有数字贸易的综合性协定。数字贸易的规则制定严重滞后于数字贸易的实践发展，这在一定程度上制约了数字贸易的发展，难以满足各国的发展诉求。在WTO 规则供给不足的背景下，各大经济体，包括日本、韩国逐渐推行数字贸

易区域贸易协定，力求参与全球数字贸易规则的制定，提升本国在全球数字贸易规则体系的话语权。典型的代表性事例是日本在美国退出 TPP 之后，日本利用自身的经济优势参与并主导了 CPTPP 的制定，增强了其在全球数字贸易规则的影响力。

1. 跨太平洋伙伴关系协定（TPP）

《跨太平洋伙伴关系协定》（Trans-Pacific Partnership Agreement，TPP）签订于 2018 年 3 月，日本是 TPP 的签署国之一。TPP 框架下的数字贸易规则是数字贸易规则美式模板的集大成者，而日本在一定程度上，则是"美式模板"的跟随者之一。日本的许多数字贸易提案、原则都与美国有一定程度的相似或趋同。TPP 协定中的电子商务和数字贸易规则形成了数字贸易规则的基本框架，为未来数字贸易规则制定提供了范本。在 TPP 中，首次系统地提及了跨境数据自由流动、源代码保护等第二代数字贸易规则的议题，体现了数字贸易规则制定方面自由化的趋向。在 TPP 协定中，深化了跨境数据自由流动、禁止数据本地化、扩大源代码保护、对电子传输（数字产品或服务）不征收关税、加强隐私保护、知识产权保护等多项数字贸易条款，可概括为减少数字贸易壁垒、保护消费者权益、促进电子商务发展、加强国际合作等四个方面。

2. 全面与进步跨太平洋伙伴关系协定（CPTPP）

CPTPP 是跨太平洋伙伴关系协定在美国于 2017 年退出 TPP 后，其余 11 个国家签署的一项后续协议。美国是 TPP 早期的领导者，也是将数字条款纳入 TPP 的最强烈的倡导者。但随着美国的退出，日本凭借着较为强大的经济实力，与其余的国家联合签署了 CPTPP，在 CPTPP 中发挥主导作用。CPTPP 是当前世界上最全面的数字贸易协定，同时也是最多国家达成的高标准数据治理和数字贸易条款的协议。为占据区域合作战略高地和有利地位、提升日本在全球经贸规则制定的地位和影响力，在美国退出 TPP 之后，日本则成为了 CPTPP 中的主导力量。CPTPP 促进数字贸易、降低关税、取消数据流通障碍方面做出了很多进步，力求创造更加开放和透明的投资和商业环境，使得电子商务、数字贸易等都将获得更多发展机遇。日本通过发挥其在 CPTPP 生效中的协调者和引领者角色，获得了国际社会的认同。这将有利于日本依托 CPTPP 在未来国际贸易乃至数字贸易规则的制定上发挥更加深刻的影响力。

3. 国际服务贸易协定（TISA）

2013 年 3 月，由于 GATS 升级谈判进展缓慢，且服务贸易新形态层出不穷，GATS 已无法满足其发展需求，因此，国际服务贸易协定（Trade in Service Agreement，TISA）应运而生。该协定的谈判由 20 个以上的 WTO 成员国（包括欧盟）进行，日本、韩国与欧盟、美国、澳大利亚、加拿大等 20 多个国家参与其中，开始国际服务贸易协定（TISA）的谈判，力图重构数字服务贸易规则制度。该协定受到全球的广泛关注，吸引了多个 WTO 成员国参与其中，覆盖全球 70% 的数字服务贸易。TISA 谈判议题包含了电子商务、数字贸易规则问题，如跨境数据自由流动和禁止本地化、数字传输永久免关税、源代码开放等内容，力求推动数字服务贸易的自由化。然而，受英国脱欧、特朗普上台后政策变化以及主要谈判方在多个议题下存在分歧等因素的影响，TISA 谈判也经历了漫长、坎坷的过程。

4. 区域全面经济伙伴关系协定（RCEP）

2012 年，由包括日本、中国、韩国、澳大利亚、新西兰和东盟十国共 15 个国家共同制定的协定《区域全面经济伙伴关系协定》（Regional Comprehensive Economic Partnership，RCEP）历时八年于 2020 年正式签署，标志着全球最大的自贸协定正式启动。据商务部副部长兼国际贸易谈判副代表王受文在 2020 年 11 月 15 日表示，该协定涉及的国家和地区，在总人口、经济体量、贸易总额上都占据全球总量约 1/3。这意味着全球约 1/3 的经济体量将借此平台形成一体化大市场，有望形成一个全面、现代、高质量、互惠的自贸协定。该协定是由东盟发起的，而在 2021 年 4 月 28 日，日本参院全体会议通过了《区域全面经济伙伴关系协定》，RCEP 由此获得国会批准。RCEP 涵盖 20 个章节，涵盖了贸易投资自由化和便利化的各个方面，内容既包括货物贸易、服务贸易、投资等市场准入，也包括了贸易便利化、知识产权、电子商务等与数字贸易相关的内容。RCEP 是一个新的平台，将有助于各大经济体经济合作，加快经济复苏步伐，加快形成新发展格局。

三、日韩数字贸易规则特点

（一）日韩数字贸易规则受美国影响深

日本和韩国在数字贸易的规模上无法跟中国、美国与欧盟抗衡。同时两国在经济和政治上受美国影响较大，因此在数字贸易规则制定方面具有非常鲜明的美式规则特点。美国在《美韩自由贸易协定》中对跨境电子商务、服务贸易、电信服务等内容进行了规定。而美国与日本签订了《美日数字贸易协定》与《美墨加协定》非常相似。在规则上更加倾向于促进电子商务发展和促进数据自由流动。相比而言，美国与日本的自由贸易协定对数字贸易的规定比较全面和高端。

（二）两者在数字贸易规则制定方面的影响力不一样

日本在美国退出 TPP 之后，重新开启 CPTPP 谈判，最终达成协议，彰显了日本在数字贸易领域规则制定的重要作用与影响力。说明日本在数字贸易方面具有影响全球规则制定的能力，韩国数字贸易规则的制定更多是跟着美国亦步亦趋，数字贸易规则制定的主动性和影响力远不及日本。

（三）日韩数字贸易规则在东南亚起到重要的作用

随着 RCEP 的生效，日韩将发挥其在东亚和整个亚洲的影响力，尤其在数字贸易领域，除中国之外，日韩在亚洲的数字贸易水平比较高，能够对亚洲，尤其是东南亚的数字贸易市场产生重要影响。

第六章　金砖四国和东盟数字贸易及规则发展

第一节　金砖四国和东盟数字贸易在全球
产业链中的位势

一、金砖四国数字贸易发展的现状及在全球产业链中的位势

为了研究方便，把中国单列出来在后面章节讨论，本研究所指的金砖国家仅包含四个国家，即俄罗斯、巴西、印度、南非。根据国际货币基金组织发布的数据显示，2020年金砖国家人口占全球的 15.883%，经济总量占全球的7%。金砖国家人口众多，享有天然的互联网人口红利，且近年来接入互联网人口的增速正不断提升。其数字经济市场规模和产值也迅速攀升，涌现出一批以 Yandex、Tata、Infosys、Naspers 等为代表的全球知名数字企业。

金砖国家是全球最大的几个发展中国家，经济发展速度和质量位居发展中国家前列，但是在数字经济的基础设施、数字技术创新、数字治理等方面与发达国家尚有不小的差距，如印度和南非的数字基础设施相对落后，还有大量农村偏远地区未能接入互联网，网络延迟、资费较高等问题拖累了数字经济产业的深度发展。

（一）跨境电商领域

根据世界银行的统计数据，2020年，金砖国家的固定宽带接入率中最高为俄罗斯，达到23.21%，紧随其后的是巴西17.1%，第三为南非2.2%，最低的是印度，只有1.62%，全球平均水平是17.1%。在固定宽带接入方

面，印度与南非的接入水平比较低，远远低于全球平均水平。互联网渗透率方面，根据 Datareportal 的数据，2022 年年初，俄罗斯的互联网渗透率为 84.99%，巴西为 81.34%，南非为 70%，印度为 43%，世界平均为 62.57%。2020 年，每百人移动电话账户数量中，俄罗斯为 164 个，位居第一，南非为 162 个，位居第二，巴西为 97 个，位居第三，印度为 84 个，位居第四，世界平均水平是 107.5 个，巴西和印度的移动电话普及率尚没有达到全球平均水准。根据 2021 年联合国发布的《全球人口报告》，2021 年，全球固定网络网速最高的是新加坡，印度在全球排名第 63 位，南非第 71 位，俄罗斯第 44 位，巴西第 40 位，美国和中国分列第 11 位、第 12 位。移动宽带接入速度方面，南非排名全球第 52 位，巴西第 75 位，俄罗斯第 88 位，印度第 125 位。

综合上述电信与互联网基础设施的数据，俄罗斯和巴西在电信和网络基础设施方面基本高于全球平均水平，南非也基本处于世界平均水平之上，印度在基础设施方面则均低于全球平均水平，提升宽带速率任重而道远。金砖四国需要最大程度消除数字鸿沟，推动信息通信领域进一步发展。

俄罗斯政府重视建设互联网基础设施。为了促进数字经济发展，俄罗斯大力建设 5G 网络，在跨境电商领域迈出了新的一步。2017 年俄罗斯首都莫斯科就已经尝试为 5G 发展铺路，2019 年俄罗斯政府公布的数字经济领域国家项目计划中，首次明确纳入 5G 部署的相关内容。2019 年 10 月全球移动通信系统协会（GSMA）发布的《移动经济：2019 年俄罗斯和独联体》报告称，俄罗斯将于 2020 年启动使用 5G 网络，到 2025 年全俄 5G 连通率将达 19%。

俄罗斯居民线上消费倾向高。根据 Statista 公布的 2020 年数据显示，俄罗斯有 90% 的网民尝试过在线购物，女性消费者网购的比例占女性网民群体的 93%，男性网民网购比例达到 88%。在俄罗斯，人们网购的产品大多是电子产品、衣服和家用电器。自 2020 年初新冠肺炎疫情暴发后，俄罗斯跨境电商迎来了发展的春天。欧睿信息咨询公司（Euromonitor）的数据显示，2020 年俄罗斯电商销售总额增长 40% 以上，达到约 2.5 万亿卢布（约合 317 亿美元），且该数据在未来五年内将以每年 10%～15% 的速度增长。调查显示，超过一半的俄罗斯网购消费者年龄在 25～34 岁，主要集中在莫斯科（占比 46%）和圣彼得堡（占比 11%）；俄罗斯消费者尤其重视商品性价比，64% 的订单金额不超过 30 美元。

巴西电商业务受到追捧。2022 年巴西总人口约 2.15 亿，拥有超过 1.75

亿的网民，占总人口的80%以上。随着互联网的发展，越来越多的巴西人也开始热衷于线上购物。据统计，2021年巴西电子商务的营业额达260亿美元，较2020年增长18%。

印度电商市场潜力大。根据世界银行的数据，2022年印度的网民达到6.04亿。据Similar Web 2020数据，印度电商市场主要被Amazon India和Flip-kart这两大电商平台占据。德里、孟买、班加罗尔和加尔各答等一线城市是电商的主要市场，一线城市的线上购物占到了86%，二线城市占到8%。

南非电商市场有待发掘。根据Statista的数据，2020年南非前100家在线商店的电子商务净销售额约为9.09亿美元。南非本土的中产阶级正在不断壮大，购物习惯也在悄悄发生改变。根据麦肯锡的报告，到2025年，网上购物可能占到南非零售额的10%，累计约750亿美元。

金砖四国电商市场总体看好。根据eMarketer的统计数据，2020年印度的电子商务市场达到了500亿美元，占全球第8位，俄罗斯为260亿美元，占全球第12位，巴西为220亿美元，占全球第15位，南非为40亿美元，占全球第37位。2021年全球电子商务市场中按照规模排名，前十位的国家分别是，中国占比为52.1%，美国19.0%，英国4.8%，日本3.0%，韩国2.5%，德国2.1%，法国1.6%，印度1.4%，加拿大1.3%，巴西0.8%。金砖四国中印度和巴西都进入了全球前十。而根据增长率排名来看，全球电商增速前十名的国家为：印度增长率为27%，巴西增长率为26.8%，俄罗斯增长率为26.1%，阿根廷增长率为26%，墨西哥增长率为21.1%，英国增长率为20.5%，菲律宾增长率为20%，中国增长率为18.5%，越南增长率为18%，美国增长率为17.9%。印度、巴西和俄罗斯的增长率位居全球第一、第二、第三，体现了强大的发展后劲。从规模来看，印度是金砖四国中唯一一个进入全球前十的国家，俄罗斯和巴西均处于全球前二十的水平，南非则因为国家人口体量小，经济规模小，在电子商务规模上远远小于另外三个金砖国家。

金砖国家的电子商务规模与其经济总量、人口有紧密的关联，2020年全球GDP排名中，印度、俄罗斯、巴西、南非分别名列第6、第11、第12、第38位，基本与电子商务的规模在全球的排序一致。从人口排名来看，2020年全球人口国别排名中，印度、巴西、俄罗斯、南非分别位于第2、第5、第9、第25位，也基本与电商规模的排名大体一致。以上再次验证了经济总体规模和人口就是电子商务发展的两个基础性的影响因素。

（二）数字化产品方面

巴西数字音乐收入占比高。据南美侨报网编译报道，巴西唱片制造商协会的一项调查研究显示，2018 年巴西音乐市场总收入达到 2. 16 亿美元，其中数字音乐收入（在线听歌或下载音乐）占行业总收入的 98%。巴西《圣保罗页报》报道，2018 年巴西的数字音乐收入占音乐市场总收入的 72%。

印度数字音乐发展快但潜力有限。印度的数字音乐产业 2018 年带来 1. 09 亿美元的收入。其中音乐流媒体是这一领域的主要收入来源，创造了 1. 01 亿美元的收入，占总收入的 93%。印度固网宽带普及率在国内一直非常低，4G 无线宽带覆盖率不高，价格昂贵，不利于数字音乐产业的发展。

南非的音乐流媒体收入增长快。根据国际唱片协会（IFPI）的全球音乐报告，2020 年南非的流媒体收入增长 24. 7%，达到 3260 万美元。南非唱片工业协会（RISA）2020 年行业报告显示，南非音乐行业的总收入为 4. 56 亿兰特。南非唱片工业协会首席执行官 Nhlanhla Sibisi 指出，南非"在过去几年中人们消费音乐的方式发生了不可否认的转变，越来越多的观众使用流媒体服务。"

俄罗斯的数字音乐也较发达。根据 MIDiA Research 的统计数据，2021 年第一季度，全球流媒体音乐市场份额中，Yandex 以 2% 的市场占有率位居全球第八。根据 MarketWatch 的数据，全球数字音乐的前 20 名中，俄罗斯位列第八，巴西第 14 位，南非第 17 位。

在游戏市场方面，金砖四国表现也不俗。俄罗斯的游戏市场位列全球第八。根据普华永道的报道，2021 年俄罗斯的游戏市场规模达到了 1580 亿卢布，按照 2022 年 1 月 16 日的汇率折合美元为 20. 88 亿美元，比 2020 年增长了 7. 7%，预计到 2025 年将达到 36 亿美元。巴西的游戏市场规模在 2020 年达到 16 亿美元。2020 年南非的游戏市场为 2. 9 亿美元。市场咨询公司 Niko Partners 预测，2021 年印度的游戏市场将达到 5. 43 亿美元，比 2020 年增长 32%。

在电子游戏领域，金砖四国成长空间较大。根据全球知名游戏市场研究公司 Newzoo 的统计数据，目前 2021 年全球前十大电子游戏市场分别为：中国（460 亿美元）、美国（405 亿美元）、日本（220 亿美元）、韩国（75. 5 亿美元）、德国（58. 7 亿美元）、英国（53. 1 亿美元）、法国（41. 3 亿美元）、加拿大（36. 9 亿美元）、意大利（32. 9 亿美元）、西班牙（23. 3 亿美元）。金砖四国在电子游戏领域距离全球第一方阵还存在比较大的差距。

（三）ICT 领域

印度软件和服务外包业务优于俄罗斯、南非和巴西。印度是全球最为成熟的软件接包市场之一。据印度软件及服务协会（NASSCOM）统计，目前印度占全球软件外包的 65%、全球服务外包的 46%。而俄罗斯、南非、巴西在软件出口方面发展较为缓慢。根据 WTO 的统计数据，2020 年印度的计算机服务出口总值为 652.6 亿美元，位居全球第一。根据 Statista 的数据，2020 年俄罗斯的 ICT 服务出口为 59.4 亿美元，其中计算机服务为 50.9 亿美元，占比 85.8%。根据联合国贸易和发展委员会的统计，2020 年南非的 ICT 产品出口为 7.8 亿美元，巴西为 6.66 亿美元。印度的 ICT 产品出口为 56.6 亿美元，俄罗斯的 ICT 产品出口为 22.6 亿美元，根据中国信息通信研究院发布的《2020数字贸易白皮书》，金砖四国在全国 ICT 服务出口中所占的份额分别为：印度 9.6%，俄罗斯 0.8%，巴西 0.4%，南非 0.1%。

金砖四国 ICT 发展不一。俄罗斯在 ICT 产业方面，其 ICT 制造业的基础相对较好，在 ICT 服务领域也有比较强的实力。印度凭借其丰富的 IT 人力资源、居民良好的英语语言水平以及和硅谷紧密的 IT 科研合作关系，在 ICT 服务出口领域具有其他国家无法比拟的优势。南非作为非洲 IT 领域的领头羊，在 ICT 技术出口方面有比较好的发展，但总体体量比较小。巴西的 ICT 出口也处于比较低的水平。

（四）搜索引擎与社交平台

Google 几乎垄断了金砖国家的搜索引擎市场。根据 Statcounter 的数据，Google 在印度移动搜索市场的份额在 2018 年为 97.7%，到了 2021 年增加到了 99.68%。Bing 为印度第二大搜索引擎，2020 年市场份额为 0.33%，尽管份额较低，但却仅次于 Google。2021 年，Google 在南非所占的市场份额为 94.47%，Bing 达到了 4.49%，Yahoo 有 0.4%，Petal Search 为 0.34%，Duck-DuckGo 有 0.22%，最少的是 Ecosia，仅有 0.04%。俄罗斯的搜索引擎中 Google 的市场份额占到了 55.86%，YANDEX 为 41.77%，Mail.ru 为 1.16%，Bing 为 0.52%，DuckDuckGo 为 0.31%，Yahoo 则为 0.28%。在巴西，Google 的份额达到了 96.74%，Bing 有 1.95%，Yahoo 有 1.05%，Duck-DuckGo 有 0.13%，Ecosia 和 YANDEX 则都是 0.04%。在搜索引擎领域，除了俄罗斯之外，其他国家的搜索市场基本被 Google 所垄断，只有俄罗斯自主的

Yandex 占据了 40% 以上的国内市场。

Facebook 在金砖国家的市场份额高。根据 Statcounter 的数据，2020—2021年，巴西人使用的社交媒体前三名为 Facebook、Pinterest 以及 YouTube，它们所占的市场份额分别为 41.86%、38.52% 和 7.4%。在印度，YouTube 以85.80% 的市场份额遥遥领先，Facebook 为 75.70%，Instagram 为 70.60%，Twitter 为 50.60%，LinkedIn 为 37.70%。在南非，Facebook 的市场份额为58.74%，Pinterest 为 17.56%，Twitter 为 10.38%。据 World Wide Worx 和 Ornico 联合发布的《2020 年南非社交媒体版图》报告，在安卓应用商店的社交媒体类应用中，TikTok 的下载量排在第二位，仅落后于 Facebook Lite。Digital TV Research 认为，虽然非洲平均经济水平与科技水平低，但南非的无线速度可达到 2560 kb/s 左右，与东非地区无线信号经常断线的情况相比，南非的手机用户可以比较顺畅地刷短视频应用 Tiktok。

在金砖四国中，仅仅有俄罗斯有自主的社交平台能够与美国社交平台抗衡。根据 Statista 的数据，俄罗斯排名靠前的社交平台分别为 WhatsApp，Vk，Instagram，Ok.ru，Viber，Facebook，Telegram，Tiktok，Live Journal。上述平台中，Vk、Ok.ru、Telegram 三家是俄罗斯的自主平台。其他三个国家自主社交平台的市场份额几乎可以忽略。

根据 SQE 数字贸易国别位势分析模型（表 6-1）对俄罗斯的数字贸易竞争力进行初步的分析后发现，虽然俄罗斯现在在数字贸易领域不能跟美国、中国和欧盟相媲美，但是俄罗斯的经济基础和结构相对完善，国民的整体素质比较高，国民的收入中等偏上，因此在数字贸易的发展环境上得分比较高。同时相比于其他金砖国家，其搜索引擎和社交领域拥有自主的平台和企业，并不完全为美国的相关企业所垄断。在电商领域，俄罗斯也拥有自己的电商平台，占据了一定的市场份额，电商的总体规模在四个国家中处于中等偏上水平。在 ICT 领域，俄罗斯的电子信息产业有比较好的基础，虽然受限于语言以及与西方的关系，俄罗斯的 ICT 服务出口没有印度发达，但是在 ICT 领域依然具备一定的竞争力。

表 6-1　俄罗斯数字贸易 SQE 国别位势分析模型

数字贸易细分领域	一级评价指标	二级评价指标	指标数值	11 个经济体排名	二级指标权重
电子商务	规模	电子商务市场总额（亿美元），2021 年	300	9	100%
	质量	电商头部企业市值排名（亿美元），2022 年	25	9	100%
	环境	线上零售占社会零售总额比例（%），2020 年	9	7	40%
		互联网渗透率，2022 年	84.99	6	30%
		物流绩效指数（LPI），2018 年	2.76	10	30%
ICT	规模	ICT 服务出口额（亿美元），2019 年	48.6	8	100%
	质量	ICT 头部企业数量与排名（个），2019 年	0	10	100%
	环境	宽带速率（Mbit/s），2022 年	95.96	8	70%
		计算机专业全球排名数量（个），2021 年	14	9	30%
搜索引擎	规模	网民绝对人数（万人），2021 年	12 400	7	100%
	质量	前 50 名搜索引擎数量（个），2022 年	1	5	100%
	环境	人口总数（万人），2022 年	14 580.6	7	80%
		受教育年限（年），2017 年	12	5	20%
社交平台	规模	社交平台用户数量（亿），2020 年	0.7	8	100%
	质量	头部社交平台数量与排名（个），2021 年	1	7	100%
	环境	网民平均每天花费在社交媒体时间（min/天），2021 年	148	3	60%
		居民平均年龄（岁），2022 年	39.6	7	40%

数字贸易细分领域	一级评价指标	二级评价指标	指标数值	11 个经济体排名	二级指标权重
数字音乐	规模	数字音乐产业规模（百万美元），2021 年	36	10	100%
	质量	数字音乐头部企业数量与排名（个），2021 年	1	6	80%
		数字音乐版税收入（全球占比，%），2019 年	0.50	8	20%
	环境	数字音乐用户渗透率（%）	17.70	8	80%
		数字音乐 ARPU（美元／人），2021 年	15.4	6	20%
电子游戏	规模	产业总产值（亿美元），2021 年	22.1	9	100%
	质量	头部企业数量与排名（个），2021 年	0	9	100%
	环境	电子游戏玩家渗透率（%），2021 年	80.20	7	80%
		人均 GDP（美元），2022 年	10 127	7	20%

在金砖四国中，印度在电子商务领域的发展比较好，整体规模比较大，主要得益于庞大的人口基数和较强的经济总量。但是印度在整体数字贸易环境方面还有很多欠缺，包括宽带接入率、互联网渗透率等，这些与俄罗斯相比还有不少差距。在电子商务、社交媒体和搜索引擎等领域，印度缺乏自己的领先企业，产业发展的质量有待提升。印度因为历史因素、政治体制、语言等方面的原因，在 IT 服务外包领域居于全球首位，形成了庞大的 IT 服务外包产业。在数字音乐和游戏领域，印度还有比较大的提升空间（表 6-2）。

表 6-2　印度数字贸易 SQE 国别位势分析模型

数字贸易细分领域	一级评价指标	二级评价指标	指标数值	11 个经济体排名	二级指标权重
电子商务	规模	电子商务市场总额（亿美元），2021 年	566	8	100%
	质量	电商头部企业市值排名（亿美元），2022 年	110.1	7	100%
	环境	线上零售占社会零售总额比例（%），2020 年	7.55	10	40%
		互联网渗透率，2022 年	43	11	30%
		物流绩效指数（LPI），2018 年	3.18	7	30%
ICT	规模	ICT 服务出口额（亿美元），2019 年	848.8	2	100%
	质量	ICT 头部企业数量与排名（个），2019 年	2	6	100%
	环境	宽带速率（Mbit/s），2022 年	64.03	9	70%
		计算机专业全球排名数量（个），2021 年	23	6	30%
搜索引擎	规模	网民绝对人数（万人），2021 年	83 371	2	100%
	质量	前 50 名搜索引擎数量（个），2022 年	1	8	100%
	环境	人口总数（万人），2022 年	140 663.2	2	80%
		受教育年限（年），2017 年	6.4	9	20%
社交平台	规模	社交平台用户数量（亿），2020 年	5.18	2	100%
	质量	头部社交平台数量与排名（个），2021 年	1	5	100%
	环境	网民平均每天花费在社交媒体时间（min/天），2021 年	145	4	60%
		居民平均年龄（岁），2022 年	28.1	2	40%

数字贸易细分领域	一级评价指标	二级评价指标	指标数值	11个经济体排名	二级指标权重
数字音乐	规模	数字音乐产业规模（百万美元），2021年	101.946	9	100%
	质量	数字音乐头部企业数量与排名（个），2021年	2	4	80%
		数字音乐版税收入（全球占比,%），2019年	0.20	11	20%
	环境	数字音乐用户渗透率（%）	9.30	11	80%
		数字音乐ARPU（美元/人），2021年	11.16	9	20%
电子游戏	规模	产业总产值（亿美元），2021年	5.34	10	100%
	质量	头部企业数量与排名（个），2021年	1	8	100%
	环境	电子游戏玩家渗透率（%），2021年	92.10	1	80%
		人均GDP（美元），2022年	1901	11	20%

巴西是拉丁美洲的领头羊，经济发展的水平在发展中国家中处于前列。但是近几年受困于经济结构和疫情影响，经济实力有所下滑。在电子商务领域，巴西凭借其较大的人口基数，电子商务的规模尚可，发展的速度也比较快。但是在电子商务、搜索引擎和社交媒体领域，都缺乏自己的领先企业，基本被国外的平台所主导。巴西在数字音乐领域规模较大，发展较好。在ICT领域，巴西虽然制定了比较详实的发展规划，但是ICT产业出口能力较弱（表6-3）。

表 6-3 巴西数字贸易 SQE 国别位势分析模型

数字贸易细分领域	一级评价指标	二级评价指标	指标数值	11 个经济体排名	二级指标权重
电子商务	规模	电子商务市场总额（亿美元），2021 年	260	10	100%
	质量	电商头部企业市值排名（亿美元），2022 年	55.2	8	100%
	环境	线上零售占社会零售总额比例（%），2020 年	8.1	9	40%
		互联网渗透率，2022 年	81.34	7	30%
		物流绩效指数（LPI），2018 年	2.99	9	30%
ICT	规模	ICT 服务出口额（亿美元），2019 年	23.5	10	100%
	质量	ICT 头部企业数量与排名（个），2019 年	0	11	100%
	环境	宽带速率（Mbit/s），2022 年	113.09	6	70%
		计算机专业全球排名数量（个），2021 年	13	10	30%
搜索引擎	规模	网民绝对人数（万人），2021 年	16 001	6	100%
	质量	前 50 名搜索引擎数量（个），2022 年	1	7	100%
	环境	人口总数（万人），2022 年	21 535.4	6	80%
		受教育年限（年），2017 年	7.8	8	20%
社交平台	规模	社交平台用户数量（亿），2020 年	1.51	6	100%
	质量	头部社交平台数量与排名（个），2021 年	0	10	100%
	环境	网民平均每天花费在社交媒体时间（min/天），2021 年	222	1	60%
		居民平均年龄（岁），2022 年	32.6	4	40%

数字贸易细分领域	一级评价指标	二级评价指标	指标数值	11个经济体排名	二级指标权重
数字音乐	规模	数字音乐产业规模（百万美元），2021年	177.48	8	100%
	质量	数字音乐头部企业数量与排名（个），2021年	0	9	80%
		数字音乐版税收入（全球占比，%），2019年	1.60	6	20%
	环境	数字音乐用户渗透率（%）	17.90	7	80%
		数字音乐ARPU（美元/人），2021年	14.7	7	20%
电子游戏	规模	产业总产值（亿美元），2021年	23	8	100%
	质量	头部企业数量与排名（个），2021年	0	10	100%
	环境	电子游戏玩家渗透率（%），2021年	87.20	4	80%
		人均GDP（美元），2022年	6797	8	20%

在金砖四国之中，南非的人口最少，经济总量最低。作为非洲经济发展的领头羊，南非在数字音乐和游戏领域有比较快的发展，在电商领域发展也比较快，但是整体的发展规模和质量都处于中等偏下水平。在数字贸易的电子通讯、互联网基础设施方面，南非在金砖四国之中处于领先的位置，具有较大的发展潜力（表6-4）。

表 6-4　南非数字贸易 SQE 国别位势分析模型

数字贸易细分领域	一级评价指标	二级评价指标	指标数值	11 个经济体排名	二级指标权重
电子商务	规模	电子商务市场总额（亿美元），2021 年	75	11	100%
	质量	电商头部企业市值排名（亿美元），2022 年	15.83	10	100%
	环境	线上零售占社会零售总额比例（%），2020 年	4	11	40%
		互联网渗透率，2022 年	70	9	30%
		物流绩效指数（LPI），2018 年	3.38	6	30%
ICT	规模	ICT 服务出口额（亿美元），2019 年	6.9	11	100%
	质量	ICT 头部企业数量与排名（个），2019 年	1	9	100%
	环境	宽带速率（Mbit/s），2022 年	54.75	11	70%
		计算机专业全球排名数量（个），2021 年	3	11	30%
搜索引擎	规模	网民绝对人数（万人），2021 年	3185.8	11	100%
	质量	前 50 名搜索引擎数量（个），2022 年	0	10	100%
	环境	人口总数（万人），2022 年	6075.6	10	80%
		受教育年限（年），2017 年	10.1	6	20%
社交平台	规模	社交平台用户数量（亿），2020 年	0.23	11	100%
	质量	头部社交平台数量与排名（个），2021 年	0	11	100%
	环境	网民平均每天花费在社交媒体时间（min/天），2021 年	212	2	60%
		居民平均年龄（岁），2022 年	27.1	1	40%

数字贸易细分领域	一级评价指标	二级评价指标	指标数值	11 个经济体排名	二级指标权重
数字音乐	规模	数字音乐产业规模（百万美元），2021 年	11.6	11	100%
	质量	数字音乐头部企业数量与排名（个），2021 年	0	11	80%
		数字音乐版税收入（全球占比，%），2019 年	0.40	9	20%
	环境	数字音乐用户渗透率（%）	17.30	9	80%
		数字音乐 ARPU（美元/人），2021 年	11.5	8	20%
电子游戏	规模	产业总产值（亿美元），2021 年	2.9	11	100%
	质量	头部企业数量与排名（个），2021 年	0	11	100%
	环境	电子游戏玩家渗透率（%），2021 年	91	2	80%
		人均 GDP（美元），2022 年	5091	9	20%

二、东盟数字贸易发展的现状及在全球产业链中的位势

根据 2021 年 1 月东盟发布的《东盟数字总体规划 2025》，东盟国家数字经济占国内生产总值的比例将从 2015 年的 1.3%提高到 2025 年的 8.5%。东盟数字经济报告显示，2020 年东盟地区电子商务交易总额超过 1000 亿美元，预计在 2025 年将超过 3000 亿美元。东盟数字贸易的具体结构如下。

（一）跨境电商领域

东盟电商市场发展潜力大。从总体上看，东盟各国的跨境电商发展势头良好，增速快、潜力大。2021 年 9 月，第 24 次东盟投资领域理事会议发布《2020—2021 年东盟投资报告：在工业 4.0 时代投资》显示，新冠肺炎疫情加速了东盟地区的数字化。东盟的互联网用户基数大，东盟拥有约 6.4 亿人口，互联网渗透率渐高。来自贝恩咨询公司发布的《2020 年东南亚电子商务报告》显示，东南亚互联网用户在 2020 年增加 4000 万，总用户量达 4 亿，在线消费习惯推动东南亚电商总交易额达到 620 亿美元。

东盟对电商基础设施需求大。根据《东盟数字总体规划 2025》，东盟国家对 5G 基础设施投资需求巨大，预计 2020—2025 年，平均资本支出约为每年 140 亿美元。近年来，东盟地区的数据中心和云服务投资迅速增加，其中数据中心 40% 以上是外资或合资企业。2020 年，东盟数据中心数量超过 295 个，其中 70% 集中于新加坡、印度尼西亚和马来西亚，占区域全面经济伙伴关系（RCEP）成员国数据中心数量的 23%。预计未来几年，东盟数据中心市场将迎来大幅增长，从 2019 年约 19 亿美元增长到 2024 年 35 亿美元以上，年均复合增长率将达 13%，超过北美的 6.4% 和亚太地区的 12.2%。文莱现有 1 个数据中心，柬埔寨现有 4 个，马来西亚现有 44 个，缅甸现有 6 个，菲律宾现有 28 个，新加坡现有 100 个数据中心。2020 年，泰国至少有 29 个数据中心和 53 个云服务供应商。越南 2019 年数据中心超 20 家，市场规模 7.28 亿美元，预计 2025 年将达 16 亿美元，年均复合增长率 14.6%。2020—2024 年，印度尼西亚云计算市场年均复合增长率预计达 21.8%。2020 年，印度尼西亚云服务供应商已超 68 个，其中外国供应商主要包括亚马逊网络服务、阿里云、中国电信、谷歌云和美国微软。

泰国电商稳步增长。泰国数字经济及社会部电子商务发展办事处（ETDA）称，2021 年泰国电子商务估计增长 6.11%，市值可望提升至 4 万亿铢，其中零售及批发业占比最高达 16 200 亿铢。根据电子商务解决方案提供商 TMO 发布的《2020 年泰国电商网站月度流量统计》报告中可以看出，泰国的电商市场主要被 Lazada 和 Shopee 两大平台所占据，两者占到总量的 85%。

新加坡电商增长加快。根据 Statista 的数据，到 2019 年年底，新加坡的电商总额将达到 49.9 亿美元，预计年增长率（2019—2023 年）将达到 14.7%，到 2023 年，市场规模将达到 86.4 亿美元。新加坡排名前三的电商平台分别是 Shopee、Lazada、Zalora。Shopee 是新加坡电商的头部平台，2020 年上半年，新加坡消费者给 Shopee 带来了 5050 万的访问量。排名第二的 Lazada 访问量从 2019 年上半年的 4300 万增加到 4900 万。2020 年的上半年，Zalora 访问量同比下降了 19%，市场份额占比从第三名降至第七名。

菲律宾电商持续增长。2020 年菲律宾数字商务规模达到 3.1 亿美元，移动销售终端支付规模 49.8 亿美元。预计 2021 年菲律宾数字商务规模达到 3.7 亿美元，移动销售终端支付规模为 51.3 亿美元。

印度尼西亚电商发展前景喜人。印度尼西亚有 2.6 亿人口，人口出生率高，有超过 1.3 亿互联网用户，被认为是全球最有前途的东南亚电子商务市场之一。皮尤中心数据显示，2018 年印度尼西亚 30 岁以下人口占比为52%，电商市场的收入约 91 亿美元，预计到 2025 年，印度尼西亚电子商务市场将产生 460 亿美元的在线零售额。印度尼西亚通信及信息部长约翰尼·普莱特表示，截至 2021 年年初，印度尼西亚与数字经济相关的人口已达 2.026亿，占该国总人口的 73.7%。

（二）数字化产品

在线流媒体音乐是重要的数字化产品，印度尼西亚和马来西亚的在线音乐行业发展前景看好。根据新思界行业研究中心发布的《2021—2025 年印度尼西亚数字音乐市场深度调研分析报告》显示，在印度尼西亚 APP 市场，音乐 APP 的市场占有率为 27.2%。印度尼西亚数字音乐市场潜力大，规模也在持续扩大，并逐渐成为印度尼西亚音乐产业的重要组成部分，早在 2018 年印度尼西亚的数字音乐渗透率就已经达到了 15%。马来西亚在线音乐行业发展潜力巨大。根据新思界行业研究中心发布的《2021—2025 年马来西亚在线音乐市场深度调研分析报告》显示，2019 年马来西亚的互联网渗透率已达到78.6%，马来西亚网民使用的在线应用中，在线音乐软件排名第三，仅次于社交和娱乐软件。

（三）数据传输服务

东盟地区 ICT 行业发展较快。根据普华永道发布的《新形势下全球化转型与"一带一路"倡议的驱动力》报告，东盟在 2013—2019 年，电信服务行业产值由 816 亿美元上升至 1054 亿美元，占 GDP 比重从 3.2%上升至 3.4%。根据上海国际问题研究院发表的《新形势下全球化转型与"一带一路"倡议的驱动力》报告，2020 年东盟地区在计算机硬件、通信及移动设备方面的整体市场规模约为 900 亿美元。2019 年，泰国约有 800 家左右的软件企业产值在 15 亿美元左右，主要包括微软、SAP 等欧美企业在泰国的子公司，以及泰国本土 Geomove、Neo Invention、Software Factory 等知名软件公司。在服务软件方面，泰国本土软件公司占据了泰国市场份额的 90%左右。联合国开发计划署（UNDP）的一项研究表明，印度尼西亚的中小微企业贡献了 97%的本土就业，对 GDP 的贡献超过 61%，中小微企业面临着紧迫的信息化问题，因此迫切需要云计算企业来提供相关服务。腾讯、阿里和微软等互联网巨头纷纷布局印度尼西亚云计算市场。

东南亚的整体电信基础设施建设相对较弱。虽然移动设备和互联网使用覆盖率已超过50%，但网络接入速度、区域覆盖率及使用体验仍有待提升。联合国贸易和发展会议针对东盟的电信市场统计显示，2019年东盟的电信基础设施建设主要仍以4G网络建设为主，但在新加坡、印度尼西亚、泰国、菲律宾、马来西亚和越南，5G网络的建设已逐步开始。

（四）搜索引擎与社交平台领域

东盟社交平台市场被YouTube、Facebook、Twitter等西方平台所垄断。根据Statista统计的数据，2020年新加坡的主要社交平台为YouTube，新加坡Facebook用户达到了480万，Twitter用户达到了189万，Reddit用户为460万，Pinterest用户为237万。印度尼西亚25~34岁的Facebook用户份额为33.6%，18~24岁的Instagram用户份额为36.4%，25~34岁的LinkIn用户份额为58.3%。Facebook和YouTube是泰国的主要平台，2020年泰国活跃社交媒体用户数量为5500万，泰国社交媒体渗透率为78.70%。根据Datareportal的数据，2020年第三季度，YouTube是菲律宾最受欢迎的社交媒体平台，有97.2%的互联网用户访问了该平台。2020年，Facebook在亚洲的用户人数超过8亿户，仅在菲律宾，截至2019年就有近7400万Facebook用户。2021年越南排名前五的社交媒体所占市场份额如下：YouTube占比92.0%，Facebook占比91.7%，Zalo占比76.5%，Facebook Messenger占比75.8%，Instagram占比53.5%。

谷谷浏览器和搜索引擎在东盟市场颇受欢迎。根据越通社河内的报道，2020年谷谷有限公司浏览器和搜索引擎的用户数已达到2500万人，在越南位居第二。在访问量方面，谷谷占浏览器市场份额的近18%、搜索引擎市场份额的6.52%。谷谷也是越南第二大网页浏览器，仅次于谷歌的Chrome浏览器。根据Statista统计的数据，截至2020年8月，新加坡领先的搜索引擎的市场份额分别为：谷歌为95.81%，雅虎为1.78%，必应为1.56%，百度为0.31%，DuckDuckGo为0.24%，Naver为0.07%。2020年到2021年谷歌在马来西亚的市场份额达到了97.7%，是整个马来西亚搜索引擎的龙头老大，其次分别是必应（1.45%），雅虎（0.63%），Petal Search（0.09%），DuckDuckGo（0.07%），Yandex（0.01%）。2021年，谷歌以近100%的市场份额引领泰国搜索引擎市场，雅虎、必应和DuckDuckGo等其他一些搜索引擎所占份额微乎其微。谷歌以 96% 的份额领先菲律宾搜索引擎市场，必应的搜索引擎市场份额仅为 2.1%，雅虎仅占 1.54%。谷歌以 98.23% 的市场份额占领印度尼西亚的搜索引擎市场。

在数字经济领域，东盟国家的发展参差不齐，国家之间差异性很大。但是与金砖国家的不同在于，东盟是一个相对紧密的国家联盟。东盟在数字贸易领域有共同的纲领和发展规划，在数字贸易发展行动上可以有比较大的协调空间。

新加坡无疑是东盟国家数字经济的领头羊，虽然受限于国土面积和人口，但是得益于高素质的国民和高水准的国家治理能力，新加坡在电子商务、ICT、数字音乐、游戏等领域发展的质量比较好。在发展环境方面，具有比较健全的规则，营商环境较好、市场发达。在电子商务领域，东南亚的 Shoppee 和 Lazada 两大平台都是新加坡自主平台。

越南人口接近一亿，受益于中国、日本等产业转移，近些年发展迅速。在跨境电商领域，越南发展比较快，在社交媒体、搜索引擎、数字音乐和游戏等领域都快速发展，其 ICT 领域的出口近年以来进步比较大。只是受制于发展基础和基础设施，越南的数字经济发展的质量还不高。

印度尼西亚是东盟国家中人口最多的国家，但是人均 GDP 相对较低，电子商务发展速度比较快，发展规模在东盟国家中处于前列。在数字音乐、社交媒体、搜索引擎等领域规模都不小，除了搜索领域的谷谷之外，缺乏自主、领先的数字经济平台企业，发展的质量有待提升。另外，在数字贸易规则和发展环境上在逐步完善，但是相比于新加坡和马来西亚还有一定的距离。

柬埔寨是全球最不发达的国家之一，产业主要依赖于传统采矿业和纺织业，产业结构比较单一。其优势在于人口年轻，年轻人多，对新生事物的接受度高。在电商领域处于起步阶段，在社交媒体、搜索引擎、ICT、数字音乐和游戏等领域都处于起步阶段，发展的质量比较低，发展环境还有很大的提升空间。

东盟数字贸易 SQE 国别位势分析见表 6-5。

表 6-5　东盟数字贸易 SQE 国别位势分析模型

数字贸易细分领域	一级评价指标	二级评价指标	指标数值	11 个经济体排名	二级指标权重
电子商务	规模	电子商务市场总额（亿美元），2021 年	705.3	7	100%
	质量	电商头部企业市值排名（亿美元），2022 年	812	3	100%
	环境	线上零售占社会零售总额比例（%），2020 年	9	8	40%
		互联网渗透率，2022 年	66	10	30%
		物流绩效指数（LPI），2018 年	3.03	8	30%
ICT	规模	ICT 服务出口额（亿美元），2019 年	249.1	6	100%
	质量	ICT 头部企业数量与排名（个），2019 年	2	8	100%
	环境	宽带速率（Mbit/s），2022 年	60	10	70%
		计算机专业全球排名数量（个），2021 年	27	5	30%
搜索引擎	规模	网民绝对人数（万人），2021 年	44 417.8	3	100%
	质量	前 50 名搜索引擎数量（个），2022 年	0	9	100%
	环境	人口总数（万人），2022 年	68 012.2	3	80%
		受教育年限（年），2017 年	8.1	7	20%
社交平台	规模	社交平台用户数量（亿），2020 年	4.83	3	100%
	质量	头部社交平台数量与排名（个），2021 年	1	6	100%
	环境	网民平均每天花费在社交媒体时间（min/天），2021 年	139	5	60%
		居民平均年龄（岁），2022 年	30.2	3	40%

全球数字贸易发展及规则变革

数字贸易细分领域	一级评价指标	二级评价指标	指标数值	11个经济体排名	二级指标权重
数字音乐	规模	数字音乐产业规模（百万美元），2021年	484.9	5	100%
	质量	数字音乐头部企业数量与排名（个），2021年	0	8	80%
		数字音乐版税收入（全球占比，%），2019年	0.40	10	20%
	环境	数字音乐用户渗透率（%）	11.60	10	80%
		数字音乐ARPU（美元/人），2021年	10.65	10	20%
电子游戏	规模	产业总产值（亿美元），2021年	59.79	6	100%
	质量	头部企业数量与排名（个），2021年	2	7	100%
	环境	电子游戏玩家渗透率（%），2021年	88.30	3	80%
		人均GDP（美元），2022年	3870	10	20%

第二节　金砖四国和东盟数字贸易的宏观政策

一、金砖四国在数字贸易方面的宏观政策

（一）巴西数字贸易方面的宏观政策

巴西数字转型战略。2018年政府发布了巴西数字转型战略（E-Digital），旨在利用数字技术的潜力，通过创新，提高竞争力、生产力以及就业和收入水平，促进可持续和包容性的经济和社会发展。其中该战略由以下两个主题轴构成。

（1）启动轴：①基础设施和信息通信技术的获取，促进人口对互联网和数字技术的访问，以及保证服务获得的经济性；②研究、开发和创新：旨在鼓励数字新技术的发展，扩大科技生产，寻求解决国家应对数字经济挑战的

方法；③对数字环境的信任：旨在确保数字环境安全、可靠，有利于服务和消费，并尊重公民的权利；④教育和专业培训：旨在通过新知识和先进技术促进数字社会的形成，并为未来的工作做好准备；⑤国际层面：旨在加强巴西在全球数字问题论坛中的领导地位；⑥鼓励巴西公司在国外的竞争力和经营活动，并促进数字经济的区域一体化。

（2）数字转换轴：①经济数字化转型旨在鼓励巴西经济的计算机化、活力化、提高生产力和竞争力，以跟上世界经济的步伐。②数字化转型（公民和政府）：根据数字政府战略，使联邦政府更容易为民众服务，并更有效地为公民提供服务。

巴西政府新的数字服务计划。2021年巴西政府推出了一项新的数字服务，巴西中小微企业通过该服务对出口成熟度进行自我诊断，并自动对接国际化行动计划。该服务基于经济部协调的国家文化输出计划（PNCE）的方法，其数字化改革由与英国政府的合作方提供资金。数字化和自动化的 PNCE 是新平台的第一个服务，这使巴西中小微企业能够在合同签署前获得相关的出口协助服务，得到业务培训和获得市场情报，以及后期的融资和物流服务。

巴西政府的数字化服务深得民心。截至2021年11月，巴西政府已经完成1500项政府服务的数字化。这些数字化服务对人们的生活影响巨大，重点领域包含紧急援助、失业保险、数字交通和工作卡等。最近的一个例子是农业、畜牧业和供应部的专业渔民登记处服务的数字化，它可以使120万专业人士受益，数字化后每年可节省8360万雷亚尔。巴西经济部数字政府特别秘书 Caio Mario Paes de Andrade 透露，巴西从2020年2月到2021年11月之间，从零开始建立了一个政府的数字平台，为1.15亿人提供服务。他认为巴西经济部数字政府与 GOV. BR 的使命在于通过政府的数字化改造，提高服务质量和公共政策的有效性，进而赢得巴西人民的信任。巴西农业部（MAPA）水产养殖和渔业部长 Jorge Seif Júnior 说这是巴西渔业已经等待了近十年的数字解决方案。数字政府秘书处的成本分析研究表明，随着专业渔民的注册，每年可为政府节省556万雷亚尔，为社会节省7804万雷亚尔。这是水产养殖和渔业秘书处与数字政府合作的又一个重要成果，其目标在于减少公共服务管理中的官僚主义，提高透明度和经济性。

巴西出台个人隐私保护法律。在数据监管领域，巴西联邦宪法第22条将保护个人数据纳入公民的基本权利，并确立了联邦就此事立法的专属权限。《通用数据保护法》（LGPD）是巴西的一部新隐私保护法律，于2020年8月

16 日生效。该法律对处理巴西境内用户的个人数据（包括在线身份信息）做出了规定，并且致力于帮助广告客户、发布商和其他合作伙伴遵守 LGPD。

（二）俄罗斯数字贸易方面的基本宏观政策

较之美日欧等经济体，俄罗斯的数字经济和数字贸易发展水平不高，但是其数字贸易政策却有一定的代表性。美国是推动数字贸易自由化非常积极的国家，俄罗斯对参与数据或数据服务相关贸易持谨慎态度。

俄罗斯对信息安全非常重视。2009 年俄罗斯的信息安全政策文件中描述的关键部门，主要指科技、国防、通信、司法、应急响应等部门。2013 年出台的《俄联邦关键网络基础设施安全》规定：对入侵交通、市政等国家关键部门信息系统的黑客最高可处以 10 年监禁。这事实上是将交通、政府等纳入国家关键网络基础设施。俄罗斯的信息安全战略更多强调在内容层面的管控，非常重视互联网信息传播对传统文化、公民德道和价值观带来的影响，而在基础设施层面，则几乎没有特别具体的规定，只是概括性地表示需要保护关键信息基础设施。

俄罗斯出台《个人数据处理政策》。俄罗斯《个人数据处理政策》是根据 2006 年 7 月 27 日联邦法律的要求制定的。确定了自治非营利组织（Autonomous non-profit organization，ANO）（简称运营商）处理个人数据的程序和确保个人数据安全的措施。处理个人数据的目的包括：①让用户能够访问网站上包含的服务、信息或材料。②运营商有权向用户发送有关新产品和服务、特别优惠和各种活动的通知。用户始终可以通过向运营商发送一封标有"拒绝通知有关新产品和服务以及特别优惠的通知"的电子邮件来拒绝接收信息性消息。③使用互联网收集的匿名用户数据用于研究用户在网站上的行为信息，提高网站及其内容的质量。此外，该政策还对个人资料的跨境转移做了规定。

俄罗斯公布《联邦信息社会发展战略》。2017 年 5 月俄罗斯联邦总统批准了《俄罗斯联邦信息社会发展战略》。这是第一份确定俄罗斯信息社会发展方向的战略文件，它标志着俄罗斯联邦国家当局、企业和公民开始大量使用信息和通信技术。该文件提到俄罗斯对信息空间需要从多个方面采取措施，其中包括：①有效利用现代信息平台来传播可靠和高质量的俄罗斯生产信息；②在信息和通讯基础方面，为了俄罗斯联邦信息基础设施的稳定运行，确保在信息系统和数据处理中心以及通信网络层面安全，对联邦信息基础设施的运行进行统一的国家监管。通过技术创新替代进口设备、软件和电子元件基地，确保技术和生产的独立性和信息安全；对于引入新信息技术相关的威胁进行持续监测和分析，以便及时应对。

俄罗斯重视网络信息生产生活。自 2014 年以来，俄罗斯 250~500 人的定居点已连接到互联网。自此，生活在近 1.4 万个人口稀少地区的 500 万俄罗斯公民将可以访问互联网。通过互联网访问电子媒体、信息系统、社交网络已成为俄罗斯人日常生活的一部分。2016 年有超过 8000 万人成为俄罗斯互联网用户。在俄罗斯，移动终端设备以及无线技术和通信网络的分布和使用比较广泛。俄罗斯已经创建了一个以电子形式提供国家和市政服务的系统，超过 3400 万俄罗斯人已连接到该系统。公民有机会以电子形式向国家机构和地方自治政府机构发送个人和集体申请。俄罗斯政府认为保障数字经济效率的主要途径是引入数据处理技术，这将降低商品生产和服务提供的成本。

俄罗斯重视信息科学技术的更新。信息通信技术已成为经济、公共管理、国防、国家安全和执法各部门现代管理体系的一部分。在俄罗斯，除了确保普遍获得信息和通信技术的任务外，还加强技术本身的研发。在先进知识（纳米和生物技术、光学技术、人工智能、替代能源）基础上，已经逐步研发出更多应用型技术。俄罗斯注重广泛引进国外信息通信技术以促进技术的更新，但也担心公民和国家利益在信息领域得不到保护。俄罗斯发现，随着互联网和计算机的使用，越来越多的黑客针对公共和私人信息资源、关键信息基础设施进行攻击。

（三）印度在数字贸易方面的宏观政策

印度政府认识到，自 20 世纪 80 年代中期以来印度在信息技术（IT）方面取得了令人瞩目的增长，但仍然只是实现潜力的一小部分。印度下决心欲成为全球 IT 的超级大国、信息革命时代的领跑者。近些年来，印度陆续出台了相关的宏观政策与指导计划。

——印度信息技术和软件开发国家工作组，1998 年 7 月 4 日提交了信息技术行动计划。该计划旨在实现以下三大目标：①加快推动建立世界一流的信息基础设施；②到 2008 年在全球 IT 产业可达到 2 万亿美元；③到 2008 年实现全民信息技术。

——2008 年曼莫汉·辛格政府发布《信息产业园区投资政策》。其旨在提高印度的信息产业和软件服务、硬件水平。

——1994年的《著作权法案》中将计算机软件著作权列入保护的范围之内，规定严惩盗版。该法案在1999年进行了修订，实现与TRIPS的完全接轨，将计算机程序保护期限延长到50年。

——印度渴望成为一个具有全球作用的知识经济体。印度经济在过去（指2012年以前）十年中实现了约8%的增长率，IT部门对这一增长的贡献是巨大的。印度IT行业是一个1000亿美元的行业（2011—2012年），80%的收入来自出口。印度IT和ITES部门雇用了280多万技术人员。在过去20年中，IT部门一直是印度的主要就业来源之一，印度的全球IT-ITES市场一直在增长。

——2000年《信息技术法》为印度国内IT行业提供了基本的监管框架。该法律规定了电子记录的认证和电子签名（或数字签名）的法律承认及使用。通过电子方式向公众有效提供服务，有关政府可通过命令授权任何服务提供者建立、维护和升级计算机化设施，并执行其他此类服务。

——2012年印度政府发布《国家信息技术政策》白皮书。其旨在加强和提升印度作为全球IT中心的地位，并将IT和网络空间作为国民经济快速、包容和实质性增长的引擎。该政策策略包括：①为具有全球竞争力的IT和IT赋能行业（IT/ITES：Information Technology Enabled Services）创建生态系统；②人力资源开发；③促进IT部门的创新和研发；④通过信通技术提高关键部门的生产力和竞争力；⑤为互联网和移动服务业创造生态系统；⑥通过电子治理实现服务交付；⑦发展语言技术，使印度成为全球语言技术中心；⑧基于GIS的IT服务；⑨网络空间的安全。

——2012年3月印度政府发布了《国家数据共享和可访问性政策》（ND-SAP）。其主要用于科学、经济和社会发展目的。多年来，印度中央和州政府的各种数据保存组织都发布了他们的非敏感数据，科学技术部（DST）是数据政策整体协调、制定、实施和监测相关的所有事项节点的部门。对于地理空间数据，由涉及空间部和科学技术部的国家空间数据基础设施机制（NSDI）来解决各种数据冲突。

（四）南非在数字贸易方面的宏观政策

在金砖四国中，南非数字贸易的发展相对比较落后，因此南非政府制定了一些相关的政策来促进数字经济的提升和数字贸易的发展。

——2002年南非政府颁发第25号《电子通信和交易法》。该法律旨在：

①提供便利和监管电子通讯和交易；②制定国家电子战略；③促进电子通信和交易的普遍接入以及中小企业对电子交易的使用；④提供电子交易方面的人力资源开发；⑤防止滥用信息系统；⑥鼓励使用电子政务服务；⑦就相关事宜做出规定。

——南非选择自由和开放源软件。南非政府与许多行业领导人认为，自由和开放源码软件是可行的选择。原因在于成本、安全性和类似问题。当客观地对拥有成本、投资回报率、技术绩效水平、安保和其他措施进行技术和财务方面的综合考量时，自由和开放源码软件通常具有高度竞争力，而且往往具有优越性。政府关于自由和开放源码软件的现行政策，也反映了他们的这种倾向性。在 2002 年和 2003 年，南非政府 IT 官员委员会（GITOC）两次推出关于自由和开放源码软件（FOSS）的政策。关于开放源码软件的政策其中一个为《南非的开放软件和开放标准：解决数字鸿沟的关键问题》，已修订的内容包括：①南非政府将实施自由和开放源码软件，除非证明专有软件具有显著的优越性。如果自由和开放源码软件和专有软件的优势具有可比性时，在为新项目选择软件解决方案时，就会实施自由和开放源码软件。如果自由和开放源码软件没有得到执行时，就必须说明理由，以便证明实施专有软件的合理性。②只要有类似的软件，南非政府就会将现有的专有软件迁移到自由和开放源码软件。③为南非政府开发或由南非政府开发的所有新软件都将以开放标准为基础，遵守自由和开放源码软件的原则，并在可能的情况下使用自由和开放源码软件许可证或发放许可证。④南非政府将确保所有政府内容和使用政府资源开发的内容都成为公开内容，除非对具体内容的分析表明专有许可或保密性是实质性有益的。⑤南非政府将鼓励在南非境内使用开放内容和开放标准。

——2013 年南非政府签署第 4 号《个人信息保护法》（俗称"POPIA"）。该法历时七年，于 2021 年 7 月 1 日全面生效。POPIA 旨在通过保护自然人和法人的个人信息免受损害。POPIA 规定了合法处理个人信息的八项条件。通过这种方式，该法案力求平衡个人隐私权与其他权利，尤其是获取信息的权利。根据 POPIA 第 11 条，只有在以下情况下才能处理个人信息：①数据主体①或当数据主体为儿童时其监护人同意处理；②数据主体作为合同

---

① 与个人信息相关的任何一方。

订立或履行的一方而采取必要行动时；③数据处理属于法律规定的责任方①的义务；④数据处理是基于保护数据主体的合法利益；⑤数据处理是公共机构适当履行公法职责所必需的；⑥为了追求责任方或向其提供信息的第三方的合法利益，进行必要的数据处理。

——2016 年 9 月南非内阁通过《国家信息和通信技术综合白皮书政策》。其旨在实现一个"以人为本、以发展为导向、具有包容性的数字社会"。通过资讯及通信技术加强向公众提供的服务，并指导电子化政府战略的发展。

——2017 年 11 月南非政府发布国家电子政府战略和路线图的公报。公报提出，政府将服务数字化，同时将南非转变为包容性的经济数字化国家。电子政府（或数字政府）广义上是指通信技术（包括移动设备）、网站、应用程序和其他信息和通信技术服务和平台的创新使用，以连接公民和公共部门，促进协作和有效的治理。数字政府利用信息通信技术和数字技术，使政府流程更有效率，加强公共服务的提供，并加强公民对治理事务的参与。通过利用技术创新（如云计算、物联网、大数据、移动创新等）带来的进步，推动政府数字化的成功。

——2019 年南非加强数字化转型的组织领导。南非将通信部与电信和邮政服务部合并，组成通信和数字技术部。该部门的任务是领导该国的数字化转型。从那时起，该部门成功地为年轻人提供了大量的技能发展机会。与媒体、信息和通信技术部门教育和培训管理局（MICT SETA）合作，1000 名年轻人已接受 3D 打印、数据科学和相关项目的培训。培训机构为南非国家电子媒体学院（NEMISA）和 Coursera，就第四次工业革命（4IR）相关项目已培训超 50 000 名年轻人。这是为了让他们具备相关技能，例如人工智能、数据科学、物联网、区块链、大数据、云计算和网络安全，以及其他关键的 4IR 技能。

——2019 年南非规范电商领域的税收政策。2019 年 4 月 1 日，南非关于扩大对电子或数字服务征收的增值税范围的修订条例正式生效，该税税率为15%。其中受到影响的商业模式或者在税收范围内的活动有：①通过电子代理、电子通信或互联网提供的任何服务；②出于任何因素，由来自出口国某地且服务接收者为南非居民，服务付款来自南非银行账户，或收件人在南非

---

① "责任方"是确定处理数据主体个人信息的目的和方式的公共或私人机构。

拥有商业、住宅或邮政地址（必须至少存在最后 3 种情况中的 2 种）；③适用于 B2C 和 B2B 模式。范围内的收入来源包括：提供数字服务；提供第三方内容；在线广告；销售用户数据；提供自己的内容；软件的在线许可；广播/电视在线广播服务。

——南非官员呼吁加强青年人才培养。2021 年 6 月 15 日，南非通信和数字技术部长 Stella Ndabeni-Abrahams 在关于数字技能发展机会网络研讨会的青年大师班上发言时说，政府、私营部门、青年组织、非政府组织（NGO）和非营利组织（NPO）在青年数字技能培养方面发挥着重要作用，以及确保他们能够访问必要的基础设施。"当今的青年面临第四次工业革命（4IR）带来的机遇，需要青年全面掌握必要的数字技能。这将使他们能够为数字经济做出贡献，同时解决我们国家面临的其他紧迫问题。4IR 时代呈现了各种技术，如人工智能（AI）、物联网（IoT）、大数据、数据科学、区块链等技术，正在为生活的方方面面带来变革。它提供了促进社会经济发展的机会。科学和技术的变化速度要求在获取行业所需的技能方面具有同等的速度。通信和数字技术部制定了国家数字和未来技能战略，其目标是建立一个教育和技能发展生态系统，为所有南非人提供创造和参与数字经济所需的技能。我们正在与高等教育部合作，在全国的 TVET（技术和职业教育与培训）学院建立高科技教室。这些教室不仅可供学生注册使用，失业青年也将同样受益。我们希望看到这个国家每个角落都有创新"。

二、东盟数字贸易的基本宏观政策

在数字贸易宏观政策方面，2018 年，东盟批准了《东盟数字一体化框架》，东盟基本达成了以下共识：①随着数字货物贸易的增加，数字一体化需要可靠的有形基础设施和有利的贸易政策，以促进整个东盟的无缝贸易流动。在这方面，东盟成员国应加快无缝物流的进展，以促进跨境贸易，包括东盟成员国内部和相互之间的数字贸易。②随着数据量的增加，政府和行业有责任确保数据得到保护。东盟个人数据保护框架提供数据保护，同时促进东盟成员国之间的数据流动。③数字支付是促进无缝跨境数字贸易的关键因素，也是通往其他数字金融服务的门户。根据东盟经济共同体（AEC）2025 金融一体化战略行动计划的目标，东盟成员国应实施使用共同全球标准、信息和规则的互操作框架；与金融机构合作，制定包容性开放应用程序接口

（API）标准和路线图；并开发或建立现有的国家数字身份证系统，通过实时和安全地验证用户身份，鼓励采用数字金融服务。④为使现有劳动力受益于数字集成，提高其技能并加快其进程至关重要。⑤东盟有必要帮助新兴的数字中小微企业（MSME），引导商业生态系统蓬勃发展——从创业的便利性到数字监管。东盟成员国应继续简化程序，消除为 MSME 设立和开展业务时遇到的现有障碍。此外，东盟成员国应努力确保与数字融合相关的新政策，不会显著增加负担并阻止 MSME 参与数字经济。⑥东盟应指定一个机构管理本框架所有不同领域。这将有助于通过跨不同目标和时间线进行有效的优先排序、协调和跟踪，加快数字集成。

（一）东盟数字化政策

出台《东盟数字一体化框架》（DIF）。2018 年 7 月，东盟电子商务协调委员会（ACCEC）最终确定《东盟数字一体化框架》（DIF），该框架随后于 2018 年 8 月在第 50 届东盟经济部长会议（AEM）上获得通过，并于 2018 年 11 月在第 17 届东盟经济共同体（AEC）理事会上获得认可。东盟 DIF 提出了 5 个政策领域，可以帮助东盟克服数字一体化方面的障碍，具体包括：①数字连接和平价接入；②金融生态系统；③商业和贸易；④劳动力转型；⑤商业生态系统。东盟 DIF 还确定了以下 6 个近期优先领域，以解决关键障碍，加快现有东盟平台和计划实现数字一体化：①促进无缝贸易；②在支持数字贸易和创新的同时保护数据；③实现无缝数字支付；④拓宽数字人才库；⑤培养创业精神；⑥协调行动。

出台《东盟数字一体化框架行动计划 2019—2025》（DIFAP）。为了推进东盟数字一体化进程，东盟将已确定的"6 个优先领域"转化为行动计划，即《东盟数字一体化框架行动计划 2019—2025》（DIFAP），并确定了相关负责的东盟机构——东盟电子商务协调委员会（ACCEC）。2019—2025 年 DIFAP 将研究确定的 6 个优先领域分为不同部分。随着工作的进展，会更新要素或举措。2019—2025 年 DIFAP 包含了《2025 年东盟经济共同体蓝图》的相关目标和行动计划，特别是《2020 年东盟信通技术总体规划》《2017—2025 年东盟电子商务工作计划》（AWPEC）和《2025 年东盟互联互通总体规划》（MPAC）以及相关战略行动计划（SAP）。

（二）东盟跨境电商政策

2019 年东盟发布《电子市场的责任和义务指南》。《电子市场的责任和义务指南》旨在为电子商务平台的发展创造有利环境、开拓跨境贸易机会和促进该地区消费者信心发展。该指南目的是：①指导并鼓励在线中介机构为其电子市场上的在线交易发布透明、公平的条款和条件；②建立和加强消费者对电子商务的信任；③在互联网上创造一个健康、对用户友好的商业环境。该指南还包括 4 个原则：个人资料保护、电子订约、真实广告、争端解决，鼓励电子市场供应商在开发平台的政策、条款和条件时考虑和纳入这 4个原则。

东盟出台《2025 年东盟经济共同体蓝图》。《2025 年东盟经济共同体蓝图》指出，东盟应在 2000 年 11 月东盟领导人通过的《东盟电子商务框架协议》第 5 条的基础上，加强电子商务合作，以期制定东盟电子商务协议，促进东盟的跨境电子商务交易。框架协议涵盖的战略措施包括：①通过连贯和全面的消费者权利和保护法，实现协同；②考虑到现有的国际标准，通过连贯和全面的在线争议解决法律框架，实现协同；③促进互操作性并调整与电子商务有关的条例和标准，以促进跨境交易；④个人数据保护的连贯和全面框架；⑤促进跨境交易的连贯和全面的法规和标准；⑥促进无缝和高效的跨境物流；⑦加强中小企业适应跨境电子商务的能力建设。

东盟出台《2025 年消费者保护战略行动计划》。《2025 年东盟消费者保护战略行动计划》（ASAPCP）强调，消费者政策战略必须能够应对东盟面临的新挑战和机遇。由于全球化和技术进步，通过电子商务和其他新的贸易方式进行的跨境贸易不断增加，要求政府找到创新的方式来保护和促进消费者的利益。

东盟通过《东盟电子商务协定》。《东盟电子商务协定》于 2019 年签署，2021 年生效。2021 年 9 月 9 日，第 53 届东盟经济部长（AEM）会议通过了《东盟电子商务协定实施工作计划 2021—2025》。鉴于该协议涵盖电子商务发展所需的各种跨部门要素的全面性，该工作计划提供了一种协调一致的方法，指导 AMS 实施该协议，同时考虑到东盟成员国之间的不同发展水平，东盟电子商务协调委员会（ACCEC）有权与东盟相关部门机构协调，及时落实工作计划。该工作计划不仅会支持该地区的电子商务部门，还会支持利用数字技术的其他东盟部门。它巩固了监管基础，刺激东盟向领先的数字经济转型。

（三）东盟数据监管政策

东盟通过《2020年信通技术总体规划》。2015年11月，在越南岘港举行的第15届东盟电信和信息技术部长会议（TELMIN）上通过《东盟2020年信通技术总体规划》（AIM2020）。其中要求加强合作，并制定个人数据保护区域框架。参与者认识到需要保护个人数据，并防止个人数据被滥用，而且将根据本框架，努力在其国内法律法规中考虑并实施个人数据保护原则。具体包括：①相关组织除了特殊情况不得收集、使用或披露有关个人的个人数据；②在将个人数据转移到另一个国家或地区之前，这些组织应获得个人的海外转移同意，或采取合理措施确保接收组织将按照这些原则保护个人数据；根据要求，这些组织应提供关于其拥有或控制的个人数据的数据保护政策和清晰且易于访问的信息。这些组织还应提供有关如何联系组织并了解其数据保护政策和做法的信息①。

东盟发布《数据管理框架》和《跨境数据流动合同范本》。2021年1月东盟发布《数据管理框架》（DMF）和《跨境数据流动合同范本》（MCC），目的是确保跨境数据传输过程中的个人数据保护能够促进数据相关的业务运营，减少谈判和合规成本。其中，《数据管理框架》主要是为企业提供分步指导，通过完善保障措施、风险管理和数据治理结构等管理规范和基本原则，来帮助企业建立有效的、完整的数据管理系统。

第三节　金砖四国和东盟数字贸易的发展趋势

一、俄罗斯数字贸易发展趋势

（一）俄罗斯社交平台发展趋势

根据Statista调查报告，2021年俄罗斯的社交平台用户渗透率为

---

① 2021年1月22日，东盟数字部长系列会议启动《东盟数字总体规划2025》，取代了《2020信通技术总体规划》，提出"将东盟打造为一个以安全和变革性的数字服务、技术和生态系统为动力的，领先的数字社区和经济集团"的愿景，并规定未来五年应该达到的八个理想结果以及为达到这些理想结果所需的行动方案。

71.26%，到2026年预计增长到78.09%。随着西方对俄罗斯制裁的加剧，俄罗斯自主的社交平台将可能迎来发展机遇期。作为广告推广的重要平台，社交平台的电商化趋势在俄罗斯也不例外，在电商资本的推动下，更多社交媒体平台将会出现，社交平台之间的竞争日趋激烈。

社交平台的广告是社交平台持续存在的根本，后续俄罗斯的企业品牌将更多地与多个社交平台合作开展营销活动，以增加品牌的曝光度。另外，直播与视频将是社交媒体营销的新亮点，尤其是直播，通过直播来带货将是未来社交平台争夺的重点领域。社交平台中网红将不仅仅只是少数的大网红，网红的细分和专业化将会是一个趋势。

（二）俄罗斯电子商务发展趋势

俄罗斯电商市场发展快。根据 Ecommerce DB 2020 对俄罗斯电子商务发展趋势报告显示，俄罗斯是全球第 12 大电子商务市场，2020 年的营收为 260 亿美元，领先于西班牙，落后于印度尼西亚。俄罗斯电子商务收入持续增长，2020 年电子商务市场比上年增长 31%，为 2020 年全球电子商务增长率贡献 29%。预计 2020 年至 2024 年期间俄罗斯电子商务的价值将达到 23.4 万亿卢布，约合 3100 亿美元，复合年增长率为 33.2%。

在商品品类上，2020 年 Ecommerce DB 预测未来五个最受俄罗斯电子商务市场青睐的类别，分别是：电子与媒体是俄罗斯最大的细分市场，占俄罗斯电子商务收入的 30%，其次是时尚占 24%；玩具、爱好和 DIY 占 20%，家具和电器占 14%，食品和个人护理占 13%。

（三）俄罗斯数字音乐发展趋势

俄罗斯音乐流媒体用户稳步增加。俄罗斯观众历来习惯于为音乐付费。2007 年，该国的音乐市场以 4.017 亿美元的收入居世界第 9 位，但大多是通过实体媒介，如 CD、黑胶唱片和卡带等进行的。根据俄罗斯高技术咨询公司 J'son & Partners management Consultancy 2020 年对俄罗斯数字音乐发展调查显示，在俄罗斯，使用音乐下载的人数以相对缓慢的速度增长。到 2025 年，该机构预测，到 2025 年俄罗斯预计有大约 1310 万下载音乐用户，而 2017 年这个数字为 1220 万；相比之下，音乐流媒体用户稳步增加。目前 61% 的俄罗斯互联网用户已经尝试过音乐流媒体服务，在线听音乐成为一种稳定的习惯。J'son & Partners 咨询公司预测，音乐流媒体服务的增长潜力仍未达到。对俄罗斯音乐流媒体市场发展前景的分析表明，音乐流媒体市场的结构将在用户总数增长、广告成本以及现有参与者营销政策的影响下发生变化。根据 Statista 的统计数据，俄罗斯的数字音乐到 2026 年将达到 4.11 亿美元，其中流媒体音乐占比为 79.8%；数字音乐用户将达到 3060 万人，到 2026 年用户渗透率达到 21.1%。

二、巴西数字贸易发展的趋势

（一）巴西电子商务市场

根据 Ecommerce DB 2020 年对巴西电子商务发展报告中显示，在电子商务领域，巴西是第 15 大电子商务市场，2020 年的营收为 220 亿美元，超过荷兰，落后于意大利。

根据 Statista 的数据，巴西的电子商务市场在 2025 年将达到 865.3 亿美元，从 2022 年到 2025 年的年均增长率达到 20.73%。网购渗透率将在 2025 年达到 63%，每个电商用户的花费将达到 397.29 美元。到 2025 年，电商用户将达到 1.38 亿人。巴西人均年龄 33.2 岁，对新事物接受快，其移动电商将保持高速增长。根据摩根大通的研究，2021 年巴西网购主要支付方式为银行卡，大概有 57% 的份额，还有 18% 为现金支付，随着移动购物和 APP 购物的快速发展，电子钱包将快速增长，到 2024 年达到 14% 的市场份额。

（二）巴西数字音乐发展趋势

巴西的音乐流媒体产业呈指数级增长。2014 年，Spotify 等其他服务在巴西落户，加速了音乐流媒体产业的增长。据 Statista 统计，2020 年巴西智能手机用户中最受欢迎的音乐流媒体服务是 Spotify（61%）。紧随其后的是 Deezer（16%）、亚马逊音乐（9%）和 YouTube 音乐（4%）。目前巴西所有音乐消费收入的 77% 来自流媒体。根据 SonoSuite 2020 调查巴西数字音乐产业数据显示，巴西音乐产业前景光明，2021 年巴西数字音乐产业的预期收入约为 5.27 亿美元，其中流媒体市场规模达到 5 亿美元左右。2021—2025 年的预计年增长率为 10.33%，进入数字音乐行业的用户比例将从 2021 年的 16.5% 增长到 2025 年的 21.6%，预计 2025 年市场规模将达到 7.81 亿美元。

(三）巴西 ICT 发展趋势

巴西加大数字通信领域投资。巴西信息通信技术行业公司协会（Brasscom）在 2021 年 3 月 23 日和 24 日举行的 TécForum 活动中指出：未来三年，技术信息和通信（ICT）领域将为经济注入 8450 亿雷亚尔的投资。Brasscom 执行总裁塞尔吉奥·保罗·加林多认为，云技术是数字化转型的关键技术。他在 TécForum 会议上表示，这将"给整个巴西经济带来好处"。根据该协会的数据，云计算是该国近年来增长最快的行业之一。预计到 2024 年为止，云计算领域的投资将达到 1890 亿雷亚尔，相当于每年增长 20%。

根据巴西软件行业协会（The Brazilian Software Association）的报告，2021 年 ICT 市场将有 7.1% 的增长。在 2021 年 10 月，巴西已经将其 5G 波段进行了拍卖，筹集了 85 亿美元。根据诺基亚（Nokia）和 Omdia 的研究报告，巴西的 5G 发展将在 2035 年前产生 3 万亿美元的经济效益。巴西的电信局将负责对此行业进行监督和规范，5G 波段的中标者将负责各种建设责任，包括在 2022 年 7 月前将 5G 网络覆盖到 26 个州的首府和 1 个联邦区。到 2029 年，5G 网络将覆盖到所有人口超 3 万的城市。到 2028 年，居民人数 600 以上的小镇覆盖 4G 网络。到 2025 年，将光纤网络骨干网或回程网络部署到居民数量大于 20 000 的城市，到 2026 年部署到居民数量小于 20 000 的城市；部署覆盖联邦高速公路的光纤网络；并部署私有 5G 安全网络，供联邦政府独家使用。

根据 ICT 行业协会 Brasscom 的数据，一旦引入 5G 网络服务，企业 5G 和边缘计算支出可能会上升。数据中心投资同比增长 17%，达到 43 亿巴西雷亚尔（8.5 亿美元），显示出对核心互联网和电子服务基础设施的强劲需求。Brasscom 还预计 2021—2024 年对移动和连接项目的投资约为 860 亿美元。

随着巴西对 ICT 领域的大规模投资将极大加快巴西的产业数字化转型，极大提升巴西数字贸易的发展，并会极大刺激巴西数字企业的成长。但限于巴西数字人才的基础和数字企业的发展基础，巴西想要短期内实现大幅提升 ICT 产业质量还有较大难度。

三、印度数字贸易发展趋势

印度外交部经济外交和邦事务司 2020 年 1 月发布了《印度 2019—2020 年

经济报告》，这份报告中提出了至 2025 年成为 5 万亿美元经济体的宏伟目标，而"数字印度"计划对实现这一目标至关重要。在莫迪总理宣布"数字印度"倡议 6 年之后，印度的数字之旅正处在加速"起飞"阶段。

根据麦肯锡 2020 年对印度数字产业发展趋势报告显示，得益于 IT 和业务流程管理、数字通信服务和电子制造业等核心数字行业的发展，印度的 GDP 水平到 2025 年可能会翻一番。数字基础设施已经成为印度社会运作不可或缺的一部分。到 2025 年，印度可以利用数字技术创造 1 万亿美元的经济价值。印度政府正在努力实现智慧城市和健康目标，因此加强数字基础设施对于有效利用最新技术促进经济发展至关重要。

（一）印度电子商务发展趋势

根据 IBEF（India Brand Equity Foundation）2020 年调查显示，电子商务已经改变了印度做生意的方式。印度电子商务市场规模预计将从 2020 年的 462 亿美元增长到 2025 年的 1114 亿美元。该行业的增长很大程度上是由互联网和智能手机普及率的提高引发的。印度在线食品杂货市场预计将从 2019 年的 19 亿美元增至 2024 年的 182 亿美元，复合年增长率为 57%。受电子商务和教育技术等在线服务在印度的广泛应用推动，到 2030 年，印度消费数字经济预计将从 2020 年的 5375 亿美元增长到 8000 亿美元。根据 IAMAI 的研究，印度的互联网用户数量将在 2025 年达到 9 亿，从 2020 年到 2025 年实现 45% 的年均增长。

印度电子商务在"数字印度"的推动下将实现快速增长，但印度总体 GDP 在 2021 年突破 3 万亿美元，达到 3.08 万亿美元，而人均 GDP 接近 2300 美元。因此，印度的电子商务市场将在相当长的一段时间内走低价路线，其电子商务的总值要突破到全球第二梯队还需要时间。

（二）印度数字音乐发展趋势

根据 Livemint 2020 年调查显示，印度的流媒体音频市场由 Gaana 主导，占有 30% 的市场份额，其次是 JioSaavn（24%）、Wynk Music（15%）、Spotify（15%）、谷歌 Play Music（10%）和其他（7%）。现在，音乐已经成为印度数百万在家工作的人首选的减压剂，它们在多任务的时间里发挥着治疗作用。

印度音乐产业（Indian Music Industry）总裁兼首席执行官布莱斯·费尔

南德斯（Blaise Fernandes）表示，2020 年流媒体音频服务的订户数量和他们在各个平台上收听音乐的时间都增长了近 40%。印度音乐产业公司是音乐公司和唱片公司的顶级机构。按照行业高管的说法，这场疫情的配乐看起来五花八门：既有常见的好莱坞电影，也有越来越多的韩国流行音乐和印度独立音乐。人们可以同时处理多项任务，在音乐的陪伴下，在家务琐事和职业活动之间切换。根据 Statista 的数据，2025 年印度的流媒体音乐产值将达到 8.7 亿美元，付费数字音乐用户达到 8720 万，但数字音乐用户渗透率在 2021 年仅仅为 4.3%。而美国、英国、德国等数字音乐强国都达到 20% 以上的渗透率，故可以说印度的数字音乐潜力巨大。

（三）印度数字社交平台发展趋势

印度拥有世界上最多的年轻人口，这推动了印度的数字媒体消费。印度的互联网流量是由移动互联网用户驱动的。主要原因是印度的高性价比智能手机，改善后的 3G 和 4G 网络覆盖，快速降低了数据价格。这导致了对点播数字娱乐服务的需求，如音频和视频流。然而，这些服务的盈利模式仍在发展中。生态系统的玩家正在努力寻找可扩展的正确模型，并尝试各种杠杆，如价格点、价值提供和混合模型方法，以获得最可行的选择。领先的数字媒体播放器采用了混合模式，即免费提供大量内容，但对其优质内容收费。

在不到十年的时间里，印度很可能成为一个以移动设备为主的、平台主导的媒体市场。换句话说，社交媒体是继印刷、电视、网站之后的第四代（4G）媒体。凭借智能手机和移动互联网接入，印度人正在推动媒体领域发生前所未有的变化。"巴拉特"的内容消费正在蓬勃发展，地区语言内容也出现了惊人的增长，印地语、泰米尔语、泰卢固语、坎纳达语和孟加拉语高居榜首。事实上，印度四分之三的用户使用地区语言的社交媒体。这方面的一个关键因素是，印度的移动互联网收费是世界上最便宜的。所有这一切也意味着农村移动互联网用户数量高于城市地区。这有助于减少数字鸿沟，打破少数英语精英在内容创作、分发和消费方面的控制。

智能手机和廉价的移动互联网接入将重塑人类社会、文化、政治、商业等领域，尤其是印度的媒体格局。根据路透社 2021 年研究显示，Facebook 和WhatsApp 的使用尤其广泛，75% 的受访者使用 Facebook，82% 的受访者使用WhatsApp 获取新闻。其他广泛用于新闻的社交媒体包括 Instagram（26%）、Twitter（18%）和 Facebook Messenger（16%）。因此，很明显，这些社交平台在印度"绝对是在线新闻传播的中心"。另一项由 ShareChat 和尼尔森印度公司（Nielsen India）2021 年对印度未来 10 亿互联网用户进行的研究指出，大约 73% 的互联网用户每天登录社交网络平台，而视频是他们最喜欢的内容。而在未来的发展过程中，这些趋势将更加明显。

随着 5G 在印度的快速发展，智能手机的不断普及，再加上印度自身庞大的年轻人口，印度社交平台将得到快速的发展。元宇宙、网红和领英是印度社交平台近两年的热点。Statista 预计，2025 年印度的社交平台渗透率将达到67.4%，到 2040 年印度将有 15 亿社交媒体用户，这些主要得益于不断降价的电信数据费用和不断发展的 ICT 产业。

（四）印度 ICT 产业发展趋势

根据国际数据公司（IDC，International Data Corporation）2021 年第 1 版《按行业和公司规模划分的全球 ICT 支出指南》预测，2024 年印度的 ICT 支出将达到 1110 亿美元。印度是全球服务外包的重要采购地，在 2019—2020 年的全球服务外包业务中占总额的 55%。IT 业在印度非常发达，占 GDP 的 8%。根据印度软件技术园（STPI）的数据，2022 财年第一季度 IT 公司的软件出口为 162.9 亿美元。到 2025 年，印度软件产品行业预计将达到 1000 亿美元。

印度 IT 行业的增速非常快，2021 年达到整体 GDP 增速的 2 倍。根据麦肯锡 2021 年的报告，在今后的五年中，印度的 IT 产业将达到 3000~3500 美元的收入，年均增长率达到 7.5%。

信息和通信技术（ICT）部门对印度国内生产总值（GDP）的贡献率超过13%。按类别划分的市场细分为：IT 服务（52%）、ITeS BPM（19%）、工程和研发软件（20%）和硬件（9%）。到 2022 年，物联网市场预计达到 111 亿美元，拥有 20 亿台联网设备（毕马威，2019 年）。到 2035 年，人工智能预计将为印度经济增加 1 万亿美元（毕马威会计师事务所，2019 年）。区块链市场预计将在 2018—2024 年以 58% 的复合年增长率增长（毕马威，2019）。据毕马威称，到 2023 年，印度的数字支付预计将达到 1 万亿美元。印度在 2018年提出了个人数据保护法案草案。印度的公共云市场预计在不久的将来达到近 20 亿美元的价值。根据毕马威会计师事务所的数据，从 2018 年到 2023年，印度 AR/VR 市场的复合年增长率预计将达到 76%。在 5G 推出后，到2024 财年，5G 用户群预计将达到用户总数的 38%。

印度具有强大的 IT 人才基础，加上与硅谷的紧密合作与联系，印度在

ICT 服务领域的竞争力尤其强大，随着印度 ICT 基础设施的提升以及国内外投资的促进，未来几年印度的 ICT 服务业将继续保持全球领先的位置。

四、南非数字贸易发展趋势

（一）南非电子商务发展趋势

南非电子商务收入持续增长。根据 Ecommerce DB 2020 年调查显示，南非是第 37 大电子商务市场，2020 年的营业收入为 40 亿美元，领先于葡萄牙，落后于尼日利亚。2020 年南非电子商务市场增长 29%，为全球电子商务增长率贡献了 29%。根据 Statista 的数据，南非电子商务市场从 2022 年到 2025 年年均增速达到 17.11%，到 2025 年将达到 140.3 亿美元。到 2025 年，南非的电子商务购物者将达到 3340 万人。网购渗透率将在 2026 年达到 53.1%。

南非电子商务市场最大的参与者是 Takealot。该平台 2020 年的收入为 4.51 亿美元。紧随其后的是 Superbalist，收入为 6900 万美元；再次是 Woolworths，收入为 5100 万美元。前三名的平台占南非在线收入的 15%。南非的本土电商平台规模比较小，但是其对本土消费者的需求把握比较精准，因此会随着南非电商得到快速发展。

与美国市场相比，南非电子商务行业仍处于起步阶段，只有 1/4 的支出是通过数字渠道进行的。然而，毋庸置疑的是，由于手机普及率高、支付方式安全，而且随着越来越多的人将转向网上购物，消费习惯也在改变。在前 100 家卖家中，有三分之二的卖家通过网上平台降低了商品售价，因此电商的崛起也就不足为奇了。再加上诱人的网络促销和季节性折扣，爱淘便宜货的人发现网上购物梦想成真了。

据 Pargo Company 2020 年调查，大多数南非人都希望在购买商品时，能有一个全方位的体验，48% 的人声称他们在看到商品后就进行了网上购买。手机在购物过程中也扮演着非常重要的角色，在 2020 年调查的六个月里，有三分之二的人使用手机购物。方便是人们选择网上购物的另一个主要原因。他们可以在指尖上接触到广泛的产品选择，他们可以比较评论，并通过点击按钮获得即时的购买满足感。南非网上购物的主要障碍之一一直是缺乏送货选择。58% 没有网购过的人表示，担心错过快递或整天等待，快递成本高、没有合适的地址等都是他们担心的因素。后来南非出现了一些快递集散服务，如 Pargo 取货点，确保客户再也不会错过收货。人们可以方便地从全国1500 多家零售店收集包裹，这使得网上购物成为一种轻松的体验，吸引了更多的人在线购物。这种传统快递服务的灵活选择，使电子商务在南非继续增长，确保不再有错过的递送。就目前而言，传统购物习惯仍在南非占主导地位，然而电子商务市场具有巨大的潜力，并将继续逐年增长。

（二）南非数字音乐发展趋势

根据 Businesswire Company 发布的 2020 年南非音乐产业报告显示，南非的音乐产业由环球和索尼等国际音乐公司主导，它们也是全球音乐产业的领导者。尽管南非的音乐收入，包括实体音乐、数字音乐、现场音乐和播客，每年都在稳步增长，但 80% 的本地音乐销售和消费来自国际。随着流媒体业务的增加，CD 和唱片等实物格式的销售收入一直在下降。南非最大的数字音乐市场是音乐流媒体，2021 年的市场规模为 5500 万美元。在数字音乐领域，预计到 2025 年，用户数量将达到 1190 万。到 2021 年，用户渗透率将达到 16.5%，到 2025 年有望达到 18.9%。

（三）数字媒体发展趋势

根据 Ornico 和 World Wide Worx 发布的 2021 年社交媒体前景报告，2021年南非有 3820 万互联网用户（约占总人口的 64%）。这一数字同比增长 170万用户（或 4.5%），而活跃的社交媒体用户从 2020 年 1 月的 2200 万用户增长到 2021 年 1 月的 2500 万用户，增长了 13.6%。这意味着几乎 42% 的南非人在使用某种形式的社交媒体。根据 Statista 的数据，2021 年南非的社交媒体用户达到了 3001 万，预计到 2026 年将达到 4077 万。

广告是一个数字游戏，数字在哪里，钱就在哪里。因此，随着越来越多的人被连接在一起，南非的数字广告在未来几年里将继续保持两位数的增长。社交媒体是南非互联网用户发现新品牌和新产品的第二大平台，仅次于电视。这使得社交媒体成为广告商的一个异常强大的平台。有了大量的用户，社交媒体可以为广告商提供大量的机会。不同的平台还可以让广告客户的需求得到更有针对性的满足。更好的定位意味着更高的相关性、更少的浪费、更高的效率。不少南非的品牌方开始寻找更多推广自己品牌的方式，品牌开始为他们的社交媒体，包括更广泛的数字媒体活动制定适当的衡量标准和成功标准。当广告商开始看到他们使用数字媒体带来真正的业务增长时，他们才会真正被说服并开始在这个平台上投入真正的资金。因此，未来南非的社交平台也将出现多元化的倾向，这样才能满足不同品牌商的需求。

（四）数字通信发展趋势

南非5G起步晚但发展前景看好。根据南非ICT市场研究和分析公司Africa Analysis的《2021年南非5G市场展望报告》，尽管5G在南非仍处于起步阶段，但如果一切顺利的话，到2025年它可能会拥有1100万用户和43%的人口覆盖率，而2020年只有4.4%的5G人口覆盖率。

南非在本研究的11个经济体中ICT服务出口和宽带速率都是最低的。南非在ICT基础设施方面还有相当大的增长潜力，而且南非的不同区域之间的数字鸿沟比较大，需要进一步通过数字基础设施建设来弥补数字鸿沟。南非成立了第四次工业革命总统委员会，统筹整个国家的数字经济发展。南非还计划成立国家数字信息技术经济特区，旨在吸引本地和外国企业在数据和云技术服务领域来南非投资。

南非政府对ICT技术的重要性认识比较深刻，但是南非要在ICT领域达到全新的高度还需要加强人才的培养。南非全球计算机信息专业排名1000的大学只有3所，居民的数字化技能水平低，中高端ICT人才奇缺。金山大学约堡软件工程中心（JCSE）和南非信息技术专业人员研究所（IITPSA）联合发布《2021年信息通信技术技能调查》显示，南非信息通信技术（ICT）行业存在近1万个难以填补的职位，其中职位空缺最为严重的技能种类包括软件开发人员、电脑网络技术员、通讯科技助理、计算机网络和系统工程师及ICT系统分析师等。

南非和中国在数字通信领域合作基础良好。华为公司在南非的数字化建设中起到了重要的作用。另外，中国和南非同是金砖国家，在中国公司的支持下，南非的数字经济将会得到快速的增长。

五、东盟数字贸易发展趋势

（一）东盟电子商务发展趋势

2021年由谷歌、淡马锡和贝恩资本发布的《东南亚数字经济报告2021》

显示，新冠肺炎疫情急剧加速了东南亚国家的数字化转型。报告主要关注东南亚的六个重点国家：新加坡、马来西亚、印度尼西亚、泰国、菲律宾和越南。报告发现，2021 年东南亚新增 4000 万互联网用户，使得东盟国家的互联网人口从 2015 年的 2.5 亿增加到 2021 年的 4.4 亿，从而使这几个国家的总体互联网渗透率达到 75%。报告估算 2021 年该地区互联网经济的总收入达到 1700 亿美元，并预计到 2025 年达到 3600 亿美元，到 2030 年达到 1 万亿美元。同时，2020 年新增的互联网用户中有 90% 的人在继续使用互联网服务。该报告还发现，该地区已经有 23 家互联网独角兽企业，这些独角兽企业极大推动了当地互联网经济的发展。根据脸书和贝恩资本 2021 年发布的《东南亚市场 SYNC 报告》，2021 年东南亚数字零售的年均增速达到了 85%，80% 的消费者有线上零售的行为。该报告显示，平均每个消费者 2021 年的线上消费品类为 8.1 个，而 2020 年为 5.1 个，消费者线上消费的范围更加广泛。2021 年消费者平均在 7.9 个网站上消费，2020 年这个数据为 5.2。37% 的受访者希望在疫情好转之后继续居家办公，90% 的管理者认为疫情后居家办公和工作场地办公相混合的模式将成为常态。东盟国家人口多，人口整体年轻，对线上购物的接受度高，在未来的几年中电子商务将可能会比金砖国家呈现出更快的增长速度。但同时，东盟除了这六个国家之外，其他四个国家的体量比较小，经济发展的基础较差，互联网基础设施比较落后，与上述六国在发展水平上有很大的差距。

（二）东盟 ICT 发展趋势

《东盟数字总体规划 2025》的目标是将东盟建设成一个由安全和变革性的数字服务、技术和生态系统所驱动的领先数字社区和经济体。根据《东盟数字总体规划 2025》，东盟国家对 5G 基础设施投资需求巨大，预计 2020—2025 年，平均资本支出约为每年 140 亿美元。近年来，东盟地区的数据中心和云服务投资迅速增加，其中数据中心 40% 以上是外资或合资企业。2020 年，东盟数据中心数量超过 295 个，其中 70% 集中于新加坡、印度尼西亚和马来西亚，占区域全面经济伙伴关系（RCEP）成员国数据中心数量的 23%。东盟数据中心市场预计未来几年将迎来大幅增长，从 2019 年约 19 亿美元增长到 2024 年 35 亿美元以上，年均复合增长率将达 13%，超过北美的 6.4% 和亚太地区的 12.2%。

根据总体规划，东盟将会实现全地区的宽带基础设施覆盖。全面实施东盟内部跨境零售支付和支付创新，采用数字化支付手段。促进企业和个人数字身份的应用。以东盟现有的经济实力和企业实力，很难独立按计划完成总体规划中的各项目标。中国已经连续10多年是东盟的第一大贸易伙伴，中国在ICT领域具有比较雄厚的基础和实力，中国和东盟签署了《落实中国—东盟数字经济合作伙伴关系行动计划（2021—2025）》和《2022年中国—东盟数字合作计划》等相关合作协议，未来几年通过中国和东盟的合作，东盟ICT领域的基础设施和相关产业将会得到全面的发展和提升。

（三）东盟数字产品和媒体发展趋势

随着东盟的互联网基础设施不断完善，东盟的社交平台、电子游戏、数字音乐等产业将得到快速的发展。数字音乐领域，根据Statista的数据，到2026年，东盟主要国家的数字音乐都将实现10%左右的增长率，总产值达到5.67亿美元。2026年印度尼西亚的音乐流媒体用户将达到2590万人，2022—2026年流媒体音乐产值年均复合增长率达到7.64%，到2026年实现3.15亿美元的产值。马来西亚2026年数字音乐用户将达到440万，产值达到4400万美元，年均增长率达到10.7%。新加坡的数字音乐产值到2026年将达到1.2亿美元，年均增长率12.31%，用户达到270万。菲律宾的数字音乐到2026年达到5100万美元，用户数量达到1220万，年均增长率达到11.02%。泰国数字音乐到2026年的用户将达到1310万，产值达到1.75亿美元，年均增长率8.42%。越南2026年的数字音乐产值将达到3700万美元，年均增长率11.11%，数字音乐用户达到990万。

在电子游戏领域，根据Mordor Intelligence的预测，2022—2027年，东南亚电子游戏市场将按照8.5%的年均增速增长。Statista的数据显示，新加坡的电子游戏产业从2022年到2026年将按照年均速度7.64%增长，到2026年总产值达到3.06亿美元，游戏玩家将达到300万。马来西亚的电子游戏产业到2026年总产值将增加到6.76亿美元，2022—2026年均增速8.82%，游戏玩家数量在2026年达到1670万。印度尼西亚电子游戏产业2022—2026年年均增速将达到6.85%，到2026年总产值达到26.77亿美元，玩家人数达到1.31亿。泰国游戏产业2022年到2026年将按照9.76%的年均增速增长，到2026年总产值达到8.7亿美元，游戏玩家数量达到1190万。越南游戏产业从2022年到2026年将按照11.71%的年均增速增长，到2026年总产值达到5.16亿美元的总产值，游戏玩家数量达到1170万。由此可见，东盟主要国家中除了新加坡和印度尼西亚两个游戏基础比较好的国家之外，其他国家的增速都在平均增速之上，体现了很大的增长潜力。

在社交媒体方面，根据 Statista 的预测，2026 年印度尼西亚的社交媒体渗透率将达到 81.82%，新加坡达到 92.98%，越南达到 82.3%，菲律宾达到 77.22%，泰国将达到 83%，马来西亚 2025 年将达到 88.46%。而全球的社交媒体用户到 2026 年将达到 44.1 亿，按照 Worldometer 的预测，2026 年全球人口为 82.59 亿，全球社交媒体渗透率为 53.39%。东盟主要国家的社交媒体渗透率都将大大超过全球平均水平。

第四节　金砖四国和东盟数字贸易主要规则

一、金砖四国和东盟数字贸易规则发展概况

金砖国家和东盟都是世界新兴市场，在世界数字贸易领域具有强大的发展潜力。但是，由于数字技术水平与经济发展水平限制，东盟与金砖国家的整体数字贸易发展水平与美国、欧盟、日本等发达国家相比还有不小的差距，在数字贸易规则方面，也尚未形成成熟、健全的数字贸易规则体系。东盟与金砖国家在数字贸易规则建设道路上，还有很长的路要走。

另外，金砖国家与东盟国家内部的差异性很大，在数字贸易发展阶段和发展水平上有比较大的差异，也决定了这些国家在数字贸易规则制定的基本战略、具体路径上不可能完全步调一致。但是在对数字贸易的重要性认识方面，大多数国家都已经达成了共识，只是在具体的促进方法和策略上需要根据本国国情进行综合权衡。

二、金砖四国和东盟主要数字贸易规则

（一）金砖四国和东盟在 WTO 框架下的数字贸易规则

WTO 在电子商务及数字贸易相关议题的多边谈判在近些年来进程缓慢。在数字贸易规则供给上暂时还未有统一完备的规则体系。为推动区域数字贸易发展，东盟和金砖国家积极在近年来多次向 WTO 提交提案。例如，巴西在

2016 年提交的提案中建议，随着数字经济与数字贸易的蓬勃发展，电子商务规则对国内外的规则影响加大，因此需要在 WTO 框架下对相关问题进行探讨。议题包括：互联网的开放原则、电子商务的监管框架等。

（二）金砖四国和东盟主要数字贸易自由贸易协定

1. 东盟及其成员国协定

目前，东盟已和多个国家和地区签署了自由贸易协定，包括日本、中国、印度、澳大利亚、新西兰等。尽管与美国和欧盟相比，东盟的区域经济一体化发展还有一定的差距，但近年来，东盟的 FTA 战略有一定的阶段性进展，其中也不乏涉及当今数字化时代特征的数字贸易相关条款和规定。作为亚洲具有影响力的区域联盟组织，东盟在世界格局中，在数字贸易发展上，都在不断增强自身的影响力和话语权。

（1）东盟—日本经济合作伙伴协定（EPA）

目前，东盟方面已经与日本签署了东盟—日本"经济合作伙伴协定"。为开拓东南亚市场，日本开始关注以自由贸易协定，即 FTA 为代表的双边贸易协定，积极在东盟进行推进。早期，东盟与日本签署 EPA 的重点议题是无纸化贸易，包括菲律宾—日本 EPA、新加坡—日本 EPA、泰国—日本 EPA，主要包含了双方在无纸化贸易的合作与交流、评估、建立专门的机构或委员会等方式规定无纸化贸易的相关规则。此外，由于日本的条款在很大程度上借鉴了美国数字贸易规则，因此东盟与日本签署的经济合作伙伴协定也受美式模板的影响。此外，东盟国家在与日本展开合作时，由于东盟内部的发展不平衡、区域经济一体化程度不够高，导致日本的 FTA 战略在东盟国家的推进受阻。

（2）东盟与澳大利亚和新西兰自由贸易区协定

2009 年 2 月，澳大利亚、新西兰、东盟签署协定，正式建立"东盟—澳大利亚—新西兰自由贸易区"（Asean - Australia - New Zealand Free Trade Area，AANZFTA）。该自贸协定的签署是该区域对全球金融危机的回应，内容涉及服务贸易（包括金融和电信服务）、电子商务、知识产权等领域的具体条款，在数字贸易领域对相关议题进行了规则的探索与界定。

（3）新加坡与其他国家签署的自由贸易协定

新加坡的人均 GDP 达到了 7.28 万美元，早已属于发达国家，新加坡地理位置重要，国际贸易和航运发达，数字化水平高，经济开放度高，因此在数字贸易规则制定上比较积极，希望能够抓住数字经济发展的机遇。在东盟国家中，新加坡是签订双边 FTA 协定比较多的国家，新加坡已和美国、欧盟、日本、澳大利亚、加拿大、印度、中国等多个国家和地区签订了双边 FTA。在数字贸易领域，新加坡的数字贸易协定也有一定的前瞻性和进步性，比如新加坡—美国在 2004 年签订的 FTA 是美国在亚洲第一个自由贸易协定，也是最早独立设计电子商务章节的自由贸易协定之一。此时主要的议题包括了电子商务的有关规定，具有一定进步性，内容包括了确保电子交付产品不受歧视、禁止对数字产品征收关税、数字产品的非歧视待遇。此外，韩国的 FTA 中，最早出现和制定电子商务规则的是于 2005 年与新加坡签订的 FTA。从这个角度看，新加坡在数字贸易规则的参与制定中具有一定程度的前瞻性。

新加坡—澳大利亚数字经济协议（DEA）是在 2020 年 8 月签署的数字协议，该协议对 CPTPP 的相关数字贸易条款进行升级，强调新加坡和澳大利亚双方在围绕电子支付、消费者的在线保护、在线安全、知识产权保护等多个方面加强合作与对话。DEA 的签署，将会推动两国数字贸易壁垒的减低，为两国提供数字贸易发展机会，在受新冠肺炎疫情影响的背景下，该协定有利于两国的数字贸易发展，将会借数字贸易发展机会促进经济复苏。

在经济全球化和区域化的进程中，新加坡积极推进与各个地区的双边 FTA，旨在建立多个双边和诸边 FTA 发展，提升自身在全球数字贸易版图中的影响力，以此来达到推动本国经济增长的目的。其中，由新加坡、智利、新西兰三国于 2020 年 6 月签署的《数字经济伙伴关系协定》（DEPA）最有影响力。中国已于 2021 年 11 月正式提出申请加入 DEPA。

2. 金砖国家及其成员国协定

（1）印度

据世界贸易组织统计，印度参与并已生效的区域贸易安排达到 15 个。印度对推进区域贸易自由化表现较为积极，在其缔结的一系列区域贸易安排中，数字贸易相关规则也在逐步完善。在印度参与的 15 个 FTA 中，印度—新加坡 CECA、印度—韩国 CEPA、印度—马来西亚 CECA 中均出现了数字贸易规则条款。具体议题上则包括了"电子传输免关税"、"数字产品非歧视性待遇"、"跨境数据流动"和"在线消费者保护"等。

（2）巴西

2019 年 6 月，巴西和欧盟签署了自由贸易协定。1991 年，阿根廷、巴西、巴拉圭和乌拉圭 4 国总统在巴拉圭首都签署《亚松森条约》，宣布建立南方共同市场（简称"南共市"）。该条约于当年 11 月 29 日正式生效。1995

年 1 月 1 日南共市正式运行。2018 年 11 月，巴西和智利签署了自由贸易协定。2020 年 10 月，巴西与美国签署《贸易和经济合作协议议定书》。

（3）俄罗斯

2015 年 5 月，俄罗斯主导的欧亚经济联盟与越南正式签署了自贸协定，这是俄罗斯主导的欧亚经济联盟与第三方签署的首个自贸区协定。2019 年 10 月 1 日，欧亚经济联盟与新加坡签订《货物贸易协定》，该协定暂未生效。2019 年 10 月 25 日，欧亚经济联盟与塞尔维亚正式签订《货物贸易协定》，于 2020 年 11 月 20 日生效。2018 年 5 月 17 日欧亚经济联盟与伊朗签定临时《货物贸易协定》，协定于 2019 年 10 月 27 日生效。

（4）南非

《非洲大陆自由贸易协定》于 2018 年 3 月在卢旺达签署。2021 年 1 月 1 日正式启动，目前有 54 个非洲国家正式签署。

3. 东盟签署的主要区域自贸协定

（1）跨太平洋伙伴关系协定（TPP）

跨太平洋伙伴关系协定（Trans-Pacific Partnership Agreement，TPP）是重要的国际诸边经济谈判组织，旨在促进亚太地区的贸易自由化。TPP 是在 2016 年由 12 个亚太国家，包括了美国、日本、加拿大、墨西哥、澳大利亚、新西兰、秘鲁、新加坡、智利、马来西亚、文莱、越南联合签署的，是电子商务与数字贸易在国际贸易条款中的一大重要飞跃。TPP 框架下的数字贸易规则是数字贸易规则美式模板的集大成者，它以早期双边协议的条款为基础，增加了一系列开创性的承诺。TPP 协定中的电子商务和数字贸易规则形成了数字贸易规则的基本框架，为未来数字贸易规则制定提供了范本。在 TPP 中，首次系统地提及了跨境数据自由流动、源代码保护等议题。TPP 中与数字贸易相关的内容包括"禁止设定数字关税以防止对跨境数字贸易产生负面影响""支持跨境数据流通，同时最小化本地化强制存储要求""禁止以强制性技术转让作为进入另一方市场的条件""保护商业产品中的源代码不被国家当局强行披露""鼓励使用创新的加密产品，以加强隐私和安全""维护市场化标准和全球互操作性原则"等相关内容。TPP 协定中主要包括减少数字贸易壁垒、保护消费者权益、促进电子商务发展、加强国际合作四个方面，强调了加强创新与竞争力、重视提升数据安全条件与隐私保护等原则，同时减少了跨境数字贸易壁垒，推动贸易自由化发展。

（2）全面与进步跨太平洋伙伴关系协定（CPTPP）

CPTPP 是跨太平洋伙伴关系协定在美国于 2017 年退出 TPP 后，其余 11 个国家签署了一项后续协议 CPTPP。美国是 TPP 早期的领导者，也是将数字条款纳入 TPP 的最强烈的倡导者。但随着美国的退出，TPP 迎来了一系列变化，CPTPP 是世界上最全面的数字贸易协定，同时也是最多国家达成高标准数据治理和数字贸易条款的协议。中国于 2021 年 9 月，正式申请加入 CPTPP。

（3）数字经济合作协议（DEPA）

在 DEA，即新加坡—澳大利亚数字经济协议完成之前，新加坡、新西兰和智利在 2020 年 6 月签署 DEPA，旨在加强三国间数字贸易合作并建立相关规范的数字贸易协定。该协定分 16 个模块，较为全面地包含了数字贸易的多个数据类型的议题，对之前的数字贸易协定进行了一定程度的优化与拓展。例如，DEPA 协定首先明确了初步规定和一般定义，明确了数字身份、数字产品及相关问题的处理、数据问题、个人信息保护与跨境数据流动等数字贸易中数据转移自由化和个人信息的安全化问题；其次，在商业和贸易便利化方面，强调无纸化贸易，即电子版本与纸质版本的管理文件具有相同的效力、涉及电子发票和电子支付的应用及相关法规；在新兴趋势和技术方面，金融技术合作、人工智能、政府采购、竞争政策合作等议题也在此协定中得到探讨。该协议体现了当今全球数字贸易的蓬勃发展，相应地，由此产生的跨境数据流动、数据安全、隐私保护等具有数字化时代特征的议题越来越需要相应的规则与标准来完善与规范，从这个角度看，DEA 和 DEPA 顺应了时代的潮流，为全球数字贸易治理体系提出了新的方案。

（4）印太经济框架（IPEF）

2022 年 5 月，美国总统拜登在日本东京高调宣布启动了一项新的亚太经济伙伴关系，首批 13 个参与方包括美国、日本、澳大利亚、文莱、印度、印度尼西亚、韩国、马来西亚、新西兰、菲律宾、新加坡、泰国和越南，不包括中国。13 个成员国 GDP 占全球 40%。

三、金砖四国和东盟数字贸易规则特点

（一）数字贸易规则体系尚未成熟

金砖四国和东盟数字贸易规则构建与美国、欧盟、日本等发达国家相比

相对较晚，也没有形成影响力较大并推广到全球的数字贸易规则模板。这背后的主要原因是金砖四国与东盟整体数字经济发展水平还不够高，在数字技术上整体滞后，因此数字贸易发展水平与美欧等发达国家相比还是有一定差距，故缺乏全面的数字贸易规则体系。

（二）数字贸易规则自主性低

金砖四国和东盟数字贸易规则总体上还是会受美国数字贸易规则的"美式模板"和欧盟主导的"欧式模板"影响。例如在 TPP、相关的 FTA 等贸易协定中，东盟和金砖国家都不可避免地受美欧所主导的数字贸易规则体系影响。

（三）数字贸易规则时代特色鲜明

金砖国家和东盟的数字贸易规则虽不成气候，但体现了数字贸易发展的不同阶段与时代特色。在数字贸易发展的不同阶段，数字贸易的规则具有不同的内容和特点。例如，早期阶段数字贸易的规则内容主要是以电子商务内容为主，随着数字经济不断普及，相应地，由此产生的跨境数据流动、数据安全、隐私保护等具有数字化时代特征的议题越来越需要相应的规则与标准来完善与规范。从这个角度看，不同阶段的数字贸易规则顺应了时代的潮流，是数字贸易在不同发展阶段的映射。展望未来，或许在数字贸易逐渐深化发展的过程中，金砖或东盟国家数字贸易的相关规则也会为全球数字贸易治理体系提供新的方案。

第七章 中国数字贸易及规则发展

第一节 中国数字贸易在全球产业链中的位势

一、中国数字贸易在全球的总体位势

中国信息通信研究院发布的《中国数字经济发展白皮书 2021》指出，2020 年中国数字经济规模达到 39.2 万亿元，占 GDP 比重达 38.6%，保持 9.7% 的高位增长速度，成为稳定经济增长的关键动力。从数字经济占 GDP 比重来看，中国数字经济占 GDP 比重低于德国的 66.7%，英国的 66% 和美国的 65%。从规模来看，中国数字经济规模仅次于美国，位居全球第二，占美国的 39.7%。数字贸易是数字经济的一部分和数字经济国际竞争力的体现。根据商务部 2021 年发布的《2020 中国数字贸易发展报告》，2020 年中国数字贸易总额达到了 2947.6 亿美元，比 2015 年增长了 44.7%，数字贸易占服务贸易的比重从 2015 年的 30.6% 增加到 2020 年的 44.5%。

根据本书的研究，中国在数字贸易的某些领域，包括电子商务、电子游戏等领域都取得了非常大的成绩，但在 ICT 等核心领域还有比较大的提升空间，产业链离完全自主可控尚有距离。除此之外，中国数字贸易的总体规模位居全球前列，但是在头部企业数量，引领产业能力、核心技术等方面还有比较大的提升空间。

二、数字贸易细分领域中国在全球产业链位势

（一）中国电子商务领域的发展现状和位势

中国电子商务规模全球第一。根据商务部的数据，2020 年中国实物商品网上零售额 10.8 万亿元，首次突破 10 万亿元，同比增长 12.0%，占社会消费品零售总额的比重为 24.5%，对社会消费品零售总额增长的贡献率为 23.6%。从规模上来看，中国电子商务位居全球第一。

跨境电商是电子商务的重要增长点。国家统计局等公开数据显示，近些年中国跨境电子商务呈现交易规模逐年扩大、出口占据主导的同时进口比例增长、B2B 业务为主的同时 B2C 模式逐步兴起等发展特点。

2010 年，中国的进出口交易额 20.17 万亿元，跨境电商只有 1.10 万亿元，占进出口总额比例为 5.45%。根据网经社电子商务研究中心发布的《2019 年度中国跨境电商市场数据监测报告》，2019 年中国跨境电商贸易交易额达到 10.50 万亿元，占进出口总额升至 33.27%，与 2010 年相比增长了 510%。尽管 2020 年疫情"黑天鹅"给世界经济带来了巨大负面影响，但它促使互联网在中国数字贸易中发挥作用。这样高速的增长率与增长规模充分展现了中国数字贸易的实力，也展现出在全球贸易整体受挫的情形下，数字贸易依然助推中国外贸发展，成为中国稳外贸的重要力量。

中国跨境电商出口目前以 B2B 交易为主，按照交易模式的不同，中国数字贸易可大致划分为 B2B 与 B2C 交易模式。2019 年中国的 B2B 交易额占比超过 50%，B2B 是主要交易模式，同时 B2C 业务模式也在兴起。随着越来越多的数字贸易企业通过第三方平台或者自建独立站的形式开展数字贸易业务，使得数字贸易行业由蓝海变为红海，随之而来的是各个电商公司在产品、服务、销售渠道以及供应链管理等方面展开激烈的竞争。当前，面向欧美成熟市场的出口数字贸易由亚马逊、eBay、Wish、全球速卖通四巨头垄断，竞争格局稳定，而面向东南亚等新兴市场的出口数字贸易竞争格局分散，数字贸易企业多是通过借助第三方平台或是通过自建独立站等方式开展数字贸易业务。随着越来越多的企业进入东南亚等新兴市场，行业竞争日益激烈。易观数据显示，当前数字贸易竞争格局分散，行业仍处于跑马圈地阶段，其中小型卖家占据市场主流地位，行业集中度较低。

中国跨境电商的发展可以分为以下几个阶段：萌芽期、成长期和成熟期。①1999—2004年为萌芽期。此时，传统贸易与互联网技术开展首次结合与拓展，互联网技术普及，让跨境交易双方能够借助线上平台提供的黄页服务实现信息整合，并以此为基础实现线下交易。2004年，数字贸易的线上交易开始产生，数字贸易的买卖双方可以利用平台的在线交易功能实现交易的线上完成，降低交易成本，提高交易效率。②2004—2015年为成长期。此阶段，随着中国经济的快速发展以及4G、移动智能终端等技术的普及，数字贸易行业迎来快速发展，行业规模不断扩大，从业人员不断增加。以2015年阿里巴巴国际站信保业务上线为标志，中国数字贸易开始转型升级步伐，表示数字贸易逐渐趋于成熟。③2015年到现在，中国数字贸易开始进入成熟期。在"一带一路"、RCEP等协议签署下，数字贸易迎来新一轮的发展机遇。同时，尽管新冠肺炎疫情给全球经济与贸易发展蒙上阴影，却刺激了以数字贸易为代表的数字经济发展。在多重因素叠加下，中国数字贸易依旧在稳步发展，表现出较大的发展潜力。

中国电子商务在规模上已经是全球首位，但是在质量上还有比较大的空间。在电商头部企业方面，中国跨境电商平台中除了阿里之外，京东、拼多多等其他平台主要立足国内市场，在国际市场中份额相对较少，而以亚马逊、eBay等为代表的美国电商平台体量大，市场覆盖范围广，市场质量优，客单价高。这些都是中国电子商务平台企业今后的努力方向。

（二）中国 ICT 领域的位势

根据 Nation Master 的数据，2019年中国 ICT 服务出口值为298亿美元，美国为446.5亿美元，印度为848.8亿美元，中国位居全球第三位。在头部企业的数量方面，根据2019年福布斯全球数字经济100强企业的排名：中国有10家企业入围，排名第三；美国39家，排名第一；日本12家，排名第二。根据中国工信部的数据，2021年中国软件业务出口额为521亿美元，同比增长8.8%，两年复合增长率为3.0%。其中，软件外包服务出口额为149亿美元，同比增长8.6%；嵌入式系统软件出口额为194亿美元，同比增长4.9%。根据印度品牌资产基金会（IBEF）的数据，印度的软件服务业出口2021年达到1337亿美元。从规模和质量来看，中国 ICT 产业位于全球前列，但是从头部企业数量来说，跟美国、日本和欧盟还有差距，而且跟美国相比差距还比较大。在规模方面，中国与印度相比尚有较大的差距。另外，从目前中国在国际社会上所面临的科技创新环境来看，中国需要在创新链上补全短板和缺板，而要做到这一点，还需要从人才培养、基础研究等方面加大投入，同时继续坚持高水平对外开放，打破少数国家的技术封锁。详见表7-1。

表 7-1　中国数字贸易 SQE 国别位势分析

数字贸易细分领域	一级评价指标	二级评价指标	指标数值	11 个经济体排名	二级指标权重
电子商务	规模	电子商务市场总额（亿美元），2021 年	15 430	1	100%
	质量	电商头部企业市值排名（亿美元），2022 年	6298.5	2	100%
	环境	线上零售占社会零售总额比例（%），2020 年	24.50	3	40%
		互联网渗透率（%），2022 年	70.40	8	30%
		物流绩效指数（LPI），2018 年	3.61	5	30%
ICT	规模	ICT 服务出口额（亿美元），2019 年	298	4	100%
	质量	ICT 头部企业数量与排名（个），2019 年	10	4	100%
	环境	宽带速率（Mbit/s），2022 年	196.57	3	70%
		计算机专业全球排名数量（个），2021 年	35	4	30%
搜索引擎	规模	网民绝对人数（万人），2021 年	101 074	1	100%
	质量	前 50 名搜索引擎数量（个），2022 年	2	3	100%
	环境	人口总数（万人），2022 年	144 847.1	1	80%
		受教育年限（年），2017 年	7.8	8	20%

数字贸易细分领域	一级评价指标	二级评价指标	指标数值	11个经济体排名	二级指标权重
社交平台	规模	社交平台用户数量（亿），2020年	9.27	1	100%
	质量	头部社交平台数量与排名（个），2021年	8	2	100%
	环境	网民平均每天花费在社交媒体时间（min/天），2021年	124	7	60%
		居民平均年龄（岁），2022年	37.4	5	40%
数字音乐	规模	数字音乐产业规模（百万美元），2021年	263.07	7	100%
	质量	数字音乐头部企业数量与排名（个），2021年	4	3	80%
		数字音乐版税收入（全球占比，%），2019年	0.60	7	20%
	环境	数字音乐用户渗透率（%）	67.40	1	80%
		数字音乐ARPU（美元/人），2021年	8.1	11	20%
电子游戏	规模	产业总产值（亿美元），2021年	460	1	100%
	质量	头部企业数量与排名（个），2021年	16	2	100%
	环境	电子游戏玩家渗透率（%），2021年	82.40	6	80%
		人均GDP（美元），2022年	10 435	6	20%

（三）中国搜索引擎与社交媒体平台

在搜索引擎领域，中国、俄罗斯是少数有自主搜索引擎且国内市场占有率并不低的国家。百度不仅仅在中国市场占有绝对的优势份额，而且在日本、韩国、俄罗斯和部分东南亚国家也具有一定的影响力。但是百度在欧美和其他发达国家则基本没有市场，这一点距离谷歌尚有非常大的差距。在社交平台领域，中国的微信、抖音等软件在国际上获得的认可度尚可，尤其是Tik-Tok，在世界各国的用户数量急速增加。在搜索和社交平台领域，基本是由中美两国的大平台所垄断，但在国际化水平和全球影响力方面，美国的搜索与社交平台基本还是处于绝对领先优势。

（四）电子游戏与数字音乐领域

在电子游戏领域，中国的产业规模为全球第一，但在游戏产业头部企业方面，中国只有美国的1/3，也只有日本、欧盟的1/2。在游戏产业的付费方面，中国游戏的付费用户占比远远小于韩国、美国和日本，人均支出也小于韩国、美国与日本，以及部分欧盟国家。在数字音乐领域，中国的总体规模处于全球前十的水平，近几年的发展速度虽然比较快，但是在数字音乐人均消费方面还低于欧美发达国家。另外，音乐版权贸易方面远远低于欧美发达国家。在中国的头部企业中，数字音乐平台在规模和影响力上与 Spotify 还有一些差距。

三、中国数字贸易在全球产业链中的位势特点和形成原因

（一）中国数字贸易在全球产业链中的位势特点

1. 数字贸易的总体规模处于全球前列

中国在数字贸易的各个细分领域，包括电商、电子游戏、数字音乐、社交平台等领域在规模上都处于全球的前列。但是，相对于中国在全球 GDP 的份额、排名以及中国的货物贸易进出口总额，中国数字贸易的规模还有比较大的提升空间，尤其是数字音乐、ICT 等领域。

2. 各个细分领域的头部企业都有中国身影，国际化程度尚有空间

在数字贸易的各个细分领域，在全球头部企业群中都可以找到中国企业，说明中国数字贸易的总体发展质量还是属于比较高的，而且相对均衡。但同时也要看到，中国企业的全球影响力相对美国企业来说还有不小的距离，美国跨国企业的海外市场收益占比、利润率、人均产出、在全球覆盖面等方面大多具有领先优势，所以还要真正培养能够在全球范围内占领市场、配置资源的跨国企业。

3. 头部企业的全球规则治理能力需要进一步提升

在数字贸易领域，以跨境电商为例，亚马逊基本是全球电商领域的领头羊，基于提升平台的竞争力和盈利能力，不断创新和推出各种规则，引领整个电商行业的发展。这一点上中国头部企业还需要进一步提升创新能力，通

过技术创新来形成自己独特的竞争优势，提升平台的质量，形成自己的规则体系，进而引领全球整个行业内的规则变革。

（二）中国在数字贸易全球产业链中的位势形成原因

中国在数字贸易产业链上的位势特点主要可以归因于以下几个因素。

1. 中国具有庞大的人口基数和较好的互联网基础设施

数字贸易的基础是互联网水平和人口，中国人口14亿多，是全世界人口最多的国家。与印度不同的是，中国不但拥有庞大的人口，而且人均GDP达到1万美元以上，宽带速度高，5G覆盖面广。人口众多决定了数字贸易大多数细分领域所需要的流量，而经济基础是公民能够借助数字贸易平台进行消费的基础，互联网设施是数字贸易消费的保障。

2. 中国庞大的市场是成就数字贸易头部企业的关键

从1978年改革开放以来，中国经济一直保持了高速的增长，尤其在2001年加入WTO之后，经济的发展潜力得到了极大的激发。中国有庞大的国内市场，2021年社会零售品总额达到了44万亿元，略低于美国。正是因为庞大的国内市场，激发了中国本土企业的快速成长。

3. 中国政府对数字贸易的大力支持激发了数字贸易的发展

中国政府对数字贸易一直非常支持，极力通过数字贸易来促进中国经济的增长，从中央到地方政府都出台了很多支持数字经济、数字贸易的鼓励政策，2022年更是推出了中国数字经济发展"十四五"规划。另外，中国政府对互联网企业的发展一直持比较支持和包容的态度，尽管互联网经济的发展过程中不时带来很多新的问题，但是中国政府能够采取积极包容的态度来进行规范和引导，从而使得数字贸易企业的发展没有受到比较大的制约。

4. 中国丰富的ICT人才供给为数字贸易发展提供了动力

根据中国教育部的数据，2020年中国高校数量达到3005所，在校生人数达到3000多万人，在校生数量全球第一。在计算机和信息技术全球排名1000所大学中，中国有35所大学入围。中国庞大的较高素质的ICT人才为数字贸易发展提供了源源不断的人才供给。

第二节 中国数字贸易的宏观政策

为加快中国数字贸易的发展，中国不断加强传统产业与数字技术的深度融合，为相关产业或经济模式提出便利化政策措施和限制性清单。

一、信息产业发展政策促进产业全面发展

中国政府一直非常重视 ICT 产业的发展。2015 年出台了《中国制造2025》，提出到 2035 年中国制造业整体水平达到世界制造业强国中等水平。2016 年工信部发布了《智能制造工程实施指南（2016—2020）》，提出数字化制造普及。

密集出台政策创新发展智能化制造。2016 年中共中央和国务院提出了《国家信息化发展战略纲要》，提出到 2020 年固定宽带家庭普及率达到中等发达国家水平，到 2025 年，新一代通信信息技术得到及时应用，固定宽带家庭普及率水平接近国际先进水平。2016 年工信部发布《软件和信息技术服务业发展规划》，2017 年发布《信息通信产业发展规划（2016—2020）》《物联网十三五发展规划》《云计算发展三年行动计划（2017—2019）》《促进新一代人工智能产业发展三年行动计划（2018—2020）》，2018 年发布《工业互联网发展行动计划（2018—2020）》，2019 年发布《关于促进人工智能和实体经济深度融合的指导意见》。2021 年 11 月，工信部发布《"十四五"信息通信行业发展规划》，提出到 2025 年建成高速泛在、集成互联、智能绿色、安全可靠的新型数字基础设施。2021 年 7 月，工信部等十部委发出《5G 应用"扬帆"行动计划（2021—2023）》，提出了八大专项行动计划。2021 年 5 月，国家发议委等四部委联合发布《全国一体化大数据中心协同创新体系算力枢纽实施方案》。可以看出，在 ICT 行业中国出台政策非常密集，政策覆盖上既有整体行业的发展规划，也有细分领域的发展规划。从发布规划的部门来看，基本都是多部门的联合发布，体现了中国政府对 ICT 行业的高度重视。

二、《"十四五"数字经济发展规划》保障数字贸易全面发展

2021 年 12 月，中国国务院印发《"十四五"数字经济发展规划》，为中

国数字经济的全面健康发展勾画蓝图。规划提出的发展目标为："统筹发展和安全、统筹国内和国际，以数据为关键要素，以数字技术与实体经济深度融合为主线，加强数字基础设施建设，完善数字经济治理体系，协同推进数字产业化和产业数字化，赋能传统产业转型升级，培育新产业新业态新模式，不断做强做优做大中国数字经济，为构建数字中国提供有力支撑。"制定了数字经济发展的原则：坚持创新引领、融合发展；坚持数据牵引、数据赋能；坚持公平竞争、安全有序；坚持系统推进、协同高效。提出了数字经济核心产业占 GDP 达到 10% 的量化目标。并在数据要素市场体系建立、产业数字化转型、数字产业化水平、数字化公共服务、数字经济治理体系等方面提出了具体目标。

三、多项政策支持产业数字化与网络化

支持数字科技高质量发展。中国正处于对传统产业数字化、网络化转型和升级的重要阶段，数字贸易的发展离不开数字技术和网络技术的支持。自2015 年开始，中国已先后发布多项政策，支持数字科技包括人工智能、区块链、云计算、大数据、物联网五项技术的高质量发展。

推动服务外包加快转型升级。2020 年 1 月，经国务院同意，商务部等八部门发布了《关于推动服务外包加快转型升级的指导意见》，其主要内容包括：加快数字化转型进程，将企业开展云计算、基础软件、集成电路设计、区块链等信息技术研发和应用纳入国家科技计划（专项、基金等）支持范围，依托 5G 技术，大力发展众包、云外包、平台分包等新模式，培育一批数字化制造外包平台，发展服务型制造等新业态；打造数字服务出口集聚区，建设一批数字服务出口基地；将运用大数据、人工智能、云计算、物联网等新一代信息技术进行发包的新业态新模式纳入服务外包业务统计；推动重点领域即医药研发、设计外包服务等发展；构建全球服务网络体系，推进贸易的便利化等。

以新业态新模式引领新型消费加快发展。2020 年 9 月 16 日，国务院办公厅印发了《关于以新业态新模式引领新型消费加快发展的意见》。考虑到中国新型消费领域发展还存在基础设施不足、服务能力偏弱、监管规范滞后等突出短板和问题，在常态化疫情防控条件下，为着力补齐新型消费短板、以新业态新模式为引领加快新型消费发展，国务院提出了引领新型消费快速发展

的意见，其中包括以新业态新模式为引领，进一步培育壮大各类消费新业态新模式，建立健全"互联网+服务"、电子商务公共服务平台，加快社会服务在线对接、线上线下深度融合。引导实体企业更多开发数字化产品和服务，鼓励实体商业通过直播电子商务、社交营销开启"云逛街"等新模式。鼓励企业依托新型消费拓展国际市场。推动电子商务、数字服务等企业"走出去"，加快建设国际寄递物流服务体系，统筹推进国际物流供应链建设，开拓国际市场特别是"一带一路"沿线业务，培育一批具有全球资源配置能力的国际一流平台企业和物流供应链企业。加强信息网络基础设施建设，完善商贸流通基础设施网络，进一步加大5G网络、数据中心、工业互联网、物联网等新型基础设施建设力度，优先覆盖核心商圈、重点产业园区、重要交通枢纽、主要应用场景等。建立健全数字化商品流通体系，在新兴城市、重点乡镇和中西部地区加快布局数字化消费网络，降低物流综合成本等。

四、跨境电商综试区内外和综试区之间相互协同，逐渐缩小区域数字贸易发展差距

2022年2月8日，《国务院关于同意在鄂尔多斯等27个城市和地区设立跨境电子商务综合试验区的批复》对外发布。从2015年开始设立到2022年2月，我国跨境电子商务综合试验区的数量已经达到132个，重点在技术标准、业务流程、监管模式和信息化建设等方面开展先行先试。逐步完善综试区内部数字贸易交易各环节功能，努力实现"一区多功能"，集商品运输、查询追踪、通关服务、库存管理、金融服务等多项功能为一体，为企业和消费者提供一站式、单一窗口的便利服务条件。

跨境电商综试区基本覆盖中国重要港口和内陆城市，各自发展情况表现不一。跨境电商综试区模式对数字贸易在交易、支付、通关、物流等环节的标准、流程进行探索。跨境电商综试区省内或周边地区可以加强区域间的协同和联动，优化数字贸易供应链。中西部地区应该加强与东部沿海等发达地区的交流和学习，积极引进新资源、新模式、新技术的应用，带动当地数字贸易发展。北京数字贸易发展表现亮眼，在2020年中国国际服务贸易交易会上宣布，拟建数字贸易试验区，打造"数字贸易港""数字经济功能区"和"数字贸易服务平台"。《北京市关于打造数字贸易试验区实施方案》提出以数字贸易试验区建设为抓手，以实现跨境数据安全有序流动为着眼点，着力

推进规则探索、创新政策举措、破解制度瓶颈的总体思路。

五、通过海南自由贸易港加大数字贸易改革试验力度

开放数字贸易相关领域。经国务院批准，2020 年 12 月 31 日国家发展和改革委员会、商务部出台令（2020 年第 39 号）《海南自由贸易港外商投资准入特别管理措施（负面清单）（2020 年版）》（简称《自由贸易港负面清单》）。该《自由贸易港负面清单》主要措施包括：推进增值电信、教育等重点领域的开放；扩大商务服务对外开放；放宽制造业、采矿业的准入。在《自由贸易港负面清单》中，和数字贸易相关的、且外资比较关注的是增值电信、教育、商务服务、先进制造等领域的开放以及放宽这些领域的市场准入，通过上述领域的开放和放宽市场准入可以吸引更多的外资进入海南自由贸易港，促使高附加值产业的聚集，从而形成新的辐射极和增长极。

聚焦货物贸易和服务贸易自由便利。2021 年 4 月 19 日，商务部等 20 部门发布了《关于推进海南自由贸易港贸易自由化便利化若干措施通知》（简称《通知》）。该《通知》主要聚焦在货物贸易自由便利和服务贸易自由便利两大方面，明确了 28 项政策措施，13 项围绕推进货物贸易自由便利进行制度安排，15 项聚焦服务贸易自由便利设计政策举措。其中，在货物贸易方面，包括货物贸易自由化的 7 项政策和货物贸易便利化 6 项政策；在服务贸易方面，包括服务贸易自由化 6 项政策和服务贸易便利化 9 项政策。

出台跨境服务贸易领域第一张负面清单。2021 年 7 月 23 日，商务部颁发有关《海南自由贸易港跨境服务贸易特别管理措施（负面清单）（2021 年版）》（简称海南跨境服贸负面清单》）的指令。《海南跨境服贸负面清单》是国家在跨境服务贸易领域公布的第一张负面清单。中国商务部副部长兼国际贸易谈判副代表王受文说："除去 2020 年之外，近十年来，全球跨境服务贸易年均增速是货物贸易平均年增速的两倍，这说明未来的趋势。随着技术进步，服务贸易特别是跨境服务贸易的发展潜力将得到进一步激发。我们认为，未来的跨境服务贸易将成为全球贸易的关键驱动因素。和过去在某一些具体行业、比较零碎地作出一些服务业的开放安排不相同的是，《海南跨境服贸负面清单》明确列出针对境外服务提供者的 11 个门类 70 项特别管理措施，把这些作为负面的管理措施列出来。凡是在清单之外的领域，在海南自由贸易港内，对境内外服务提供者在跨境服务贸易方面一视同仁、平等准

入，可以说开放度、透明度、可预见度都大大提高。这个清单可以说是对服务贸易管理模式的重大突破，是一项制度型开放安排，有助于推动服务贸易自由化，提升中国整体开放水平，它将会很好地服务于构建新发展格局。"

六、"十四五"电子商务发展擘画电子商务未来发展蓝图

2021年10月，商务部、中央网信办和发展改革委印发了《"十四五"电子商务发展规划》，支持发展数字经济，坚定不移建设数字中国。电子商务作为数字经济中规模最大、表现最活跃、发展势头最好的新业态新动能，是中国新发展格局蓝图中非常重要的一环。

"十三五"时期，中国电子商务交易额从2015年的21.8万亿元增至2020年的37.2万亿元；全国网上零售额2020年达到11.8万亿元，中国已连续8年成为全球规模最大的网络零售市场；2020年实物商品网上零售额占社会消费品零售总额的比重接近1/4，电子商务已经成为居民消费的主渠道之一；电子商务从业人员规模超过6000万，电商新业态、新模式创造了大量新职业、新岗位，成为重要的"社会稳定器"。《"十四五"电子商务发展规划》作为"十四五"时期商务领域重点专项规划，提出了"十四五"时期电子商务的发展目标，对2035远景目标进行了展望。

第三节 中国数字贸易发展趋势

一、"一带一路"倡议叠加RCEP，为数字贸易发展提供了足够的市场容量

2013年中国发起"一带一路"倡议，旨在促进经济要素有序自由流动、资源高效配置和市场深度融合，为区内经济贸易的发展带来重大机遇。RCEP作为全球最大的自由贸易区协定，自2020年11月15日签署以来，经过东盟十国以及中国、日本、韩国、澳大利亚、新西兰15个国家的共同努力，协定已满足生效的条件，即2022年1月1日生效。"一带一路"倡议叠加RCEP，为中国数字贸易企业提供了足够的市场容量。同时，东盟国家也将享受到更多中国发展带来的红利，整个东亚市场将释放出更大活力。中国要抓住这些重新构建全球贸易体系的重大利好机遇，加快推进区域性经济联盟的建立。

二、中国数字贸易各细分领域的发展趋势

1. 电子商务的发展趋势

根据中国《"十四五"电子商务发展规划》，2025年中国网上零售额计划达到17万亿元左右，电子商务交易额达到46万亿元，工业电子商务普及率达到73%，跨境电商交易额达到2.5万亿元。在电商细分领域，根据网经社的预测，中国社交电商规模到2026年将达到10万亿元。社交电商已经成为中国电商发展的重要营销方式，电商推广已经从传统的文字图片为载体变成了以视频、直播等为载体的新时代。在跨境电商领域，由于国外平台的规则过于强势，卖家没有太多的讨价还价的余地，因此经营的风险也比较大，佣金支出比较高。因此，独立站将与大平台成为国内企业出海的两条通道，而独立站的份额将不断增加，同时两者呈现出相互融合的情形。

2021年国家发展改革委等部门联合印发《关于推动平台经济规范健康持续发展的若干意见》，对平台经济提出了规范发展的相关规定，包括反垄断、反滥用市场支配地位，强化平台的监管责任，强化支付领域监管等内容。

总之，电子商务在经历了快速增长之后，必将有一个基于质量的内涵发展和优胜劣汰过程，最终使得中国电子商务平台的整体运营质量得到提升。

2. 社交平台和搜索引擎的发展趋势

在搜索引擎领域，因为消费者的搜索习惯和语言限制，百度将依然是中国主流的搜索平台。除此之外，搜狗、必应等搜索平台也将起到补充作用。百度的搜索质量也将得到提升。在社交平台领域，除了微信之外，抖音、小红书等社交主流平台的地位随着流量的不断增加，商业价值也不断得到实现，从而实现可持续的发展趋势。但同时一些小众的、专业性的社交平台也将纷纷出现。网红经济也必然体现出多元化的趋势，同时网红的更新迭代将加速，获取粉丝的成本将不断增加。

科幻小说中描述的生活、在虚幻世界的虚构的故事正在迅速过渡到"现实"世界。越来越多的社交互动和休闲活动都转移到了虚拟领域，虚拟和现实之间不断融合。线下活动越来越依靠线上活动的协调，线下的聚会更多地从最初在线形成的社区和联系中溢出。在虎牙和斗鱼等在线游戏流媒体网站上，有共同爱好的人群可能将虚拟空间中的聊天活动转移到线下的现实世界中，比如组织马拉松俱乐部或者读书会。

一个个去中心化、竞争性和对创作者友好的生态系统将会建立起来，更多的社区也将围绕社交应用程序形成。这将对传统的社交活动产生重要的影响。比如在同一个城市里面，某种奢侈汽车品牌的车主会形成一个车友会，他们通过在线上的车主社区里互动而相互了解，进而形成了一个个新的社交群体。

中国社交媒体还有一个趋势就是社交媒体的电商化，从最开始的微商，到短视频营销，到现在的直播营销，社交媒体的电商化趋势越来越明显。众多品牌也通过社交媒体来进行营销活动，品牌通过各种自媒体或者公众号来种草和推广。根据 Trading Platforms.com 的预测，2025 年中国社交媒体用户将达到 11 亿人，而根据 Statista 的预测，2026 年中国的社交媒体用户达到 12.79 亿人。

3. 电子游戏和数字音乐市场发展趋势

电子游戏在中国具有广泛的消费基础，随着专业电竞比赛纳入亚运会比赛项目，以及国家对电子游戏市场的规范化不断加强，电子游戏也将实现在中国市场更快和规范性增长。尤其在疫情和"宅经济"的影响之下，电子游戏对于缓解精神压力起到了重要的作用。随着现代都市人的生活与工作压力不断增加，电子游戏的市场有望持续增长，同时中国游戏产业的海外收入也将持续增加。根据中国游戏产业研究院的统计，2021 年中国游戏市场海外收入达到了 180.13 亿美元，同比增长 16.59%。2021 年中国移动游戏用户规模达 6.56 亿人，同比增长 0.23%，移动游戏市场也将持续增长，虽然增速将有所放缓。根据 Statista 的数据，2022 年中国电子游戏市场将达到 555 亿美元的产值，而到 2026 年将达到 760.95 亿美元，2022—2026 年年均增长率达到 8.17%。到 2026 年，游戏玩家数量也将达到 8.83 亿人，游戏玩家渗透率将达到 60.2%。2022 年移动游戏市场将达到 471 亿美元，平均每个玩家的游戏支出将达到 68.31 美元。

中国数字音乐的市场将继续持续增长，在未来几年之后在全球的排名有望进入前三。随着消费者付费习惯的形成，未来付费音乐用户的数量将持续增长，这也将有助于更多的数字音乐平台能够实现健康成长。与全球其他地区一样，音乐流媒体在中国也将成为数字音乐的主要形式，而且音乐流媒体在数字音乐收入中的占比将不断提高。

根据 Statista 的数据，2022 年中国数字音乐的产值将达到 25.78 亿美元，到 2026 年增长将达到 36.72 亿美元，从 2022 年到 2026 年的年均复合增长率将达到 9.24%。2022 年数字音乐最大的板块将是音乐流媒体，总收入将达到 25.29 亿美元。到 2026 年，数字音乐用户的总人数将达到 4.36 亿人，数字音乐渗透率将从 2022 年的 25.3% 上升到 2026 年的 29.7%。

4. ICT 领域的发展趋势

数字经济已经成为未来相当长一段时间中国政府全力以赴支持的产业，ICT 作为数字经济的核心引擎，自然成为政府支持发展的重点领域。从本研究来看，中国在 ICT 领域的中低端链条上已经完成了基本的覆盖，但是在高端和基础性、架构性的诸多领域还在全球处于劣势，断链、短链的情形在 ICT 领域并不少见。在这种情况下，未来中国 ICT 产业必然将在高端研发和基础研究领域多方发力，从而在尽量短的时间内实现 ICT 产业链的安全和自主可控，这一点从中国政府和民间资本近两年对芯片产业的投入可见一斑。

中国软件服务业发展快，但与美国相比差距还不少。根据 Statista 的数据，中国的软件服务业（SaaS）在 2022 年将达到 110.4 亿美元，2026 年达到 213 亿美元，2022 年到 2026 年的年复合增长率为 17.86%。而美国 2022 年的 SaaS 产值将达到 1100 亿美元，位居全球第一。在 IT 业服务外包领域，中国 IT 服务外包在 2022 年将达到 230.2 亿美元，2027 年将达到 386.4 亿美元，复合年均增长率达到 10.91%。而美国的 IT 服务外包将达到 1448 亿美元。

在 AI、大数据、云服务、区块链、元宇宙等新兴的 ICT 领域，中国得益于庞大的市场、大量的投入和不断提升的电信基础设施，在上述 ICT 新兴领域上得到了快速增长。相比于欧洲对个人隐私等领域的严格保护，中国主管部门对上述 ICT 新兴领域的容忍度比较高，力争在保证个人隐私和产业发展之间达成平衡。在中国庞大的人口基数和市场以及政府的大力投资支持下，上述 ICT 的新兴领域将得到快速发展。

根据全球知名咨询公司普华永道的预测，AI 产业将为中国 GDP 贡献 26% 的增长率。根据工信部的规划，中国大数据产业将在 2025 年达到 3 万亿元。中国的公共云服务市场可能在未来几年迅速扩张。根据 IDC 的数据，从 2020 年到 2025 年，中国的公共云市场预计将以 33.3% 的年均增长率扩张，到 2025 年将达到 5620 亿元（870 亿美元）。

工信部发布的十四五规划中显示，到 2030 年中国有望成为全球区块链的引领力量。从目前世界上少数发达国家对中国的科技封锁和打压可以看出，中国在 ICT 领域的进步有目共睹，但同时也给中国的 ICT 产业发展带来很大的压力。在人为的技术封锁大背景下，中国 ICT 产业也必将迎来国产替代进口的大潮。在这个大潮的推动下，一大批本土的 ICT 领军企业将会快速崛起，而同时 ICT 领域的竞争也将日趋激烈。

6G 移动互联网将对中国数字经济发展提供重要的支撑和动力。中国"十四五"规划中，加大对 ICT 基础设施的主要基础之一 6G 移动互联网的投入，这一领域也将成为中美两大数字经济体竞争的焦点。根据规划，2025 年中国在线零售额将达到 17 万亿元，而信息产业将达到 14 万亿元。

第四节　中国数字贸易主要规则

在全球范围内，数字贸易的发展越来越迅速，而数字贸易的国际规则方面，各国立场有异，因此要想数字贸易规则达到全球认可的地步还有很长的路要走。虽然中国政府已经开始在双边和区域贸易协定中对电子商务相关条款谈判对标发达国家通行做法，但短期内还很难达到高标准。

一、ICT 领域基础性法律

《网络安全法》《个人信息保护法》和《数据安全法》这三部法律构建起中国一般数据尤其是个人信息和重要数据本地化存储、数据出境需遵守安全评估和安全审查相结合的总体框架。2017 年 6 月实施的《网络安全法》主要从保障网络安全，维护网络空间主权和国家安全、社会公共利益，保护公民、法人和其他组织合法权益的目标着手，对网络监管部门、网络运营者、个人和组织等网络使用者在建设、使用、监督网络使用过程中所需要肩负的责任和义务，以及相关的行为规范进行规定。2021 年 9 月实施的《数据安全法》对数据安全保护义务、数据安全制度和政务数据安全与开放等内容进行规定，总体是希望在确保数据安全的情况下实现数据的利用和流动。2021 年 11 月实施的《个人信息保护法》则是对个人信息的处理、个人信息的出境、个人在个人信息处理中的权利等进行了界定。这三部法律是中国目前对数字贸易领域最基本的法律，构建了中国数字贸易发展的基本法律框架。

相较于美国在数字贸易规则中对跨境数据流的自由化和欧盟严格注重对个人数据隐私的保护，中国对跨境数据流的态度处于中立地位。中国虽然没有对数字贸易中的规则做出详细的相关政策措施，但是针对数据流动的焦点问题，已通过相关法律表明立场态度。中国发布的《网络安全法》在第 37 条规定: "关键信息基础设施的运营者在中华人民共和国境内运营中收集和产生的个人信息和重要数据应当在境内存储。因业务需要, 确需向境外提供的, 应当按照国家网信部门会同国务院有关部门制定的办法进行安全评估; 法律、行政法规另有规定的, 依照其规定。" 该法律奠定了中国数据存储本地化原则, 强调了数据跨境流动的安全评估。另一方面, 尽管在《保守国家秘密法》《关于银行业金融机构做好个人金融信息保护工作的通知》《信息安全技术公共及商用服务信息系统个人信息保护指南》《关于加强党政部门云计算服务网络安全管理的意见》《互联网电子公告服务管理办法》等法律法规规章中都涉及跨境数据流动的管理, 但缺乏对跨境数据流动的概念界定和具体的管理模式。

二、电子商务领域法律法规

中国在电子商务方面制定了非常完备的法律体系, 从 2004 年以来已出台 100 多个法律法规和政策文件。其中比较有代表性的有: 2005 年 4 月实施的《中华人民共和国电子签名法》, 首次确定了电子签名与手写签名具有相同的法律效力; 2005 年 4 月施行的《电子认证服务管理办法》, 是与《中华人民共和国电子签名法》相匹配的部门规章; 2005 年 1 月, 国务院办公厅发布了《国务院办公厅关于加快电子商务发展的若干意见》; 2005 年 10 月, 中国人民银行发布了《电子支付指引 (第一号)》; 2007 年商务部出台了《关于网上交易指导意见 (暂行)》; 2009 年商务部出台了《电子商务模式规范》《网络交易服务规范》; 2011 年商务部出台了《第三方电子商务交易平台服务规范》; 2011 年国务院发布了《互联网信息服务管理办法》; 2014 年全国人大常委会发布了《消费者权益保护法》; 2017 年全国人大常委会发布了《反不正当竞争法》; 2018 年全国人大常委会发布了《电子商务法》; 2018 年国务院办公厅发布了《国务院办公厅关于推进电子商务与快递物流协同发展的意见》; 2020 年商务部办公厅、国家邮政局办公室发布了《关于深入推进电子商务与快递物流协同发展工作的通知》。中国关于电子商务的相关法律法规覆盖了电子商务的支付、物流、交易规范、交易模式、电子商务竞争等方面。出台政策的部门既有全国人大, 也有相关部委, 当然还有各地出台的若干电子商务政策, 从宏观到微观层次对电子商务的发展都进行了规范, 体现出对电子商务的高度重视, 也反映了电子商务领域的快速发展。

三、其他数字贸易领域法律法规

2016 年《中华人民共和国电信条例（2016 修订）》实施，对电信许可、电信业务、电信网间互联、电信安全等进行了规定。2020 年《中华人民共和国著作权法》第三次修正版正式实施。另外《互联网著作权行政保护办法》（2005 年）和《信息网络传播权保护条例》（2006 年公布，2013 年修订）等对数字音乐、数字平台上传的数字作品产权保护进行了规定。电子游戏方面，《中华人民共和国未成年人保护法（2020 修订）》对未成年人的网络保护中规定了网络游戏对未成年人开放应满足各种规范要求。在数字音乐领域，中国 1992 年加入了《保护文学艺术作品伯尔尼公约》。此外，中国 2006 年加入了《世界知识产权组织版权条约》，1991 年中国实施了《中华人民共和国著作权法》并于 2020 年进行了修订。

四、中国对外签署的与数字贸易相关的自由贸易协定

在中国与韩国签订的《中国—韩国自由贸易协定》（中韩 FTA）有涉及电子商务贸易中个人信息的保护，即双方都认识到在电子商务中保护个人信息的重要性，应采纳或实施措施以保证电子商务用户的个人信息得到保护，并就电子商务中的个人信息保护交流信息和经验。中韩 FTA 还包括电子商务合作、电子与电子签名、服务贸易以及无纸贸易等基本内容。中国与澳大利亚签订的《中澳自由贸易协定》（中澳 FTA）和区域全面经济伙伴关系协定（RCEP）等都包含了以上基本内容。但与中韩 FTA 相比，中澳 FTA 的标准更高即通过增加国内监管框架，提高电子商务的监管力度；通过增加透明度条款提高了缔约方信息的传递效率和执行力。而 RCEP 则在中澳 FTA 的基础上进一步提升规则水平，增加了非应邀商业电子信息、计算设施本地化、通过电子方式跨境传输信息和网络安全等四个条款。其中计算设施本地化和通过电子方式跨境传输信息，在进一步促进数字贸易自由化的同时增加了跨境信息泄露的风险和监管难度。

第八章　全球数字贸易及规则发展的热点问题

第一节　数字贸易的内涵扩展问题

数字贸易是传统贸易在全球化、数字化和智能化时代的拓展和延伸，其所呈现的普惠化、平台化及以数据和数字化技术作为主要生产要素等特征，会对全球化及区域化格局、全球价值链布局及制造业转型升级等产生深远影响。如今数字贸易内涵并未有统一概念，笔者第一章就数字贸易内涵提出自己的理解与认识。然而数字贸易会随着时代发展，朝着数字化、全球化、平台化、个性化趋势发展，其内涵将会得到不断的扩展，所以数字贸易的内涵扩展问题会是现在以及未来学者研究热点问题之一。

一、数字贸易的基本内涵

随着互联网、信息通信建设、信息技术等数字化技术的进步与发展，数字贸易不断蓬勃发展。数字贸易的载体为数字化平台，依赖数字技术使用来实现贸易活动，包括传统实体货物、数字化产品与数字化服务、数字化知识与信息等贸易对象。

数字贸易的发展包括贸易方式的数字化和贸易对象的数字化两个领域。数字全球化将成为未来国际贸易发展的主要形式和重要特征，并推动全球经济不断发展。贸易模式高度复合化、贸易环节高度扁平化、贸易标的高度多元化、智能制造高度常态化也将推动数字技术不仅与金融、教育、医疗、设计、咨询等各类专业服务更加深入融合，而且将催生更多新的数字消费产品，共同推动数字全球价值链的形成。有别于传统的贸易方式，数字贸易作为一种贸易领域的新模式，在生产、交换、消费等环节都有所突破和创新，将对未来贸易的方式、产品、参与者、规则产生巨大影响，并且能够在对全球贸易发展方面产生积极的经济效应。

基于对数字贸易基本特征的分析，学者和机构各自对数字贸易内涵做出解释。有学者认为，数字贸易是以现代信息网络为载体，通过信息通信技术的有效使用实现传统实体货物、数字产品和服务、数字化知识与信息的高效交换，进而推动消费互联网向产业互联网转型并最终实现制造业智能化的新型贸易活动，是传统贸易在数字经济时代的拓展与延伸，并随着互联网、信息通信建设、信息技术等数字化技术的进步与发展而蓬勃兴起，将逐渐成为国际贸易中的重要形式与趋势，将成为全球经济的重要引擎。

然而在 2021 年 10 月举行的全球数字贸易大会发布的《全球数字贸易白皮书》，数字贸易的最新概念被定义为——贸易方式的数字化，即通过数字技术与贸易开展过程的深度融合，打通产业链的生产端、交易端以及供应端的信息交互与响应通道，构建产业链的新型供需关系和协同关系，进而提升整个产业链的运转效率。笔者认为，随着数字技术与数字经济的发展，数字贸易的内涵会更丰富，外延也会越来越大，非数字贸易的发展空间会越来越小。期待联合国贸发组织、WTO 等权威机构给出定义与监测统计的标准、指标体系等，期待中国商务部、工业和信息化部、科技部和国家统计局等部委也给出权威的结论与指导意见、实施方法等。

二、数字贸易的未来发展方向

与传统贸易相比较，数字贸易是一个相对新兴的概念，其经历了一个不断演化的过程，前期指电子商务与数字产品，后期也涵盖了数字化的服务贸易，其内涵不断丰富，外延不断拓展。展望未来，新一轮科技革命将为数字贸易带来更多的应用场景和更大的发展空间。随着数字化技术的不断完善与进步，数字贸易将会不断蓬勃发展并在未来对世界经济产生深刻影响。

数字贸易作为数字化时代的新型贸易模式，能够极大减少贸易成本和时间，改变行业的贸易方式和贸易规模，拓展国际贸易的组织形态，有利于形成国际竞争新优势，最终成为国际贸易新的发展动力。数字贸易将对未来贸易的方式、产品、参与者、规则产生巨大影响，基于对数字贸易发展现状和对现有研究的分析，可以推测数字贸易未来发展将有以下几种特征与方向。

第一，数字化。

数字贸易的发展与大数据、云计算、人工智能等新兴数字技术的进一步应用与革新密不可分。数字技术的发展，推动数字贸易中的研发、设计、广告、分销、售后服务等各个环节数字化、智能化、云端化，拓展了各类数字化技术与服务的不断应用与推广。展望未来，数字化技术这一要素也将随着科技进步、技术革新而在数字贸易中发挥着更加重要的作用，将成为增长与变革的重要驱动力。中国目前相应的大数据、云计算、互联网、人工智能等数字技术尚在发展阶段，在数字贸易领域仍旧具有巨大的发展潜力。展望未来，随着数字贸易领域的数字基础设施建设与法律规则体系建设的不断完善，数字贸易的数字化、技术化、云端化将不断得以实现。

第二，全球化。

由于数字化技术与互联网的跨界特点，全球数字贸易服务跨国交易已逐渐变得平常，数字贸易的平台趋于全球化，推动了贸易活动的全球化。例如，亚马逊、EBAY等跨境电商平台已经走进不同国家，全球都有机会享受快速电商服务。全球的卖家与买家及其资源整合到同一个平台，买家可以享受便捷快速的全球贸易服务，卖家可以赢得全球广阔的市场资源，完成全球资源的有效合理配置，通过数字化平台实现全球买、全球卖。

第三，平台化。

由于数字贸易一般是以数字化平台为载体，通过数字技术的有效使用，实现实体货物、数字化产品与服务、数字化知识与信息的精准交换，消费互联网向产业互联网转型并最终实现制造业智能化的新型贸易活动。那么，数字化平台作为数字贸易的载体，提供完整统一的信息交流平台，可以通过人工智能、通信数据、云计算等数字化技术来为全球数字贸易生产者与消费者的供给与需求进行精准的匹配与契合，从而为生产者和消费者提供数字化营销、线上化交易、云端化供应链服务等一系列外贸解决方案，以实现科学高效的运转。平台化的发展趋势，推动平台经济的发展，能够实现生产要素的全球高效配置。跨境电商平台、数据服务网站等生活中常见的数据化平台，在可预见的将来将更加普遍，其作为数字贸易的重要载体和重要组成部分，将成为数字贸易发展中消费者与生产者的纽带，并为数字贸易发展提供服务性功能。平台经济中，平台强者恒强、弱者恒弱的马太效应也值得关注和研究。

第四，个性化。

数字经济时代，消费需求正在向多样化、个性化、高层次发展。消费者通过互联网、信息通讯等功能将个性化需求提交反馈到生产者；生产者可以通过大数据、人工智能、云计算等数字化技术分析管理相关的数据以及消费者的多样化需求，从而实现按需生产、精准营销。二者之间可以依托数字化平台对海量的数据进行资源与需求的汇集与匹配，并分析消费者的个性需求从而提供更多个性化或定制类产品或服务。

第二节　数字贸易对经济驱动作用机制

受新兴数字技术发展影响，数字贸易蓬勃兴起。特别是在新冠肺炎疫情影响下，随着新一代信息技术的发展与深度融合，数字贸易已经成为驱动全球经济增长的新引擎。探讨数字贸易对全球经济驱动作用，就需要在全球复杂经济系统中，从供给侧与需求侧对数字贸易的经济驱动过程进行分析，围绕数字贸易的循环与传输系统，从生产端、分配方、交换过程、消费结果来分析数字贸易对经济增长与结构性改革的促进作用，构建数字贸易对经济驱动的作用机制模型。

一、数字贸易对经济驱动的作用

1. 数字贸易推进供给侧结构性改革，推动供需关系的平衡

数字贸易在推动经济增长的同时，也促进了供给侧结构性改革与供需的动态平衡。

一方面，数字贸易在数字化技术的支持下，丰富了市场主体，使得供给侧朝着多样化、高效、高质量方向变化。以信息通信技术、数字化技术为载体，对传统实物货物、数字产品、数字服务、数字化知识与信息进行生产、分配、消费等，都属于数字贸易的范畴，数字贸易成为传统贸易在数字经济时代的延伸与衍生。数字技术降低了市场准入行业的门槛，打破了传统的市场供给主体边界，使得越来越多的中小微企业或个体户都可以加入到数字贸易的行列中来，这就增加了市场供给主体，促进了市场产品与服务的竞争，从而推进数字贸易中供给的优质、高效、多元化。

另一方面，数字贸易推动了传统产业朝着智能化、数字化、云端化、线

上化等方向发展，持续推进产业革新，并促进数字经济下产品的供需均衡，推进解决供需结构错配的突出矛盾。由于数据这一关键要素在贸易中的实现，打通了信息壁垒，使得资源的精准配置与契合得到实现，提高了资源配置效率与精准度，供给与需求在结构上、数量上、质量上实现一定的动态平衡。这在一定程度上有利于改善资源配置与生产要素不协调、不平衡的结构性矛盾。以马克思政治经济学有关生产、消费环节为例，消费者通过互联网、信息通讯等功能将个性化需求提交反馈到生产者，生产者通过大数据、人工智能、云计算等数字化技术分析管理相关数据以及消费者多样化需求，从而实现按需生产、精准营销。数据作为生产要素成为分配环节中日益重要的因素，数据所包含的信息能促进企业优化经营管理决策，并通过对数据资源的运用，不断寻求最适应环境的发展动力，促使人才、技术、资本、信息、服务等创新资源得以全球化配置，推动创新要素实现自由流动、互动共享，最大程度释放创新潜能。

2. 数字贸易下推进了需求侧结构性改革，成为增长的新动能

推动经济增长，不仅要发挥供给侧结构性改革的推动作用，而且要发挥需求侧的拉动作用。数字贸易对需求端"投资、消费、出口"三驾马车都具有拉动作用。

数字贸易蓬勃发展拉动了投资的增长。这主要是由于经济和社会的整体数字化转型需求及相关的政策支持决定的。数字经济相关的投资增长，强振了市场投资的积极性和信心，成为日益热门的投资方向。数字产业化投资、产业数字化转型投资、数字化治理投资等各类数字经济投资为提升产业技术研发、对传统产业进行数字化改造、提高数字化治理能力提供资金保障，推动技术进步、经济效益提高和产业数字化转型升级，最终拉动经济增长。

数字贸易推动了消费的升级。数字化技术发展与全球产业链的进一步深入融合，使得数字贸易成为全球经济增长的重要新动能。与此同时，数字技术的进步、数据要素的利用使得产业与服务质量得以升级、消费方式得以高效便捷化、交易成本与交易时间得以压缩、供给与需求得到良好的匹配与契合。这些因素促成了数字经济条件下消费的升级，包括消费结构、消费方式、消费业态等方面的升级，有利于生产力水平的提高，并促进经济发展。数字经济时代，消费需求正在向多样化、个性化、高层次发展，推动生产崭新的需求，发现和创造新的产品和服务价值；消费方式向网络化和平台化过渡，传统的消费方式正在被重塑，扩大了市场容量；数字技术与各类传统消费业态深度融

合，大量的新产品和新服务也不断涌现，从而酝酿了消费升级的内生动力。

数字贸易发展培育了出口新优势。数字贸易正在改变国际贸易原有的格局与业态。数字贸易与传统贸易在贸易参与者、贸易对象、贸易时效以及贸易监管等方面存在着显著差异，其集约化、无界化和平台化的发展趋势促进生产要素的全球高效配置，倒逼政府监管加强国际合作。数字技术的发展与应用，能够降低信息壁垒，降低一国获取市场信息、寻找贸易伙伴、建立贸易关系以及履行交付义务的成本。在传统贸易中，规模庞大、经济实力雄厚、技术先进的大企业更有能力与机会从事对外出口贸易，而数字贸易时代为中小微企业提供了一个全新的对外贸易组织形式，包括 B2C、C2B、C2C、C2M 等贸易方式的普及，有利于中小微企业融入全球体系，优化出口贸易结构。

二、数字贸易对经济驱动的作用机制对中国启发

发展数字贸易，是信息时代、数字时代的大势所趋。中国需要积极把握新一轮数字经济发展历史机遇，顺应数字经济发展潮流，加快经济结构数字化转型，借助数字贸易的快速发展推动经济结构转型升级与经济增长。

一是发挥经济结构数字化转型的核心引擎作用。驱动科技创新、制度创新、产业创新、企业创新、市场创新、产品创新、业态创新、管理创新，为传统产业发展注入新动力，并不断催生新技术、新产业、新业态、新模式，加快形成以数字化转型为主要引领和支撑的经济增长动力体系，是中国新旧动能转换的重要引擎。

二是政府需要破解数字贸易发展中的深层次难题。政府力求提供良好的市场环境和制度保障，为数字贸易健康发展提供良好的激励与支持条件。通过技术、金融、人才等领域的体制机制改革，扫除包括数据在内的生产要素合理流动和有效配置的障碍，完善市场竞争、财政和税收、创新等政策体系，营造良好的市场环境和制度环境，为数字贸易高质量发展提供根本保障。

第三节　数字贸易中数据跨境流动的困境

在数据经济时代，数据不仅是重要的资源和生产要素，更成为国家基础性战略资产。随着全球数字化进程的加快，全球数字贸易稳步增长，加速推

动了跨境数据的流动。然而跨境数据流动由于发展不平衡，存在不安全、规则机制不协调、数据流动不合理的问题。面对数据跨境流动困境，需要提高中国在国际数据治理能力以及构建数据资源战略，促进跨境数据合理流动，推动数字贸易的全球化发展。

一、跨境数据流动概况与发展趋势

数据成为数字贸易中的核心要素之一已日益成为共识。数字贸易通常是以数字化平台为载体，通过数字技术的有效使用实现实体货物、数字化产品与服务、数字化知识与信息的精准交换。数据流也属于数字贸易的产品或服务的重要组成。数据流通常指数字数据的发送，包括流媒体、监控设备实时发送数据和实时通讯等。数据跨境流动，是指通过各种技术和方法，实现数据跨越国境的流动。跨境数据流动规模扩大使得数据要素的重要性日益提升，其对全球经济增长影响也越来越大。

全球数据流的增长速度甚至已经超过了贸易或者资金流的增长。麦肯锡全球研究院（MGI）《数据全球化：新时代的全球性流动》（2016 年）报告指出，自 2008 年以来，数据流动对全球经济增长的贡献已经超过传统的跨国贸易和投资，数据流支撑了包括商品、服务、资本、人才等其他几乎所有类型的全球化活动，数据全球化成为推动全球经济发展的重要力量。各国对数据资源的重视程度与日俱增，并不断升级对数据资源的战略部署。美国《联邦数据战略与 2020 年行动计划》与欧盟委员会 2020 年 2 月 19 日发布的《欧盟数据战略》，都体现了国家战略层面的重视并完善对数据的战略部署。为了在数字经济时代充分发挥数据的价值，各国政府对数据的战略博弈与资源争夺也在加强。

二、数字贸易数据流动存在的困境

（一）跨境数据流动存在一定数据安全风险

数字经济的快速发展促使数据成为全球流动的重要要素，也成为了重要的生产要素。然而，近年来，跨境数据泄露现象层出不穷，对个人隐私、个人财产甚至人身安全都产生一定的负面影响。此外，一些具备国家重要安全战略价值的数据，如军事、石油、天然气、电力、交通、金融等国家机密数据或敏感数据的跨境流动存在不可控风险，若是不合理流动，极易对国家安全造成威胁。

（二）数据跨境流动缺乏完善的跨境数据流动规则与机制

各国对数据跨境流动与保护的标准不一。数据流动与数据保护标准的不统一，势必会影响到各国数据主权、数据流动立法与执法，带来一系列跨境流动冲突与问题。

美国通过"长臂管辖"扩大国内法域外适用的范围，以满足新形势下跨境调取数据的执法需要。2018年，美国议会通过《澄清境外数据的合法使用法案》（Clarifying Lawful Overseas Use of Data Act，CLOUD 法案）结束了"微软 vs FBI"案中关于美国执法机关是否有权获得美国企业存储在境外服务器中的用户数据的争议。通过适用"控制者原则"，该法扩大了美国执法机关调取海外数据的权力，同时为美国政府与其他国家签订双边条约设定了具体路径，允许适格外国政府（qualifying foreign government）执法机构调取美国存储的数据。CLOUD 法案抛开了传统的双边或多边司法协助条约，加剧了当前国家间与数据有关的司法主权冲突，其有效落实有赖于美国的国际经济与政治的强势地位以及与相关国家的合作。其他国家要调取存储在美国的数据，则必须通过美国"适格外国政府"的审查，需满足美国所设定的人权、法治和数据自由流动标准。

欧盟《通用数据保护条例》（GDPR）也同样适用于所有针对欧盟用户提供产品和服务的企业，不管该企业是否位于欧盟境内。中国、俄罗斯等国家的数据主权战略则更加本地化，强调数据的本地化来解决法律适用和本地执法问题。

此外，国际法和国际规则的缺失，以及各国规制的利益博弈使得数据主权管辖面临冲突，加之不同国家在技术产业方面的发展水平不同，导致各国对数据主权保障能力不一，存在全球数据主权保障能力不平衡现象。

（三）国际上存在数据流动壁垒不利于数据合理流动

数据完全自由流动，会带来各种安全问题。数据禁止流动，会阻碍贸易和经济发展。关键是要把握数据合法有序合理流动的"度"。不可否认，一些新兴经济体和部分发达国家或多或少存在数据领域上的一系列保护政策。尤其是大国之间需要战略互信，这是数据跨境流动有序实现的必要前提。从目前情形看，数据跨境流动信任更多出现在政治、经贸等方面的盟友国之间。基于国家安全、综合实力竞争等多方面的复杂因素，某些国家会出于国家利益对其他国家采取数据流动的限制性政策。

三、中国对数字贸易跨境数据流动困境的破解对策

推进数据跨境流动制度体制建设。目前，中国的数据跨境流动相关制度还在进一步制定与完善当中。随着数字贸易的蓬勃发展，跨境数据流动的问题与冲突或许也将慢慢浮出水面。这就要求国家应当加快推进数据跨境流动体制的建设，包括相关数据出境流动的安全管理、关键信息基础设施、数据处境禁止性规定等各个方面的内容。

构建数据安全治理体系。可参照其他国家对数字贸易跨境数据流动的做法，构建包括立法、监管、执法等多环节相对完善的治理体系。如欧盟和俄罗斯均成立专门的管理机构，即欧盟数据保护委员会（European Data Protection Board，EDPB）和俄罗斯的信息通讯机构 Roskomnadzor，来落实相关法规的执行与监督，对公共通信网络进行检测和管理，以此来保障国家重要数据的跨境流动安全。为有效落实相关数据跨境流动管理制度，中国需要统一监测管理数据流动，确保国家、企业、个人重要数据安全。

积极推进国际合作与双边、区域规则的谈判与合作。随着数字经济时代的不断普及，数字全球化趋势也日益明显，国际合作也将成为数字贸易中制定跨境数据流动规则的重要途径。积极推进双边、多边数字贸易规则谈判与合作，将推动中国更好融入世界数字贸易大发展的浪潮之中，并提升中国在数字贸易方面相关规则制定的参与度与话语权。

第四节 数字贸易中数字化产品的知识产权保护

近些年来，信息通信技术和互联网的高速发展，促进了数字贸易蓬勃发展，使得数字化产品逐渐走向了大众化。而数字贸易中的数字化产品相较于传统贸易中的有形货物更具备了知识密集型的属性，知识产权对数字贸易的影响更为显著，知识产权保护问题也日益凸显。数字贸易涉及的大数据、算法、计算机底层技术，是知识产权的重要保护对象。原有的传统电子商务制

度体系，已无法完整涵盖并解决现有数字贸易中存在的知识产权保护问题。为此，需要通过对当今全球数字贸易中数字化产品的知识产权保护现状及其存在的难点与壁垒进行讨论，归纳总结中国在数字贸易知识产权保护方面的应对。

一、数字贸易数字化产品知识产权保护的现状

近年来，知识产权逐步成为国际贸易核心要素之一，也逐渐成为各国发展的战略性资源与提升国际竞争力的重要工具。知识产权保护是数字贸易全球治理中的重要议题之一，已经成为全球各个国家的共识。世界知识产权组织（WIPO）在《2021年世界知识产权报告》（*World Intellectual Property Report 2021*）中指出，在新冠肺炎疫情造成巨大人员和经济损失的情况下，许多国家的政府和企业加大了对创新的投资，这表明人们越来越认识到创新对于应对疫情和促进疫情后经济增长的重要性。世界各国对知识产权的重视程度逐渐增强，科学成果产出、研发（R&D）支出、知识产权申请数量和风险投资（VC）交易额在2020年继续增长。

中国知识产权近些年来得到了长足的发展，已成为全球重要的知识产权进口国。2012—2020年，中国知识产权使用费出口额呈现明显上涨的趋势。加强知识产权保护是经济结构调整与增强经济发展活力的重要一环，在创新驱动经济发展的背景下，中国的知识产权保护的重视程度和保护状况在逐渐提升。知识产权在经济的高质量发展中能够提供有力支撑。根据世界知识产权组织《2021世界知识产权指标》显示，中国在全球专利申请总量中位居世界前列，2020年，中国专利申请量共1 497 159件，排名第一，是排名第二的美国597 170件的2.5倍以上。中国的知识产权加速推进，中国正在逐步成为全球创新的重要引领者。

虽然中国的知识产权发展增速快，知识产权的创新意识大幅提高，在数量上位居全球第一，但在质量上与世界知识产权强国还有较大的差距，存在大而不强、多而不优的劣势。根据赛迪工业和信息化研究院在2021年9月发布的《我国与主要制造强国知识产权质量差距分析》报告指出，中国发明专利有效量占比、多局同族专利数、重点领域专利布局等主要知识产权质量指标与世界主要制造强国还是存在明显的差距。此外，根据国家知识产权局数据，2017年我国发明专利申请量为138.2万件，共成功授权42.0万件，约占申请量的30%。专利授权率不够高，在部分领域专利布局与发达国家尚存

差距。

数字化时代背景下，数字贸易发展速度迅猛，改变了传统国际贸易的方式和对象，如数字化服务、数字化产品的出现和数字交付方式的普及等。但WTO 在制定贸易规则时，却多是针对传统贸易规则，因此，在数字化时代，WTO 的传统规则不可避免地存在对数字贸易规则供给不足。数字贸易中的知识产权保护规则，则是全球数字贸易规则制定和秩序构建中的重要议题。

二、数字贸易数字化产品知识产权保护问题与建议

（一）数字贸易中数字化产品的保护规则相对复杂，相应的知识产权保护体系需要不断更新以适应新特点、新业态

数字贸易是新型贸易形态，原有的知识产权规则对国际贸易的影响在数字贸易领域适用程度有限。在数字贸易环境中，知识产权保护与国际贸易自由化、便利化之间存在的冲突更加明显。因而，现有的国际贸易中知识产权体系需要进一步更新完善，从而适应不断出现的新事物、新情况、新业态。数字贸易知识产权保护规则的复杂性，远高于一般实物产品。在数字贸易中，数字化产品合法跨境销售往往会受版权、许可与其他法律问题的阻碍或影响。数字贸易的知识产权保护重点内容还包括数字化产品和服务的源代码、算法和商业秘密等，维护与管理相关知识产权的复杂性程度较高，需要多方共同协调。目前现有的数据保护规则主要涵盖数据通过互联网传送和接收的过程，但对于传输后的数字化产品与信息的处理规定还不够明确。数字贸易中的知识产权保护还会受到知识产权地域性、知识产权和物权冲突、不同地域知识产权保护水平和执法标准差异等方面影响。因此，对于数字贸易这一方兴未艾的新生事物，相应的知识产权保护体系则需要各国与世界组织不断更新迭代。

（二）数字贸易的知识产权规则需要通过在国际层面展开协调，统一知识产权数字规则

2021 年 10 月 13 日，2021 全球数字贸易大会举办并发布了《全球数字贸易白皮书》，重新界定了数字贸易的概念，丰富了数字贸易的内涵与外延。由于数字贸易方式的数字化，而互联网又具有无国界的特点，这就需要各国在知识产权地域性与数字贸易无国界之间作好平衡，在现有 WTO 框架下准确界

定数字产品,在《TRIPS 协定》和 WIPO 互联网条约的基础上统一知识产权数字规则,同时防止数字贸易知识产权保护措施成为新的贸易壁垒。

(三)合理运用知识产权保护措施,避免构成数字贸易壁垒

在数字贸易环境下,知识产权保护对于数字经济发展具有重要意义。知识产权保护的国际标准《TRIPS 协定》即《与贸易有关的知识产权协议》(Agreement on Trade-Related Aspects of Intellectual Property Rights,TRIPs)的立法宗旨,包括防止不合理的贸易限制行为和制止知识产权滥用。美国将知识产权保护水平低下和执法不力,视为数字贸易的主要障碍之一。欧盟《数字单一市场版权指令》中要求网络平台承担"上传审查"义务,被认为将阻碍数字贸易和数字市场的良性竞争。因此,在全球贸易规则与知识产权规则方面,世界各国尤其是主要经济体需要达成共识,共同推动全球相关规则的制定。

三、中国在数字贸易中知识产权保护的对策

数字时代对知识产权保护与发展提出了新要求,需要中国在知识产权的创造、运用、保护、管理和服务上不断创新。要适应平台经济时代的要求,用数字经济的方式处理与知识产权服务相关的内容。在知识产权的创造和运用上,重点实现数字版权、数字产业和数字贸易竞争力的提升。在知识产权保护上,重点发挥好平台企业的监测监督作用。在知识产权的管理上,政府要有所作为,更多应用"互联网+知识产权"方式对知识产权治理进行创新。在知识产权的服务上,要提高知识产权的管理效率,减少不必要的环节,更加便利化服务于相关企业和创新主体。中国政府应兼顾现有国际贸易规则和本国产业发展的实际,在具体的数字贸易知识产权议题设定和贸易谈判中,加强国际协调与合作。

第五节 数字贸易中跨境电商发展问题

数字贸易的早期表现形态为跨境电商,跨境电商已经发展成为外贸增长新引擎。跨境电子商务这种"互联网+外贸"的新模式,有利于促进了资源的优化配置,有效降低了贸易中的交易成本。但是目前跨境电子商务在国际环

境、国际贸易规则、跨境物流、跨境支付体系、监管体制等方面中还存在很多突出问题。这些问题都一定程度制约了中国跨境电商行业的产业升级，进而影响了数字贸易的高质量发展。基于中国跨境电商发展难点与不足，有针对性提出完善跨境电商相关制度体系建议，将对推动跨境电商和数字贸易发展有十分重要的意义。

一、数字贸易全球跨境电商总体情况

跨境电商主要依托互联网交易平台达成商品与服务的交易。相对于传统对外贸易，跨境电商具有成本更低、速度更快、信息更透明的特点。得益于互联网技术、大数据等数字化技术的发展和支持，当今跨境电商快速发展呈现出商品多元化、服务信息传输高效性、物流配送高效率等特点。2020年全球新冠肺炎疫情暴发，极大地推动了全球跨境电商的发展，催化跨境电商的高速增长。根据谷歌与德勤合作发布的《2021中国跨境电商发展报告》指出，受新冠肺炎疫情的影响，2020年全球的线上消费规模迅速扩大，美国、英国、德国、法国、西班牙等欧美主要国家，在电商用户渗透率、电商用户数增长等方面表现突出，例如2020年英国电商用户渗透率达到84%，排名第一。欧美主要国家的电子商务生态已经颇具雏形，发展情况处于全球领先地位。

据商务部电子商务和信息化司发布的《中国电子商务报告2020》数据显示，数据跨境电商进出口额达1万亿元，同比增长31%，占对外贸易总额的5.25%。2020年新冠肺炎疫情给传统国际贸易形式带来了重大挑战，但中国跨境电商却呈现出良好的发展态势，国家方面也不断发布利好政策支持跨境电商产业的发展，例如国务院推出增设跨境电商综合试验区等系列举措助力跨境电商发展。2021年10月国家高端智库商务部国际贸易经济合作研究院发布的《中国暨全球跨境电商发展报告（2021）》指出，未来，我国跨境电商将以B2B为重点、以新技术与数字贸易为引领、以新兴市场为方向，助推跨境电商创新发展，跨境电商将成为助推经济发展重要引擎。

二、数字贸易跨境电商发展存在难点

跨境电商国际环境仍不稳定，受疫情影响经济复苏存在不确定性。目前跨境电商发展形势错综复杂，尤其受疫情影响，一些国家在不同程度、不同范围内加大对本国企业贸易保护的力度，并对其他国家实行贸易限制。有的国家政府加大对本国企业的补贴力度，如国家财政直接补贴、税后退费、地方扶持计划等。有的国家实施非关税壁垒和边境管制，疫情期间，美国、欧盟、印度、巴西、澳大利亚、阿根廷、土耳其等国家和地区持续对中国商品发起反倾销调查和征收反倾销税。受疫情影响世界经济衰退风险上升，产业链供应链循环受阻，国际贸易投资萎缩，大宗商品市场动荡。疫情发展和国际环境的影响，使得以国内大循环为主体、国内国际双循环相互促进的新发展格局成为未来相当长一段时间中国宏观经济发展的基本策略。

跨境电商相关的国际贸易规则不明晰，标准规范尚未建立。跨境电子商务是外贸经济的新业态形式，世界各国对电子商务相关问题所维护的利益角度各不相同，导致相关的统一的国际贸易规则尚未建立起来。以美国为主导的发达国家积极倡导相关规则的制定，目的在于重新控制全球的经济形势，把握全球数字贸易的主导权与话语权。在全球跨境电子商务大发展的时代，国际社会的相关规制目前还无法全面涵盖。比如，跨境电商缺乏统一的定义，统计范围和边界不清晰，各机构或部门给出的跨境电商统计数据不能涵盖跨境电商全部范围，无法反映跨境电商实际发展情况。此外，跨境电商的快速创新使制度缺失和监管缺位的问题愈加突出。与跨境电商相关的跨境支付、跨境物流与仓储、跨境监管等方面的标准规范尚未完全建立健全起来，一定程度上阻碍了跨境电商的持续健康发展。

跨境电商监管体制尚需完善。中国跨境支付业务中存在业务规则不适应、跨境电商支付需求和贸易真实性核验手段不完善等问题。出口收汇核销是税务部门判断出口交易真实性的重要手段，但是一些跨境电商企业为规避外汇管制，通过开设多个私人账户、地下钱庄和境外子公司等方式进行外汇结算。

跨境物流体系仍然不够完善。跨境电商虽然极大地促进了全世界范围内的无国界信息交流，然而货物转接中的物流必须经有国界的限制，以此所产生的关税、检查等问题无法避免。尤其在疫情影响下，跨境物流对跨境电商的制约作用就更加明显。跨境物流系统的不完善大大地削减了外国顾客的消费热情。

三、中国在数字贸易中的跨境电商发展对策

随着数字时代的来临，跨境电商将在战略性新兴产业发展中成为新的经

济增长点，改变传统的世界贸易格局，也将为中国推进开放的国内国际双循环、提升对外贸易竞争优势、争夺新一轮国际贸易规则话语权提供坚实支撑。中国应重点关注国际环境、国际规则、跨境物流、跨国支付等发展障碍。有针对性地出台相应政策，以促进跨境电商的蓬勃发展。需充分利用在跨境电子商务方面的全球领先优势，大力推动发展全球数字贸易，顺应全球数字贸易的迭代发展趋势，助力贸易强国道路的实现。具体发展措施，建议如下：

第一，合理调整国内相关政策。完善相关政策，以加强跨境电商基础建设，促进各行业线上线下融合，从而更好地推动对外贸易转型升级。在全球疫情背景下，促进跨境电商企业综合利用宏观政策和微观多种纾困措施，努力化危为机。加大对国内跨境电子商务综合试验区经验的总结，不断完善国内的电子商务法律规范。

第二，推动完善国际规则。不断参与电子商务相关的双诸多边谈判，在国际舞台上发出发展中国家的声音，推动全球化贸易投资自由化、便利化。推动形成 WTO 框架下的跨境电商国际规则，代表广大发展中成员提出中国方案。

第三，全力打造网络跨境支付体系。完善第三方支付机构加密技术的安全性，堵塞支付漏洞。加强与银行的合作，为支付的安全性提供保障。推行跨境交易采取数字人民币的结算方式，推行人民币业务国际化，促进跨境电商的发展。

第四，完善跨境物流模式。目前物流问题大大阻碍了跨境电商的发展。跨境电子商务的交易范围和交易对象远远超过了单一国别的限制，其本身的物流体系具有复杂性、不确定性。跨境电商平台以及相应的物流企业可建立完整统一的信息交流平台，以便实现跨境物流得以科学高效的运转，并可采用多种物流方式混合衔接的多元式跨境物流模式，以满足不同需求。针对不同商品和跨境目的地的特点，企业可采用干线物流、集货物流、邮政包裹、国际快递、海外仓等不同物流形式的混合运输模式。针对物流转接壁垒问题，企业与政府可以海外仓为支点，建设完善的跨境电商境外综合服务体系，完善跨境电商产业链条，扩大海外仓全球布局，加强在其他地区规划建设海外仓，发挥海外仓作为跨境电商境外环节的重要作用，形成遍布全球、合理分布的海外仓网络。

第六节　数字贸易中数字化服务行业发展问题

作为数字贸易重要组成部分，数字化服务贸易呈现良好的发展态势。数字化服务主要基于信息通信技术服务的概念（UNCTAD，2015），其与制造业各环节的全面深度融合，能够有效推动消费升级、降低成本、提升效率，从而促进制造业的数字化、服务化和智能化转型，带来新技术、新业态、新人才、新机会，从而推动全球服务贸易发展。在当今数字贸易中，数字化服务行业依然存在着规则不明、发展存在鸿沟、贸易保护倾向抬头等问题，亟待解决。基于数字经济背景，需要分析数字化服务行业的发展新特征，研究数字化时代推进中国服务贸易高质量发展进程中存在的问题，然后提出中国对数字化服务问题的应对之策。

一、数字贸易中数字化服务行业的概况

数字贸易既包括数字化平台实现的传统货物贸易，也包括数字化产品和数字化服务、数据流与信息的贸易。数字化服务是数字贸易的重要组成部分，其提供的数字化平台不单是货物、服务、数据的交易载体，还能有效地将研发、生产、消费、售后等环节链接起来，推动产业转型升级。在可预见的未来，数字化服务将在拉动经济、推进产业转型升级方面有显著成效。

近年来，随着互联网和信息通信技术的不断发展进步，全球数字贸易发展迅猛。通过对数字贸易发展现状与已有文献进行分析可以得出，数字贸易推动全球贸易向数字服务化方向发展。根据中国信息通信研究院发布的《数字贸易发展白皮书（2020 年）》的数据，2019 年全球数字服务贸易出口规模达 31 925.9 亿美元，逆势增长 3.75%，增速超过同期服务贸易和货物贸易，占服务贸易比重上升至 52.0%，占全部贸易比重上升至 12.9%。而其中发达国家在数字服务贸易领域具备明显优势。美欧主导全球数字贸易市场，2019 年美国、英国、爱尔兰、德国、荷兰等 5 国在全球数字服务出口中的占比近 5 成，其中仅美国占比就达到了 16.7%。

二、数字贸易中数字化服务行业的关键问题

（一）全球数字化服务业存在数字鸿沟现象

互联网和新兴信息技术逐渐影响生活生产的方方面面，加速推进了新一轮技术革命和产业革命。数字贸易中的数字化服务业，开始向数字化、网络化和智能化方向发展。数字贸易受数字技术与服务业的融合程度影响以及数字技术的发达程度限制。受经济能力、技术研发水平等因素的限制，全球范围内的数字经济服务业发展水平存在一定的数字鸿沟与差异。发达国家比不发达国家在数字服务贸易领域具备明显优势。中国虽然在技术创新方面已取得相当大的成就，但与发达国家相比还是有较大的差距。在中国，受不同区域经济发展水平和对外开放程度差异影响，数字化服务业的发展水平呈现出从东部沿海向西部内陆逐渐降低的趋势。

（二）数字服务业相关规则与制度相对滞后

相对于传统贸易，数字化的服务贸易是一个相对新兴的概念。国际上针对传统货物贸易的规则制度，已在一定程度上滞后于数字贸易不断外延的产业业态，其中自然也包含了数字化服务业的发展。当前，尽管数字贸易方面的相关制度规则制定已不断纳入全球贸易制度与规则体系之中，但是，由于传统的贸易规则对象是以传统的货物贸易为主，在相对新兴的贸易对象如数据流、数字化平台建设、数字化服务体系等数字化服务监管规则问题上，国际上目前还未形成全球统一的数据监管规则与制度，这就导致了一部分数字贸易中的数字服务业在进行跨境交易时会存在一定的障碍。

（三）数字化服务的全球数字治理体系不完善

数字化为数字服务贸易提供强大动能，数字化科学技术的发展正推动贸易数字化。但目前数字贸易中数字化服务水平方面，目前还存在不够完善的地方。在数字贸易服务业领域，跨境支付体系兼容性短板、各国跨境服务税收制度存在分歧；在数字贸易的理念、立场、监管制度、法律体系存在显著差异，其数字治理方式也各有不同，各主要国家相互协同的数据治理体系尚未建立起来，全球数字治理呈碎片化特点。

三、中国对数字化服务行业的发展对策

加快培育数字服务贸易国际竞争力。数字服务贸易已成为数字贸易重要的推动力量，深刻影响着国际经济格局和体系。加快培育数字服务贸易国际竞争力，有利于更好地参与新一轮全球化分工。提高互联网、信息通信、人工智能、5G技术、云计算等新兴服务技术基础，推动数字贸易服务的云端化、智能化、线上化，提升服务水平，提高数字服务贸易的国际竞争力水平。

积极参与数字服务贸易相关规则谈判与制定。健全相关领域法律法规和制度建设，完善数字服务产业发展环境，夯实数字服务制度基础。数字经济时代，大国的竞争和博弈不仅是对先进数字技术的争夺，也在于对数字贸易中服务业的规则竞争，这很大程度上决定了竞争的走向。当前美国、欧盟等发达国家凭借其强大的政治经济影响力在全球推进数字贸易规则体系，使其在数字贸易中更具主动优势。因此，中国在推进数字化技术开发的同时，也应积极参与到国际数字贸易规则制定与谈判中，提高参与度与话语权，从而争取在全球数字贸易布局中取得有利地位，促进数字服务贸易朝高质量方向发展。

第七节　WTO 数字贸易规则的供给不足问题

数字贸易发展重塑世界贸易格局，各国纷纷出台数字贸易规则，抢占数字贸易高地，然而 WTO 有关数字贸易规则却适应不了日新月异的数字贸易的发展，造成供给不足的问题。对此，中国需要做出相应对策确保数字贸易健康发展。

一、数字贸易规则的概况

近年来，数字贸易的发展正在重塑国家的贸易格局，全球的贸易体系、规则、价值观和经济形态也在不断动摇与演变。美国、欧盟、中国等主要经济体纷纷把数字贸易放在重要地位，不断出台国家层面的数字贸易发展战略，并加快规则制定。美国出台"美国数字经济议程"，主张互联网的开放、

全球数字贸易发展及规则变革

自由、创新。欧盟的"欧盟单一市场战略"，则着眼于实现数字产品和服务的自由流通。中国近年来出台的"互联网+"战略及《中国制造 2025》等战略，则主张推动互联网、云计算、大数据等与实体经济深度融合，从而推进经济转型升级。各国加快数字贸易规则制定，推动数字治理国际机制建设，然而 WTO 的相关作为有限，效果不够理想。

二、WTO 框架下数字贸易规则的供应不足问题

世界贸易组织的数字贸易相关规则总体是不完整甚至是过时的。WTO 成员并没有针对数字贸易发展中面临的困境和问题探讨出相关的规则，而且受限于多哈回合的谈判效率，从而在应对数字贸易所带来的机遇和挑战方面的作为有限。数字贸易亟须一个全球性的、包容、开放、公平、高效、安全的贸易框架与规则来规范。

WTO 框架下约束数字贸易的相关规则不足。从数字贸易规则层面看，目前各方就数字贸易规则谈判的渠道主要包括多边框架下的"WTO 电子商务工作项目"、诸边框架下的"WTO 电子商务联合声明"、区域框架下的自由贸易协定。当前，尽管世界贸易组织（WTO）暂时未正式发布关于数字贸易的综合性协定，但在某些 WTO 的协定中，已一定程度涵盖数字贸易的一些方面，如知识产权等议题。WTO 现行规则主要形成于 20 世纪 80 年代末和 90 年代初的乌拉圭回合谈判，当时电子商务的发展还处于早期阶段。WTO 多边贸易体制中，涉及电子商务的重要协定为《服务贸易总协定》（GATS），是与数字贸易规则相关的基本协定。GATS 将"服务贸易"界定为通过跨境提供、境外消费、商业存在和自然人存在四种方式提供服务。从四种服务贸易方式中可以看出，跨境交付形成的服务产品和贸易属于数字贸易中的一类，即满足两个条件，一是在线服务，二是在线交付。因此，GATS 框架下数字贸易从一定程度上说也受 WTO 规则约束。此外，《货物贸易总协定》（GATT）《与贸易有关的知识产权协定》（TRIPS）也与数字贸易有不同程度的联系，《TRIPS 协定》在知识产权保护问题上拓展到了在线数字内容。从总体上看，数字贸易在一定程度上受 WTO 框架下的规则约束。

WTO 现行数字贸易规则存在滞后性。与当今日新月异的通信技术、云计算、大数据、5G 技术等数字技术的飞速发展相比，多边框架下的 WTO "电子商务工作项目"进展相对缓慢，二十多年来取得的成果乏善可陈。GATS 是在

1993 年达成的，当时信息和通信技术还没有充分运用于服务贸易领域，特别是如今许多技术已经突破了通过商业存在提供服务供应的模式，对许多承诺成员方而言，面临着许多新的挑战。WTO 现行框架在数字贸易规制领域，尤其在产品分类、市场准入、数据流动及贸易便利化等方面存在滞后。WTO 成员对电子商务诸边谈判存在一定共识，但在具体关注点和利益诉求上存在明显差异。WTO 在关于电子商务谈判中尚有许多议题未完全解决和覆盖，主要包括免税暂停协议问题、跨境数据保护与流动细则、知识产权保护、跨境电子商务等。2022 年 6 月召开的 WTO 第 12 届部长级会议（MC 12）达成了《关于〈电子商务工作计划〉的部长决定》，表示将重振《电子商务工作计划》相关工作，强调发展维度，加强电子传输临时免征关税的讨论。

WTO 在数字贸易方面的规则供应不足，将无法满足数字贸易的高速发展的需求。亟需各成员国积极参加谈判，制定达成国际共识、符合大部分国家发展利益的新规则框架。此外，世界贸易组织多边体制出现逆全球化和美国单边主义等各类挑战，影响了 WTO 规则谈判的顺利有效进行。WTO 的自身危机与挑战，也是目前数字贸易规则的供应不足原因之一。

三、中国对数字贸易规则供应不足的对策

中国支持 WTO 在数字贸易规则中发挥重要作用。在数字经济时代，数字化技术的广泛应用将影响全球贸易格局。以互联网为传输媒介、以数据跨境流动为交换手段、以电子支付为结算方式将成为贸易新常态。与数字贸易发展所相应的规则制度建设将对数字贸易长期健康有序发展提供保障。中国应支持 WTO 切实发挥多边贸易的协调作用，在数字贸易规则制定上不断完善。

中国应积极参与 WTO 数字贸易规则制定。作为电子商务与数字贸易发展大国，中国在数字经济方面展现出蓬勃的发展前景。中国应遵守 WTO 框架下数字贸易的现有规则，在确保国家安全与网络安全的基础上，以开放性的眼光与前瞻性的思维综合考虑，积极参与国际数字贸易规则制定，提升中国的参与度与话语权。中国应积极与 WTO 主要成员共同参与数字贸易规则治理体系建设，确保数字贸易的安全、有序、健康发展。

第八节　世界主要数字贸易经济体之间规则的冲突问题

数字贸易亟须一个全球性的、包容、开放、公平、高效、安全的贸易框架与规则来规范。而当前的数字贸易规则体系，还存在不统一、不完善等局限，全球还没有形成统一的数字贸易规则体系。世界主要数字贸易经济体之间，存在着规则的冲突。美国和欧盟在数字贸易规则制定中逐渐形成了自己的规则体系，形成全球数字贸易规则的"美式模板"和"欧式模板"。笔者通过对美国、欧盟、中国几大主要数字贸易经济体的规则冲突与分歧进行比较阐述，提出中国在激烈的全球数字贸易竞争中如何取得有利位置的政策建议。

一、主要数字贸易经济体的数字贸易规则制定现状

1. 美国

美国利用数字贸易大国的身份，在其主导的区域贸易协定中积极主张制定符合其利益诉求的数字贸易规则，希望构建数字贸易规则的"美式模板"。美国在贸易协定文本中明确界定了数字贸易的基本问题，主张在信息通信技术、个人隐私保护和知识产权等领域加强合作。相关贸易协定包括《美加墨协定》（USMCA）和美之前拟订、后退出的《跨太平洋伙伴关系协定》（TPP）等。

美国在多个贸易协定中积极主张数字产品及其提供者不得采取歧视性待遇、跨境数据自由流动、禁止开放源代码作为进入市场的先决条件等相关议题。

2. 欧盟

随着数字贸易规则中"美式模板"的成熟化，欧盟也积极构建体现自身利益的"欧式模板"。主要双边或区域协定包括欧盟—韩国FTA（2015）、欧盟—加拿大《综合经济与贸易协定》（2017）等。关于欧盟的数字贸易规则文本，则是积极推动知识产权和信息通信技术的相关规则制定，重视维护隐私保护，并根据不同的缔约方灵活制定相关规则。从总体上看，"欧式模板"

相较于"美式模板"仍处于初级阶段，并未形成成熟的规则体系。

3. 中国

随着"美式模板"和"欧式模板"的逐步成型，中国也努力构建数字贸易规则的"中式模板"。中国作为电子商务大国，发挥在电子商务领域的优势，在多边、双边或区域贸易协定和国内法律法规中制定了有关电子商务和数字贸易相关的法律法规与规章，以探索符合中国国情和全球发展趋势的数字贸易规则。

二、主要数字贸易经济体制定数字贸易规则的立场与冲突

由于对政治、经济、法律等因素的考量不一致，各国对制定跨境数据流动政策的立场也有所不同。全球目前主要分为以下三种立场：美国在经济利益的驱动下推崇数据跨境自由流动；欧盟为建立单一数字市场对境内境外采取不同的措施；其他国家大多采取不同程度的数据本地化措施。

关于数字贸易规则，不同国家在不同范围和不同程度上都存在分歧。中美在数据治理、内容审查、数据本地化与跨境流动、开放源代码和知识产权保护等方面存在分歧。美欧之间由于经济、文化和社会法律基础等方面的差距，美欧之间在数据跨境自由流动、数据存储本地化和个人隐私保护等议题上存在分歧。具体分歧意见，主要体现在五个方面的议题。

1. 数据治理议题

从全球层面来看，主要国家对于如何界定数据垄断，数据垄断是否破坏市场竞争以及是否需要对存在数据垄断行为的企业进行反垄断审查等问题，仍然没有达成一致意见。由于数据市场是双边或多边市场且具有网络效应，关于数据垄断的界定、数据垄断的特征、反垄断审查等各方面的议题仍旧有待研究与商榷。在国家安全方面，欧盟对大型互联网企业征收"数字服务税"以维护数据主权，美国则是以支持互联网企业技术创新为前提保护国家安全。在立法方面，欧盟通过立法促进互联网企业的发展，于2018年5月出台《通用数据保护条例》，通过规范欧盟企业对数据的存储、处理和使用，增加企业数据处理的透明度，使消费者更倾向于选择欧盟境内的企业；美国在这方面的立法体系则相对薄弱，其重点也不在于强力保护个人隐私和数据权利，而是在个人数据权利保护和激励数字企业创新之间寻求平衡点，打造美国支配的全球执法合作网络，以加强对全球数据的控制权。

2. 数据本地化议题

数字贸易时代，数据成为数字经济的关键要素。出于对保护个人隐私权和国家安全的考虑，许多国家对跨境数据流动进行了较为严格的规制，并采取了数据本地化的措施。国际上数据本地化立法有三种类型：一是禁止数据跨境传输并将数据存储在本国境内的数据中心；二是只有数据主体事先同意才能将数据跨境传送；三是不阻止数据跨越国界但其数据副本需要存储在本国境内。由于经济发展阶段不同，各国为保护本国利益，采取了不同程度的本地化措施。而本地化作为一种壁垒，会提高市场进入门槛，可能会对数字贸易产生不利影响。

3. 数据主权与安全议题

在大数据时代，国家数据主权与安全成为各国关注的焦点。对于数据主权的研究与争议，仍然仅集中于讨论数据主权的概念和内涵。笔者认为，国家数据主权是一个国家独立管理和利用本国数据的权力，数据主权的内涵主要体现在对数据的控制权、数据产业技术的自主开发权以及数据立法权三个方面。数据主权在大数据时代面临着诸多不确定因素，如"长臂管辖"原则和法律"域外效力"等规则的出现，对国家数据主权与安全造成较大冲击，国家数据主权面临威胁与挑战。国家间争夺数据资源、跨境数据流动、数据霸权和数据处理的态势与行动，都引起各国对本国数据安全的关注。其中在跨境数据流动规则方面，发展中国家为保障国家安全倾向于限制跨境数据自由流动，而发达国家则更关注数据开放与共享。

4. 源代码议题

《与贸易有关的知识产权协定》（Agreement on Trade-Related Aspects of Intellectual Property Rights，TRIPs）规定，计算机程序中的源代码应受版权保护，旨在加强本国知识产权。因此，针对源代码的知识产权保护问题也是各国的重要议题之一。发达国家如美国、欧盟则认为源代码是商业机密，不应随意使用或销售，即便允许披露源代码，也会规定情形，例如，欧盟规定允许强制披露源代码的情形为法院等机构为保护国家重要安全利益所采取的措施等。而包括中国在内的大多数发展中国家在相关提案上，则较少涉及源代码与算法。

5. 知识产权议题

知识产权议题主要由知识产权地域性、知识产权与物权保护标准不统一、各国知识产权保护水平差异等因素造成。随着各国对知识产权的保护意识提高，WTO 发布的《知识产权协定》（TRIPS）成为推动知识产权保护的重要国际文件。"知识产权保护"是数字贸易规则"欧式模板"谈判中的重点议题。欧盟也在国际上积极推动"TRIPS+"条款，以保护欧盟企业的知识产权。欧盟修改版权法要求大型互联网企业使用本国的新闻内容需支付更多费用。美国利用知识产权壁垒阻碍国外大型互联网企业进入市场。中国的百度、腾讯和阿里巴巴进入美国市场受到阻碍。美国利用其在知识产权领域的优势，常以侵犯美国知识产权为由，阻挠他国互联网公司进入本土市场。

三、中国应对之策

目前，全球数字贸易不断蓬勃发展，但数字贸易的规则体系仍处于形成和发展过程之中。现阶段，已经逐步形成了数字贸易规则的两大模板，即"美式模板"和"欧式模板"。中国电子商务规模虽然是全球第一，但在数字贸易规则制定上仍与发达国家存在差距，需要努力构建数字贸易规则的"中式模板"。在结合中国数字贸易发展特点的基础上，借鉴发达国家制定数字贸易规则的经验，中国应积极参与到全球数字贸易规则的制定中。具体包括：建立符合自身利益的中国特色数字贸易规则体系，促进数据自由分享并完善反垄断体系，实施数据分类管理以推动跨境数据自由流动，加强知识产权保护并解决中国盗版问题，依托电子商务优势建立世界电子贸易平台，参与多边数字贸易规则协商并签订区域贸易协定等。

第九节　数字贸易规则背后的利益博弈和非贸易因素

各经济体为使自己在数字贸易发展潮流中居于有利位置，提高自己的数字贸易竞争力，不可避免地在政治、经济、文化等方面进行利益博弈，争夺国际数字贸易规则话语权。数字贸易背后的利益博弈主要集中在数字税、数据流动、知识产权三个方面，而对于数字贸易的非贸易因素，主要有政治、经济、技术、社会四要素。这些利益博弈与非贸易因素也是当今数字贸易发展值得关注热点问题。

一、数字贸易规则背后的利益博弈

1. 数字税征收问题

正是由于数字贸易规模估算存在着口径不一、融合发展新业态难以区分、数据价值难以准确量化等问题，导致数据的跨境流动及基于数据跨境流动产生的商业活动，给各国税收征管部门带来了极大的困扰，即使在发达国家之间，围绕这一问题的争议也异常激烈。

2020年6月，美欧两国就征收跨国技术企业数字税协议展开谈判。此前，以美国企业为代表的一些跨国互联网巨头纷纷将欧洲总部落在税制宽松、税率偏低的欧盟成员国，以此"合法避税"，这一定程度上加剧了当地税务机关依据现行税收规则进行征管的难度。欧盟也在后来出台了向跨国互联网企业征收数字服务税的规定。OECD于2021年10月发布了声明，主要由美国推动提出的15%全球最低税率赢得了包括爱尔兰在内的138国家/地区（截至2021年11月）达成共识。亚马逊、脸书等科技巨头和其他大型全球企业在销售其商品或服务的国家应依照国际惯例纳税，即使这些企业在相关国家没有实体存在。

各国之间围绕数字税的争端由来已久，从表象来看，各国开征数字税是为了应对日益严重的财政危机，但从本质上看，这体现了日益发展的数字贸易规则的背后利益博弈。

2. 数据流动问题

数据流动问题也是各经济体在数字贸易领域关注的核心问题之一，多个主要经济体推进降低数字贸易壁垒，推动数字贸易自由化，很可能成为未来数据流动的趋势。围绕数据的跨境流动，依旧是各国数字贸易治理的关键分歧所在。以美国为首的数字技术、数字贸易和数字经济强国，在全球数字贸易中推行数据自由流动和存储设施的非本地化，并将这些诉求作为市场准入条件进行推广。而对于并不掌握网络底层技术的其他发展中国家，互联网与跨境数据的开放流动不可避免会涉及对于国家安全的担忧。展望未来，由于中国在互联网数字底层技术方面并不占有优势，出于国家发展需要和安全考量，中美之间围绕数据自由流动和储存本地化的争论，短期内较难达成一致意见，但可以预期的是，在数据自由流动方面，中国改革步伐可能会有所增强。

3. 知识产权保护问题

近年来，知识产权逐步成为国际贸易核心要素之一，也逐渐成为各国发展的战略性资源与提升国际竞争力的重要工具。知识产权保护是数字贸易全球治理中的重要议题之一，已经成为全球各个国家的共识。近年来，美国发动中美贸易战的借口之一，就是认为中国侵犯了其知识产权。根据国务院新闻办公室 2018 年 9 月发表的《关于中美经贸摩擦的事实与中方立场》白皮书中的观点，中国对美国支付知识产权使用费持续增加，从 2011 年的 34.6 亿美元到 2017 年的 72 亿美元，逐年攀增；此外，2017 年中国对美支付占中国对外支付知识产权使用费总额的 1/4。随着知识产权逐步成为国际贸易核心要素之一，各国不同程度加强对知识产权保护的力度，在不同的数字贸易多边及区域贸易协定中都涉及知识产权保护条款，如《跨太平洋伙伴关系协定》（TPP）、《知识产权协定》（TRIPs）。由于数字贸易多涉及数字化产品、数字化服务等知识密集型产品或服务，因此，知识产权保护将是数字贸易全球治理中的重要议题之一。

二、数字贸易规则的非贸易因素

数字贸易规则的制定，除考虑数字贸易本身的因素，还需要综合考虑各经济体的政治、经济、技术、社会等非贸易因素。笔者以 PETS（Politics-Economics-Technology-Society）框架范式来对数字贸易规则中的非贸易因素进行分析阐述。

一是政治因素（Politics）。在国家安全方面，一些具备国家重要安全战略价值的数据，如军事、石油、天然气、电力、交通、金融等国家机密数据或敏感数据的跨境流动存在不可控风险。若是不加控制任其自由流动，极易对国家安全造成威胁。因此，对这类数据信息的跨境流动，各国会采取一定程度的限制政策。在政治安全方面，由于图书、影音等数字内容可以通过社交媒体对社会稳定和政治选举产生影响，已经引起各国监管部门的重视，因此，各国在制定相关政策法规时也会进一步收紧。另外，国家生物安全、环境安全等因素也会在一定程度上影响数字贸易规则的制定。

二是经济因素（Economics）。数字贸易规则制定还会考虑到国家的数字贸易发展位势，即国家在数字贸易中所处的位置或数字贸易在本国产业中的地位。基于在数字贸易中的有利发展位置，发达国家在制定数字贸易规则协定时相对大多数发展中国家会更加开放。此外，为了保持国家在数字贸易规则方面的控制权和话语权，保持国家数字贸易发展的竞争优势，促进数字贸易产业链发展，不同经济发展水平的国家往往在规则制定上会有差异。

三是技术因素（Technology）。在技术层面，数字贸易涉及大数据、算法和计算机底层技术。掌握网络底层核心技术的发达国家与并不掌握网络底层技术的大多数发展中国家，在数据流动、数据本地化、数据开放等方面的政策规则都会有所差异。以美国为首的数字技术和数字贸易强国，在全球数字贸易中推行数据自由流动和存储设施的非本地化，并将这些诉求作为市场准入条件进行推广。但以中国为代表的部分不具有互联网底层技术的国家和地区，在数字贸易规则上则采取相对保守的政策。

四是社会因素（Society）。社会因素主要考虑社会安定、公民隐私等角度。近年来，跨境数据泄露现象层出不穷，对个人隐私、个人财产甚至人身安全都产生一定的负面影响。此外，由于互联网的发展，各类型的数字内容可以通过社交媒体进行传播，可能会对社会稳定产生影响。因此各国在制定相关政策法规时也会综合考虑，会更加重视维护社会稳定和保护公民隐私权。

第十节　全球跨境数据流动的时空演变与发展治理

一、全球跨境数据流动的背景与起源

（一）全球跨境数据流动的背景

经济和社会日益数字化，正在改变人们的行为和互动方式。数字经济蓬勃兴起，全球经济发展进入了以数据驱动为主要特征的新时期。数字化转型的显著特征之一是数据的指数增长。

波及全球的新冠肺炎疫情加快了数字化转型进程，增加了各国政府进行数字化转型的紧迫性。其中一个关键的挑战是如何治理和利用跨境数据流动的激增。世界范围内有关跨境数据流动治理的观点存在较大分歧：一部分国家强烈主张促进自由数据流动，而另一部分国家则要求数据本地化存储。

（二）跨境数据流动的作用

跨境数据流动促进数据更大范围的流动，其引领经济发展的潜能还处于不断释放阶段。跨境数据流动对微型、小型和中型企业（MSME）尤其重要，可减少其对数字基础设施的前期投资，更加灵活地响应需求的变化，更快地获取关键知识和信息，减少从事国际贸易的壁垒。跨境数据流动还可以促进各国政府之间的合作，提高政府部门决策的透明度。

（三）全球跨境数据流动的发展概况

全球数据联盟报告指出，全球每天产生 2.5 万亿个数据字节，数据传输为全球 GDP 贡献了 2.8 万亿美元，每十年增长 45 倍，到 2022 年，全球 60% 的 GDP 将由数字化创造。跨境数据流动对各个经济部门产生有益影响，75% 的数据传输价值累积到农业、物流和制造业等行业。对于亚洲的中小企业而言，数字工具降低了 82% 的出口成本，减少了 29% 的交易时间。跨境数据流动在凝聚全球共识方面发挥了重要作用，关于跨境数据传输的区域谈判大幅增加。

二、全球跨境数据流动的国际贸易学解释

（一）跨境数据流动对国际贸易学的影响

货物和服务贸易在某些方面与跨境数据流动的联系愈发紧密。在国际贸易中，商品或服务可通过数字方式进行订购和支付，数字化的商品和服务还可在线交付。跨境数据流动开辟了经济开放和国际贸易的新模式，对外开放由有形的口岸开放转变为无形的数据开放，国际贸易由货物贸易转向服务贸易及数字贸易。数据畅通水平决定着一国数字贸易发展水平。

数据通常是商品与服务在生产、流转、消费过程中产生的副产品，从而难以判定数据的创造地和获取地。因此，现有的国际贸易规则（例如原产地规则）将不适合在数据方面应用。

（二）跨境数据流动对其他学科的影响

跨境数据流动的广泛兴起将会对计算机科学、人工智能（AI）、大数据、

5G、6G 等产生变革式的影响。

三、全球跨境数据流动的历史与空间演变

有关数据流动的争论最早出现在 20 世纪 70 年代对隐私的担忧。第一个政府间的协定是 OECD 在 1980 年制定的《关于隐私保护和个人数据跨境流动的指南》，1981 年欧洲委员会也推出"108 号公约"以保护个人数据。自 2011 年以来，陆续有 WTO 成员国提交议案支持跨境数据流动。美国曾多次要求在电子商务中促进跨境数据流动并限制数据本地化。部分 WTO 成员转向诸边谈判，期待未来条件成熟后，再转为多边协议。根据 OECD 2020 年发布的报告，目前全球包含跨境数据流动条款的区域贸易协定有 25 个。2021 年 12 月，86 个 WTO 成员国发表电子商务联合声明倡议，在在线消费者保护、电子签名和验证、未经请求的商业电子信息、开放政府数据、电子合同、透明度、无纸化交易以及开放的互联网访问八项条款的谈判中取得不错的成绩，并力争 2022 年底前就"关税的电子传输、跨境数据流、数据本地化、源代码、电子交易框架、网络安全和电子发票以及市场准入"等大多数议题达成协议。

从全球跨境数据流动的空间演变来看，根据联合国 2021 年数字经济报告，数据跨境流动在地理上主要集中在"北美—欧洲"和"北美—亚洲"这两条路线上。中国和美国参与数字经济的程度和从中受益的能力最强。苹果、微软、亚马逊、Alphabet（谷歌）、Facebook、腾讯和阿里巴巴在越来越多地参与到全球数据价值链的各个环节。

四、全球跨境数据流动对宏微观经济的影响

（一）对消费者、企业及政府的影响

数据已成为一种关键的经济资源，具有私人价值和社会价值。数据可被视为一种可供交易的商品，但受法律和数据市场不成熟的制约，数据的潜在可交易性还存在很大争议。数据可被视为一种资产，是企业的重要无形资产。数据可被视为一种生产要素，通过投入生产为企业创造财富。数据可被视为一种基础设施，数据对部门、区域及国家的运作变得愈发重要。

数据分析与使用具有显著的规模经济效应，跨境数据流动将此效应进一步放大。跨境数据流动支持数字包容，新冠肺炎疫情期间，企业家、初创企

业和小企业能够更有效地参与全球数字经济。政府依托大量数据信息提高政策实施效率，优化资源配置，促进共同富裕；企业通过数据流动改变商业模式，提高企业竞争力，实现利润攀升；消费者享受数据流动所带来的优质产品与服务，获得更多福利。例如，平台类公司依赖数据得以运行，并通过数据分析掌握大量信息。如果没有驱动模型和系统的数据，围绕人工智能和算法的商业模式就不可能存在。

（二）对税收的影响

个人产生了大量数据，但这些数据通常由私人公司捕获、汇总和处理。跨境数据流动使这种个人创造和公司控制的不匹配成为一种全球性的问题。这对数字经济中的税收产生了影响，数字化使活动的税收变得复杂，处理不当可能会有侵蚀税基的风险。

（三）数据归属权问题

跨境数据流动意味着在一个国家产生的数据也可以为其他国家提供价值。在国际层面上，处理与数据共享相关的风险可能会变得更加复杂。此外，跨境数据流动的国际治理还需解决其造成的国家间利益分配不平衡问题，需明确数据的使用权、分发权、修改权等权利的归属。

五、各经济体已有的发展与治理举措

（一）欧盟

2018 年生效的欧盟《通用数据保护条例》（GDPR），因其严苛的规定、高昂的罚款、广泛的适用范围而被认为是当今世界上对个人数据保护水平最高的法案。

（二）美国

美国是跨境数据流动的坚定支持者，对跨境数据流动的监管相对较为宽松。具有代表性的是为促进美欧贸易合作于 2000 年达成的《信息安全港框架协议》（Safe Harbor Framework）及 2016 年达成的《隐私盾协议》（Privacy Shield）。美国国会于 2018 年通过的《澄清境外合法使用数据法案》（CLOUD

Act）使执法机构更容易访问存储在国外的数据。2021 年 9 月 29 日，美国—
欧盟贸易和技术委员会（Trade and Technology Council，TTC）首次会议在美
国匹兹堡召开。会后，美国和欧盟发表美欧贸易和技术理事会就职联合声
明，共同推动数字化转型，强化在技术和产业方面的领先地位，在全球范围
内设定高标准，保护和促进关键新兴技术基础设施，保护社会不受信息操纵
和干扰，促进安全和可持续的国际数字连接。

（三）日本

日本基于制造业优势主推可信数据自由流动倡议，支撑其"社会 5.0"
理念框架下的数据驱动型经济战略。日本与欧盟在互联网领域利益趋同。
2019 年，日本率先通过欧盟的充分决定认证并与其构建世界上最大的数据安
全传输区域。

六、国际组织对跨境数据流动的态度与反应

（一）WTO

WTO 现有规则框架未能对全球范围内的数据流动做出有效规范，目前正
积极推进跨境数据流动治理框架的构建。目前，较受认可的国际规则是由
1995 年 1 月生效的《服务贸易总协定》[①]（GATS）对数据限制措施的约束。
2021 年 5 月份举行的 WTO 电子商务谈判会议上，各成员已充分认识到数据跨
境自由流动作为商业活动推动者和数字贸易促进者的重要性。

（二）联合国贸发会议

联合国贸发会议（UNCTAD）同样将数据流动及其治理置于重要地
位，认为数据已成为创造私人和社会价值的关键战略资产。UNCTAD 倡导创
建全球数据治理新方针与新架构，推动数据自由跨境流动。

（三）经合组织

1980 年，经济合作与发展组织（OECD）发布的《隐私保护与个人数据

---

① WTO 前身即《关税及贸易总协定》（GATT），乌拉圭回合谈判达成，于 1995 年 1 月生效，
GATS 作为第一套有关国际服务贸易的多边协定同时生效。

跨境流动的指南》是第一套国际范畴商定的隐私规则，鼓励个人数据以可信方式跨境流动，为后来多国及国际组织跨境数据流动规则制定提供了重要参考。2013年，经合组织修订了隐私指南，这是该指南自1980年发布以来的首次修订，鼓励各国在隐私问题上进行合作，支持制定促进隐私框架之间相互操作性国际安排。

（四）亚太经济合作组织

美国等国家积极推广亚太经济合作组织（APEC）的跨境隐私规则（CB-PR）体系。CBPR制度是一个政府支持的数据隐私认证框架，公司可以加入该框架，证明其遵守商定的隐私保护原则和执行机制，使它们能够基于信任与参与CBPR的经济体之间进行数据传输。CBPR制度对亚太经合组织经济体并不是强制性的，即使一个经济体遵守了该制度，公司也可以选择是否在该制度下寻求认证。

七、跨境数据流动在中国

（一）跨境数据流动对中国经济的影响

跨境数据流动通过数据收集、存储与分析，产生私人价值和社会价值。此外，跨境数据流动可能对个人隐私、网络安全及其他人权造成影响。这些因素均会对我国经济产生影响。此外，跨境数据流动可能会产生知识溢出效应、技术溢出效应和人才效应进而影响中国经济。

（二）中国跨境数据流动治理举措

中国高度重视数据安全保护及数据产业发展。中国对跨境数据流动持审慎态度，2017年施行《网络安全法》。2020年9月，中国提出《全球数据安全倡议》，呼吁各国共同保障重要数据及个人信息安全，妥善处理跨境数据流动问题。2021年3月29日，外交部副部长马朝旭同阿拉伯国家联盟首席助理秘书长扎齐举行中阿数据安全视频会议，双方签署并发表《中阿数据安全合作倡议》，为推进全球数字治理做出重要贡献。于2021年6月通过的《数据安全法》对数据监管责任、数据保护路径及法律责任做出明确规定。

八、跨境数据流动的未来趋势

（一）发展趋势

跨境数据流动是一把双刃剑。一方面，数据有助于改进政策与规划、推动经济发展和增强公民权能，具有创造价值的巨大潜力。另一方面，数据积累可能导致经济和政治权力集中，扩大数据滥用的可能性。世界银行呼吁建立新的数据社会契约，推动数据的使用和再利用，创造经济和社会价值；确保人人享有从数据中受益的公平机会；增强公民互信。

UNCTAD 指出，目前跨境数据流动领域的首要工作目标包括对其定义和分类形成共识、建立跨境数据访问的体系、加强跨境数据流动的统计、将数据作为全球公共产品处理、探索新兴的数据治理形式、明确跨境数据流动中涉及的权利和原则、制定统一的国际标准、加强平台治理国际合作。

（二）治理趋势

跨境数据流动的国际监管已成为数字经济背景下的主要全球挑战之一。主要治理目标有防止不平等现象扩大、实现全球数据共享和发展全球数字公共产品、避免数字空间的进一步碎片化、增加对数字经济的信任和减少不确定性、妥善处理本国政策对其他国家的溢出效应、应对全球数字平台型企业规模扩张所带来的政策挑战。

构建统一的全球治理框架必须充分考虑到发展中国家的利益。弥补发展中国家在当前全球和区域倡议中代表性不足的问题，帮助不同发展水平的国家从数据驱动的数字经济中受益。

九、跨境数据流动发展治理的建议

（一）WTO 等国际组织规制跨境数据流动

WTO 应保障各成员国出于合理目的进行数据监管的权力，促进全球数字市场的数据流动、数字创新和良性竞争。一是 WTO 成员国应尽早形成共识，改变目前跨境数据流动规制碎片化的格局，开放维护数据资源，促进数字贸易进一步增长，促进疫情期间世界经济的复苏与发展。二是完善国际数据监管规则体系，坚持与时俱进、求同存异的原则，在 GATT、GATS、TRIPS、ITA 等协定为世界贸易经济发展提供制度性保障基础上，推动 WTO 更好地规制跨境数据流动，寻找全球最大"公约数"，为全球贸易投资经济的通畅、可预测做出更大贡献。三是规范数据产品市场行为，加强数字知识产权的保护，保障各成员国合理范围的数据主权，以促进数据流动、保护数据安全、共享执法需要的跨境数据、弥合数字鸿沟。

（二）中国规制跨境数据流动

中国跨境数据流动制度体系的基本框架已经形成，"四法律一条例一办法"构成新时代中国跨境数据流动制度体系的基本框架。近年来，中国政府紧跟信息数字时代发展新趋势，动态跟踪研究发达国家先进做法，对标国际标准，从中国实情出发，先后出台《网络安全法》（2017 年）、《电子商务法》（2018）、《数据安全法》（2021 年）、《个人信息保护法》（2021 年）和即将出台的《数据出境安全评估办法（征求意见稿）》（2021 年 10 月）、《网络数据安全管理条例（征求意见稿）》（2021 年 11 月），并提出《全球数据安全倡议》（2020 年）。中国跨境数据流动制度体系初成框架，重要数据存储、跨境电子商务业务、政务数据安全开放、个人信息处理、数据出境安全评估、数据跨境自由流动、数据跨境安全管理等都将有法有规可依。

建议中国在规制跨境数据流动方面加强以下工作：一是督促企业依法收集、存储、使用及加工数据，严格遵守与数据相关的法律法规。二是鼓励企业创新数据产品及数据安全保护技术，积极应对国际数据产品市场竞争中的风险与挑战。三是中国在实践中不断完善跨境数据流动制度体系。恪守"数据主权"利益，构建跨境数据安全流动合作区域。寻求与美国、欧盟、英国和新加坡等国的制度对话与合作，积极参与全球统一的数据监管规则制定。四是积极开展双诸边跨境数据流动制度合作，继续加强双边、诸边和与周边国家的国际经贸合作，积极参与 CPTPP 谈判，以 RCEP 协定生效为契机将跨境数据流动规则条款纳入更多区域贸易协定之中。

第九章　全球电子商务动态发展特点比较

第一节　2015 年全球电子商务发展动态

一、国际电商市场

2015 年在全球经济总体低迷、世界贸易增速放缓的背景下，电子商务逆势而上，保持快速增长。世界银行报告显示，2015 年全球贸易总量仅增长 1.7%，低于 2014 年 3% 的增速。国际购物中心协会（ICSC）报告显示，2015 年全球电子商务发展速度远高于传统贸易发展速度，前者同比增长 17%，后者仅为 3.5%。

从各国情况看，电子商务市场发展并不平衡。除中美两国继续保持领军地位外，西欧市场、日韩市场排名靠前，新兴经济体中俄罗斯、巴西表现也不凡。Remarkety 的调查显示，2015 年按网购开支排名的全球十大电商市场中，中国以 5626.6 亿美元居全球首位，是排名第二美国的 1.6 倍，其他依次为英国、日本、德国、法国、韩国、加拿大、俄罗斯和巴西。"金砖国家"印度蓄势待发，2016 年 3 月《经济学人》载文，印度 2015 年电商销售额虽然只有 160 亿美元，但其市场潜力已经深受亚马逊、阿里巴巴等世界电商巨头的青睐，未来将是全球发展最快的电子商务市场之一。

2015 年全球电子商务发展呈现移动化、国际化与规模化三大特征。美国的亚马逊、沃尔玛，法国的家乐福，日本的乐天，中国的天猫、淘宝和京东以及印度的 Flipkart 和 Snapdeal 等电商巨头市场份额居高。预计未来 5 年全球电子商务仍将处于最强增长阶段。

二、国内电商市场

2015 年我国电子商务发展日益成熟。总体来看，电商企业除了继续不断扩充品类、优化物流及售后服务外，也在积极下沉渠道发展农村电商，发展跨境网购，打造新的增长点。以知识产权为核心的网络娱乐产业链在 2015 年展现出巨大商业价值，在线教育、网络医疗、网络约租车已成规模。越来越多的国人开始使用移动设备进行网上购物，电子支付已成为在线购物的主要支付方式。据国家统计局统计，2015 年中国网络零售额为 38 773 亿元，比上年增长 33.3%，占社会消费品零售总额 300 931 亿元的 12.88%。国家邮政局数字显示，2015 年全国快递服务企业业务量累计完成 206.7 亿件，同比增长 48%，业务收入累计完成 2769.6 亿元，同比增长 35.4%。

2015 年我国电商市场呈现四大突出特征：

一是服务电商化。2015 年 9 月，国务院办公厅印发了《关于线上线下互动加快商贸流通创新发展转型升级的意见》，极大地推动了线上线下的协同发展。各类 APP 在手机终端的广泛安装、二维码扫码应用的普及，让 O2O 端口、应用场景越来越广泛、便捷，极大推进了吃、住、行及旅游、娱乐等生活服务在线化。根据国家商务部统计，2015 年上半年，我国 O2O 市场规模达 3049.4 亿元，同比增长高达 80%。

二是电商国际化。2015 年 3 月中国（杭州）跨境电商综合试验区获批，成为首个综合试验区。2015 年 6 月国务院出台《关于促进跨境电子商务快速发展的指导意见》，支持进口电商发展，优化通关流程，并鼓励外贸综合服务企业发展。例如阿里巴巴建立了专门服务东南亚的门户网站，并投资发展新加坡的邮政服务，和本地银行合作，帮助当地消费者简化支付手续。

三是电商农村化。2015 年 9 月商务部等 19 个部门联合发出《关于加快发展农村电子商务的意见》，从培育农村电子商务市场主体、加强农村电商基础设施建设和创建政策环境三大方面，提出 10 项具体措施，有力地推动了我国农村电子商务的发展。

四是消费习惯加速改变。购物行为从 PC 端向移动端迁移。随着智能手机、平板电脑的普及，4G 网络环境的日渐优化，用户移动购物习惯在电商巨头的移动端布局下逐渐成熟。

第二节　2016年全球电子商务发展动态

一、国际电商市场

2016年世界经济复苏依然缓慢且不均衡，国际贸易和投资疲弱，增长动力不足，贸易保护主义抬头、逆经济全球化趋势加剧，全球生产率降低、创新受阻，世界经济仍处于"低增长陷阱"。国际货币基金组织（IFM）预计2016年全球经济增速约3.1%，低于1980—2015年的历史均值3.5%，也低于2008—2015年的危机均值3.3%。2016年全球外国直接投资大幅下滑，联合国贸易和发展会议预计全年全球外国直接投资（FDI）较上年下滑约15%，降至1.5万亿~1.6万亿美元。

在世界经济不景气的大环境下，全球电子商务市场逆势而上，继续保持较高增长速度。eMarketer最新报告显示，2016年全球零售额增长缓慢，但全球电商零售额却实现快速增长，电商零售总额约1.915万亿美元，占总零售额的8.7%，增长率达23.7%，远高于全球经济增长速度。亚太地区仍然是全球最大的电商零售市场，2016年的电商零售额约1万亿美元，其中中国的电商零售额达8990.9亿美元，为全球贡献了近一半的电商零售额（47%）。2016年全球互联网用户数将达到32亿人，约占全球总人数的44%，其中移动互联网用户总数达到20亿。随着互联网用户进一步普及，全球电商市场有望持续扩大。

从各国情况看，2016年中国电子商务继续保持全球领先地位，美国电商市场仍居世界第二。美国商务部数据显示，2016年美国电商市场趋于平稳增长，电商销售额约3500亿美元，其中家居类产品销路较好，18%的消费者开始在网上购买服装。据《每日邮报》报道，2016年英国网络零售占总零售额比例上升至23%，总值超过两千亿欧元。82%英国网民经常在网上购物，在欧盟28个成员国中比例最高。时尚和运动类商品在英国最受欢迎，其次是旅游和家居类。根据Ecommerce Foundation发布的报告，俄罗斯2016年电商交易规模预计增长5.3%，达到216亿欧元。俄罗斯电商卖得最好的产品是服装，其次是IT产品、鞋类及时尚用品、视频娱乐以及通讯服务。旅游也是目前俄罗斯最受欢迎的一种网上服务，其中，飞机票和酒店预定服务的市场份额最大，其次是旅游套餐及个人交通出行、保险、活动门票。eMarketer 预测，德国 2016 年电商零售销售额增 11.5%，达 576.5 亿美元。其中来自移动设备的零售销售额达 191.4 亿美元，比 2015 年提高 40.8%，在德国电商零售总额中占据 33.2%的比例。尽管受政治和经济危机困扰，失业率和通货膨胀率不断上升，2016 年巴西整体消费在下降，但电商却逆势增长。根据巴西电商咨询机构 e-bit 数据，2016 年巴西电子商务市场收入达 165 亿美元，增速 11.9%，并将持续增长至 2021 年。随着全球互联网与智能手机普及，世界电子商务将有更大发展机遇。

二、国内电商市场

2016 年我国电子商务发展形势向好，实现快速增长，全年电子商务交易总额突破 20 万亿元，占社会消费品零售总额比重超过 10%。商务部数据显示，我国电商交易规模连续五年增速超过 35%，网络零售额连续三年位居世界第一，实物商品网络零售额占社会消费品零售总额比例超过 1/10。2016 年中国电子商务市场零售总额达到 5.2 万亿元，占全球电子商务零售总额市场份额的 47%。电子商务在提升国内市场资源配置水平、带动传统产业转型升级、推动贸易便利化等方面发挥日益重要的作用，成为国民经济增长的新引擎。2016 年我国电商市场呈现以下四大特征：

一是跨境电商持续升温。2016 年，跨境电商行业持续迎来政策利好，国家推动建设跨境电子商务综合试验区，组织实施国家电子商务示范城市、电子商务重大工程等，这些政策措施为跨境电商带来新的发展机遇。商务部 12 月份出台的《电子商务"十三五"发展规划》再次把跨境电子商务作为我国电子商务"十三五"时期重要的发展方向。据商务部数据，2016 年中国跨境电商进出口贸易额约 6.5 万亿元，未来几年跨境电商占中国进出口贸易比例将会提高到 20%，年增长率将超过 30%，在 G20 杭州峰会贸易部长会议中跨境电商成为倡议热点。中国跨境电商近年交易规模持续增加，有力拉动我国进出口贸易额增长。

二是场景化运营成为网上零售电商营销新常态。电商运营企业将逛街式的体验和网购有机结合，为消费者营造优质的购物体验，其快速崛起正成为电商营销新模式。以直播、IP 运营为主要方式的场景化运营对电商的推动作用正在显现。阿里巴巴淘宝、天猫平台均推出直播，利用直播形成的强交互场景、网红 IP 的精准投放效应，前置商品咨询服务、加速用户的消费决策，构成电商直播高转化率的基础。唯品会在场景化运营中已形成由"电商+明星+网红+直播"构成的超强 IP 运营模式。电商运营正进入由传统流量运营向场景化运营的推进，并成为电商营销新常态。

三是农村电商迎来利好。2016 年全国农村电子商务持续呈现出快速增长的态势，农村市场需求旺盛，中央和地方政府纷纷出台政策给予扶持，各大电商企业不断布局，涉农电商的融资总额快速增长，这为农村电子商务的发展提供了强有力的支撑。在"互联网+"和"大众创新、万众创业"政策鼓励下，各地方政府将电商作为扶贫攻坚的主要方法和手段，更多的资源投入到农村电子商务当中，更多民间资金加入农村电子商务。农村电子商务的发展提高了当地农民收入，农民收入的提高又使他们有更强的消费能力，相互促进，形成良性循环，推动农村电子商务加速发展。农村电商显著特点是农产品电子商务品类分化明显，全国农产品网络零售行业排名依次是水果、茶饮、草药养生、粮油、坚果、畜禽、水产、蔬菜、花卉植物等，其中，前三大行业合计占比 56.11%。

四是移动电商崛起。得益于智能手机终端的普及，中国移动购物市场保持高速发展态势。中国互联网络信息中心发布第 39 次《中国互联网络发展状况统计报告》。该报告显示，截至 2016 年 12 月，中国网民规模达到 7.31亿，其中手机端网民 6.95 亿，网民中使用手机端上网的比例达到了95.1%，移动总人数正超过 PC 端，移动互联网渗透率大。移动端交易额占比已近半成，智能手机和移动设备、穿戴产品、遥控产品等，正形成一个庞大物联网，人物相连，物物相连。相比于一二线城市高渗透率，移动电商更快更容易渗透三四线城市，使得三四线的城市有着更高的城市渗透率。移动购物占比持续提升。随着智能终端的普及化和移动网络深度的覆盖进一步扩大，移动互联网的渗透加大，移动购物将成为电商主战场。

第三节 2017 年全球电子商务发展动态

一、国际电商市场

2017 年全球经济企稳回暖，经济复苏由美国扩散至众多发达与新兴经济体，全球贸易与跨境资本流动呈现复苏迹象。在世界经济企稳并持续向好的大环境下，电子商务成为全球经济增长的亮点。国际电子商务发展呈现出两个方面的特点：一是电商市场先进与新兴国家和地区都全面快速增长，但其发展也存在着差异；二是移动技术逐渐成为电商应用的主流。欧美主要国家的电商销售额持续增长。市场调研机构 eMarketer 的数据显示，2017 年美国电商市场稳居世界第二，在美国通过移动终端达成的购买行为占据全部电商销售额的 22%。加拿大的电商销售增长率在 2017 年约为 17%。英国电商销售额在 2016—2017 年平均约有 14% 的增长率。德国电商市场有明显特色，网购主力是中老年人，55 岁以上的老年人占网购族的比重高达 34.2%。

新兴经济体巴西的电商发展抢眼。据巴西信用保护服务机构（SPC）和国家店主联合会（CNDL）在巴西 27 个大型城市的调查显示，2017 年 40% 的消费者选择通过电商网站购物，前往实体店购物的消费者比例为 37%，巴西已经进入网络购物全面超越实体店的新阶段。

亚洲地区电子商务增长的势头依旧引人注目。据 IDC Japan 报告，2017 年日本电商销售额占 GDP 总额的 2.8%，超过 70% 人使用互联网购物。eMarketer 的调查数据显示，2017 年韩国网购用户占人口总数的 69.1%，生活必需品网购比例全球排名第一。《印度投资快报》报道，印度电商市场 2017 年平均增长率为 23%，处于高速发展通道，但是印度电商的支付领域发展缓慢，60% 的电商支付仍采用货到付款方式。专业调查机构 WeAreSocial 的数据显示，2017 年印度尼西亚电商市场增长率约为 23.52%，时尚领域是网络零售的主力消费市场。印度尼西亚人使用手机上网购物的比例为 69%。《泰国民族报》报道，2017 年泰国电商市场交易额较 2016 年增长近 10%，但泰国电商市场仍有很大的发展空间，2017 年泰国线上零售额约占全国零售总额的 1%，远低于亚太地区网上零售额占零售总额 12.4% 的比例。

2017 年国际电商市场呈现出三大发展趋势和特色：

一是电商市场趋向线上线下相互影响和相互作用。eMarketer 最新报告，美国消费者越来越注重线上和线下购物体验的结合使用，而商家也正积极寻求 O2O 的虚实整合。这种影响已成为一种新趋势，买家在网上研究产品，发现产品价值，检查产品可用性，然后通过移动终端确认，包括指定商店位置来进行实体店面的购买。

二是共享经济成为全球经济创新的一大热潮。2017 年美国 Uber、AirBnB、WeWork 三家共享经济公司的市值都超过百亿美元。印度、韩国、俄罗斯、澳大利亚等国的各类共享汽车和共享单车项目都在持续升温中。

三是人工智能技术的应用助力电子商务营销。人工智能技术在电商领域的应用增进了消费者和商家的交互能力，已经对电子商务营销产生了巨大影响。2017 年世界电商巨头继续加大人工智能技术的应用，采用新的人工智能技术提高客户的线上购物体验。领先电商企业将智能语音产品应用到人机交互过程中，开启了对话式电子商务的新模式，发展预期良好。

二、国内电商市场

纵观世界电商市场，中国引领全球电商发展。2017 年中国经济在世界经济回暖复苏中继续发挥"稳定器"作用。我国电子商务发展继续保持快速增长的良好态势。国家统计局数据显示，2017 年全国网上零售额 7.18 万亿元，比上年增长 32.2%。其中，实物商品网上零售额 5.48 万亿元，增长 28.0%，占社会消费品零售总额的比重为 15.0%；在实物商品网上零售额中，吃、穿和用类商品分别增长 28.6%、20.3% 和 30.8%。

2017 年国内电商市场呈现出四大发展趋势和特色：

第一，线上线下的新零售模式和业态快速发展。一方面，国内电商巨头大举进军零售业。2017 年 11 月，阿里巴巴直接和间接持有高鑫零售 36.16% 的股份。2017 年 12 月，腾讯对永辉超市增资，取得其 15% 股权。小米大举推进新零售，并承诺线上线下同价，做到了每年每平方米 27 万的销售额。京东线下也在大面积开店京东之家、京东帮等。另一方面，传统零售业充分利用大数据、云计算、人工智能等新技术实施创新转型，线下商业开展线上线下深度融合，供应链条上下游不断打通。商务部监测的 5000 家重点零售企业经营业绩呈现连续回升态势，网络零售所占份额继续扩大，全国实物商品网上零售额占社会消费品零售总额比重比上年提高 2.4 个百分点。

第二，跨境电商驶上发展快车道，挑战与机遇并存。在跨境电商零售进口监管过渡期政策延长、试点城市（地区）跨境电商零售进口商品暂按照个人物品监管、降低部分消费品进口关税等国家政策的支持下，我国跨境电商正成为国际贸易强劲的新"风口"。商务部数据显示，2017年跨境电子商务综合试验区进出口增长一倍以上。我国跨境电商企业纷纷加码布局海外仓。天猫在2017年已有超过10 000个中国品牌的逾12亿件商品通过天猫出海方式实现出海，串联起全球200多个国家地区的消费者。京东全球购、唯品会、蜜芽等跨境电商都加紧海外仓布局。随着跨境电商进入"全球零售"时代，我国跨境电商企业成为中国企业走出去、开展全球零售、建立全球品牌的先锋，但在贸易壁垒、知识产权保护、支付方式、商品本地化和诚信等方面也面临着许多挑战。

第三，电子商务服务模式和技术形态不断突破创新。B2B领域，借助大数据、云计算技术，B2B电子商务企业通过"产业链+供应链金融"的服务模式，构建供应链综合服务平台，以平台为中心对接上下游客户需求，提供完善的金融服务，从而提升贸易达成率。B2C领域，网络零售市场发展势头强劲，创新引领市场新业态和新技术发展。以无人便利店、无人餐厅、无人办公室货架为代表的零售形式层出不穷，刷脸支付服务则再次升级了网络零售的便利性。

第四，部分重点领域在快速发展的同时也暴露出一些问题。与电子商务的快速发展一样，我国快递物流业也发展迅速。国家邮政局数据显示，2017年我国快递业务量完成401亿件，同比增长28%。业务收入完成4950亿元，同比增长24.5%。我国快递物流基础设施不配套、配送车辆通行难、快递末端服务能力不足、行业间协调联动不够等问题成为电子商务发展的重要瓶颈，亟须推动电子商务与快递物流协同发展。农村电子商务发展势头虽然迅猛，商务部数据显示，2017年全国农村实现网络零售额12 448.8亿元，同比增长39.1%，但农产品电商标准化程度不高、网络销售农产品的产品同质化严重、低附加值等问题也更明显地暴露出来。

第四节　2018年全球电子商务发展动态

一、国际电商市场

2018年中美两国继续引领全球电子商务发展潮流。欧洲电商市场发展迅猛，西欧成欧洲电商主战场，英国位居榜首。日本继续维持全球第四大电商市场地位。印度移动电商增长快速，增长率在亚太地区仅次于中国和印度尼西亚。中东和非洲网购人数激增，阿根廷是拉丁美洲电商市场增长最快的国家，巴西仍是拉丁美洲最大的电商市场。全球领先的支付服务提供商Worldpay发布的《2018全球支付报告》显示，未来五年全球电子商务市场预计保持11%的平均增长速率。

2018年国际电商市场总体表现出以下四大特点：

一是移动电商渐成全球电商发展的主要驱动力。移动电商在全球电子商务交易中的比重逐步增加，重要性愈发凸显。据eMarketer预测，2019—2022年，全球移动电商销售额由2.321万亿美元攀升至3.556万亿美元，占全球电商总销售额的比重由67.2%提升至72.9%。智能手机的普及应用，助推了移动电商新发展。2018年中东和非洲智能手机市场增长明显。印度拥有近4亿智能手机用户，大部分电子商务交易通过智能手机完成。

二是新技术提升电商消费体验。APP、VR（虚拟现实）、AR（增强现实）、大数据、人工智能等新技术催生了无人便利店、机器人、社交电子商务、一键支付等电商新业态和新模式，增添电商消费内容。商店货架逐步数字化，云端设备适时引入、管理和数据跟踪，提升了顾客消费体验。

三是电商监管渐成常态化。英国通过财政法案，明确在英销售货物的电子商务平台及其海外销售者的增值税义务。澳大利亚税务局规定澳大利亚的低价值进口商品将按供应商代收的方式征收商品及服务税。新西兰政府对于进口低价值的最终消费品的海外供应商征收15%的商品及服务税。2018年6月，美国法院通过一项有关互联网销售税的裁决，允许各州和地方政府对互联网零售商征收销售税。德国《2018年度税法》草案规定，在线零售商应向德国税务部门申请增值税证明，证明有效期为3年；电商平台企业为税务部门收集、记录和验证平台商户的各类数据，协助监管商户的纳税义务。

四是 B2B 电商交易赶超 B2C。据 Frost & Sullivan 统计，到 2020 年全球 B2B 电子商务交易总额将高达 6.6 万亿美元，同期全球 B2C 电子商务交易额预计仅为 3.2 万亿美元。其中，仅美国 B2B 电商交易额预计将跃升至 1.9 万亿美元，约占全球 B2B 电商交易总额的 28.8%。

二、国内电商市场

2018 年国内电商市场呈现出以下五大特点：

一是政策持续利好助力跨境电商快发展。2018 年 6 月 13 日，国务院常务会议确定进一步扩大进口的多项措施，支持跨境电商等新业态发展；7 月 13 日，国务院同意新设 22 个跨境电子商务综合试验区。11 月 23 日，国务院常务会议决定，延续和完善跨境电子商务零售进口政策并扩大适用范围，扩大开放更大激发消费潜力。国家政策对跨境电商行业的持续利好助推跨境电商成外贸新增长点。

二是农村电商新发展助力脱贫攻坚贡献大。2018 年与农村电商配套的冷链物流、智能仓储、可追溯体系等产业发展迅速，农村电商服务体系不断升级完善，有望形成一个全新的农村电商产业体系。各地陆续出台支持农村电商的相关政策，阿里、京东等平台为贫困地区发展农村电商加大投入，农村电商已成精准扶贫、精准脱贫的重要抓手。

三是政府对电商的监管日趋法治化和规范化。①电子商务与快递物流协同发展。2018 年 1 月和 3 月，国务院先后颁布了《关于推进电子商务与快递物流协同发展的意见》和《快递暂行条例》。②《电商法》有效落地。2018 年 8 月，第十三届全国人民代表大会常务委员会第五次会议通过了《中华人民共和国电子商务法》，我国电商市场正式迈入法治化和规范化的发展轨道。

四是零售科技助力平台迎合品质消费需求。中国已进入新消费时代，用户不再一味关注品牌，而更加注重高性价比的生活和个性化消费。拼多多重视零售科技和专项研发，推出"新品牌计划"，追求 C2M（Customer-to-Manufactory，客户对工厂反向定制）模式，以适应新消费时代用户对品质商品的需求。淘宝天天特卖、苏宁拼购等平台先后宣布要扶持"拼工厂"。基于"社交+零售"模式的品牌商将面临重新洗牌，能否精准抓住消费者需求已成未来平台竞争的焦点。

五是社交电商发展成为时尚。2018 年共有 7 家电商平台上市，其中社交电商平台上市数量 3 家。拼多多仅用三年时间便登陆纳斯达克，成为社交电商领域的"黑马"。有赞、蘑菇街、京东、淘宝等平台均在加强社交属性建设。贝店、云集、礼物说等平台也纷纷进军社交电商。

此外，国内电商在快速发展的同时也存在不少问题，如：网购商品促销假象、跨境消费额度"被透支"、社交电商面临"信任危机"、农村电商人才支撑不足等。

第五节　2019 年全球电子商务发展动态

一、国际电商市场

随着全球消费者购买力的加强、社交媒体用户的激增、互联网基础设施和技术的不断提高，国际电商发展呈现出良好的态势，2019 年全球在线零售额达到 3.563 万亿美元。

中国电子商务交易额继续领跑全球电商交易市场，并远超其他国家，美国位居第二。英国、日本、韩国的电商交易额紧随其后。印度电子商务市场以较快的速度增长，凭借手机普及率的不断提高，印度市场有望在未来的电商市场中占据较大的份额。中东地区电商发展值得关注，其中阿联酋电子商务年增速较快，智能手机和互联网的普及率高于该地区其他国家，线上消费快速发展；沙特阿拉伯和以色列的电子商务规模增速也较快。东南亚电商市场蓬勃发展，Shopee 和 Lazada 是东南亚市场的领头电商；双 11、618 等大促起源于中国，现在也成为东南亚重要的促销活动；此外，电商直播也成为东南亚电商市场新颖的尝试，当地的不少品牌和卖家已在邀请流行关键意见领袖（KOL）和名人加盟直播，以加强与消费者的联系。

国际电商发展呈现以下特点：

一是国际电商热点向亚太地区转移。中国的在线零售额早已经取代美国成为世界最大的电商市场，并占全球在线零售总额的一半以上。欧美电商市场已经相对成熟，电商市场呈现一片红海，电商增速逐渐放缓。而东南亚、中东、印度、俄罗斯等新兴电商市场开始快速崛起，成为电商发展的热点地区。

二是付款方式多样化。Google Pay、Paypal、Apple Pay 和 Samsung Pay 等数字支付方式已被电商企业广泛采用。这种数字服务允许人们通过电子交易进行购物，满足了消费者数字支付方式的偏好，数字支付的方式丰富了电商交易的支付方式，方便了电商交易。

三是人工智能成为电商变革的助推力。当前，电商巨头都在积极应用人工智能技术，优化自身电商平台，以此来增加行业竞争力。人工智能从智能客服机器人、推荐引擎、图片搜索、库存智能预测、智能分拣等多方面对电子商务中的交易、客户维系、客户满意度等方面正在产生越来越大的影响。人工智能技术正在成为电商变革的重要助推力。

四是多种模式和渠道推动电商发展。随着电商发展的成熟与技术的不断进步，电商市场正通过运用多种渠道方式为客户提供服务、产品销售和营销，实现线上和线下统一互联的用户体验。电商应用技术不断升级，3D、AR、VR、区块链等多种信息技术逐渐用于电商发展，同时商家采用 B2B、B2C、C2C、F-commerce 等多种方式，也利用 Web、APP、小程序、短视频等多种方式，拓展 PC、M-commerce、实体店等多种销售场景。

二、国内电商市场

2019 年全国网上零售额 106 324 亿元，比上年增长 16.5%。其中，实物商品网上零售额 85 239 亿元，增长 19.5%，占社会消费品零售总额的比重为 20.7%；在实物商品网上零售额中，吃、穿和用类商品分别增长 30.9%、15.4% 和 19.8%。

2019 年国内电商市场呈现出以下五大特点：

一是直播电商快速增长。抖音、快手现已和淘宝、京东、唯品会、考拉等第三方平台合作，支持短视频+直播带货。小红书 2019 年 11 月宣布进军电商直播领域，哔哩哔哩（B 站）2019 年推出 UP 主入淘"千咖计划"，鼓励知名 UP 主建立淘宝达人账号，将粉丝引流至淘宝带货。淘宝直播规模最大，淘宝凭借较大的流量及前瞻性布局，2019 年"双十一"成交总额（GMV）近 200 亿，目前直播规模市场排名第一。

二是新技术驱动电商产业创新。近年来，大数据、云计算、人工智能、5G、VR 虚拟现实等数字技术快速发展，为电子商务创造了丰富的应用场景，正在驱动新一轮电子商务产业创新。新技术应用催生营销模式不断创新，新技术应用加快推动企业数字化转型。大数据和人工智能技术支持个性化场景，实现了针对不同消费者的定向导购和促销。虚拟现实和增强现实技术逐步成熟，缩短了消费者与商品的视觉感知距离，提升用户体验，辅助交易达成。

三是农村电商面临发展机遇与挑战。随着新模式、新技术的应用，农货上行逐渐取代工业品下行成为农村电商的核心，并且有效推动农村经济实现稳定发展，以拼多多为代表的新电商是农货上行模式的主要推动者。但在品牌化建设和标准化生产方面，农村电商仍处于劣势。此外农村基础设施不完善、物流不健全，村镇物流布点成本高，出于利润考虑，一些物流、快递公司不愿涉足村镇网点建设，制约了农村电商的进一步发展。

此外，年底受新冠肺炎疫情的影响，线下抑制的消费力在线上有了一定程度的释放。生鲜电商表现不俗，盒马、多点、每日优鲜、美团买菜、永辉买菜均出现蔬菜肉类供不应求、配送延迟的情况。因疫情引起的交通管制和检疫排查，对快递收寄也有一定影响，对国内电商和跨境电商的物流链都产生一定的影响。

第六节 2020 年全球电子商务发展动态

一、国际电商市场

一是疫情推动线上消费进一步加快发展。全球，尤其欧美国家在 2020 年第三季度出现新冠肺炎疫情反弹，并在第四季度出现疫情加重的趋势。受疫情影响，2020 年全球实体消费加速向线上消费转移，尤其是在日用品和快消品领域。据 eMarketer 最新数据显示，全球零售线上消费增长 27.6%，相比上一次的预测增长了 11.1 个百分点。但快速增长的线上零售增长数据，无法忽略全球零售下降 3.0% 的事实。

二是中国电商发展模式受到多国关注。与欧美国家电子商务、社交媒体分而治之的模式不同，中国的电子商务独具特色：网上购物平台融合数字支付、团购、社交媒体、游戏、即时通信、短视频和网红直播，比西方电子商务发展更具活力。为此，谷歌欲以 YouTube 打造视频购物，Facebook 则在其社交网络上推广购物服务。东南亚、印度和拉丁美洲许多领先的电子商务公司都提供从商品配送到金融业务等丰富服务的"超级应用"。如 2020 年 11 月东南亚电商平台 Shopee 宣布与数字支付公司 Visa、新加坡大华银行（UOB）等达成合作。通过此合作，Shopee 用户可使用 Visa 便捷支付，享受额外优惠和奖励。部分市场还推出以本地银行联名信用卡、跨境订单专款补贴等多项举措。

三是各国积极主动应对电子商务发展所带来的监管压力。为应对疫情下迅速发展的电子商务以及未来数字贸易发展趋势，各国陆续推出电子商务领域相关监管规则与法律。2020 年 3 月，美国国会众议院提交了《商店安全法案》（SHOP SAFE ACT），剑指电子商务平台上第三方卖家的销售假货行为。10 月，特朗普签署《关于通过罚款和民事处罚在电子商务平台上打击假冒商品行为的备忘录》，以打击商标假冒行为。欧盟委员会于 12 月公布《数字服务法》及《数字市场法》草案，成为欧盟委员会近 20 年来在数字领域的首次重大立法。欧盟修订《支付服务指令》和有关现行跨境包裹交付服务的新规则，在线销售商品和服务的新增值税将于 2021 年生效。英国政府设立专门的数字市场机构（DMU），以保护数字平台方面的竞争，这是政府为规范数字部门采取的一系列措施之一。日本国会通过一项法律，要求经营电子商务网站和应用程序的公司将每年向经济产业省提交商业行为报告。印度政府颁布了《2020 年消费者保护（电子商务）规则》，开始尝试通过电子商务规则来保护数字经济中的消费者。

四是全球电子商务规则谈判与实践取得实质性进展。2020 年世界贸易组织框架下的电子商务规则谈判得以开启。在 1 月的世界贸易组织第 12 届部长级会议发表的电子商务联合声明中，强调了促进跨境电商国际规则的重要性，并提出保持在国际规则制定中的包容性和开放性，以及对电子商务实质性成果的关注。12 月，86 个世贸组织成员国展开电子商务规则谈判。成员国计划下一步把综合谈判文本作为 2021 年的谈判基础，并在支持和促进数据流动等关键领域加强讨论，希望能进一步缩小分歧。

世界海关组织（WCO）逐步形成了一套支持实施跨境电子商务标准框架的工具。2020 年 2 月 WCO 电子商务工作组面对面会议，对《世界海关组织跨境电子商务标准框架》（电子商务 FoS）的电子商务参考数据集、税收征收方式、电子商务利益相关者的角色和职责三个未执行附件进行讨论，并将巴西和韩国海关当局提出的电商案例纳入 WCO 的电子商务案例研究汇编，审查了常设技术委员会关于电子商务 FoS 更新和维护机制的决定草案。WCO 政策委员会和理事会，包括常设技术委员会最后确定关键业绩指标，从而检测 FoS 执行情况。改进并扩大后的全球贸易服务平台，也于 6 月 27 日正式启动。WCO 政策委员会和理事会通过了构成 WCO 商务一揽子计划的关键文件①，以及《电子商务案例研究汇编》第一版。

在电子商务国际合作实践方面，2020 年 10 月，日英两国签署《日英全面经济伙伴关系协定》，日英两国在电商规则的一些关键条款上达成了共识，但并未形成一个全面的独立章节。11 月，RCEP 达成亚太区域首份范围全面、水平较高的多边电子商务规则成果。该协议专设"电子商务"一章，涵盖了丰富的电子商务使用和合作等相关内容②。此外，各方还在协定中就跨境信息传输、信息存储等问题达成重要共识。

二、国内电商市场

2020 年我国电子商务经受住疫情冲击，并在促消费、稳外贸、扩就业、保民生等方面作用不断增强，为形成以国内大循环为主体、国内国际双循环相互促进的新发展格局贡献了新活力。总体看，2020 年国内电商市场呈现出以下特点：

一是电子商务逆势强劲增长。2020 年全国网上零售额 117 601 亿元，同比增长 10.9%。其中，实物商品网上零售额 97 590 亿元，同比增长 14.8%，占社会消费品零售总额的比重为 24.9%，高于美国、日本等国家的数据。在实物商品网上零售额中，吃、穿和日用商品分别增长 30.6%、5.8% 和 16.2%。

二是电商新型业态蓬勃发展。无接触配送、直播带货、在线教育、在线医疗、在线文娱等新型消费实现了快速发展。传统商业企业加快数字化转型，大力发展送货到家、网上订餐等业务，线上线下加快融合。2020 年重点监测电商平台累计直播场次超 2400 万场，在线教育销售额同比增长超过 140%，在线医疗患者咨询人次同比增长 73.4%。"双品网购节""618""双

---

① 包括跨境电子商务参考数据及税收政策、电子商务利益相关者的角色和职责、常设技术委员会关于电子商务 FoS 更新机制的决定文件。

② 主要包括：促进无纸化贸易、推进电子认证和电子签名、保护电子商务用户个人信息、保护在线消费者权益、加强针对非应邀商务电子信息的监管合作。

十一""网上年货节"等大型网购促销活动，推动需求释放，有力拉动市场增长。未来，线上线下融合发展的新业态、更多的线上服务，都将成为新的消费增长点。

三是电商赋能农业农村发展。电子商务进农村深入实施，建成县级服务和物流配送中心2100多个、乡村服务站点超14万个，村级电商站点覆盖率达到70%，畅通了城乡商品流通通道。商务大数据监测显示，2020年全国农村网络零售额达1.79万亿元，同比增长8.9%。全国832个国家级贫困县网络零售总额3014.5亿元，同比增长26.0%。实物类网络零售额占国家级贫困县网络零售总额的58.7%，同比增8.7个百分点。电商加速赋能农业产业化、数字化发展，有力推动乡村振兴和脱贫攻坚。电商扶贫公益频道对接646个贫困县，帮助273家企业获得"三品一标"。电商扶贫累计带动771万农民就地创业就业，带动619万贫困人口增收。

四是跨境电商创新发展。根据海关数据，2020年我国跨境电商进出口1.69万亿元，增长31.1%。其中，跨境电商出口1.12万亿元，增长40.1%，跨境电商进口0.57万亿元，增长16.5%；通过海关跨境电子商务管理平台验放进出口清单达24.5亿票，同比增长63.3%。跨境电商新业态新模式试点工作正在积极推进。2020年新增46个跨境电商综合试验区，增设"9710""9810"跨境电商B2B出口贸易方式。我国与22个国家"丝路电商"合作持续深化，推动通关便利化。一批跨境电商平台在海外飞速发展，超万家传统企业触网上线。配套生态体系日益完善，跨境电商的海外仓数量超过1800个，同比增长80%，面积超过1200万平方米。

第七节　2021年全球电子商务发展动态

一、国际电商市场

2021年在疫情推动下，全球电子商务快速发展。表现在政府间电商合作水平稳步提升，全球大型电子商务企业之间深入协同和国际组织在全球电子商务治理中发挥重要作用。

一是政府间电商合作水平稳步提升。在中国—上海合作组织数字经济产业论坛上，中国国际电子商务中心、中国服务贸易协会、哈萨克斯坦运输与物流机构协会联盟等共同签署《共建跨境电商平台》合作备忘录，承诺四个方面加强协作：①通过举办线上工作会、线下交流会等方式，推进电商平台建设、国际贸易便利化、数字技术交流和经验分享；②充分发挥大专院校、社会专业培训机构、电子商务企业和行业协会等作用，共同推进电子商务人才培养；③利用电子商务积极推动各国优势特色产品生产和流通，促进产销对接，为企业达成合作提供公共海外仓、物流、支付等服务和支持；四是积极引导和组织企业参加其他国家的跨境电商、数字化贸易、数字化建设、数字化经营等国际展会和论坛，利用在中国重庆举办的"中国-上海合作组织数字经济产业论坛"等平台，共享电子商务发展成果，共同为本国企业的合作创造商机。

二是全球大型电子商务企业之间深入协同。亚马逊推出多渠道订单履行（Multi-Channel Fulfillment，MCF）计划，帮助包括沃尔玛、eBay 在内的其他网购平台利用亚马逊物流配送网络完成订单配送。近期，亚马逊对 MCF 计划进行了优化，通过建立新型的软件合作伙伴关系，为包括其竞争对手在内的各类客户提供更便利的服务。7 月份，亚马逊宣布 MCF 将与软件管理提供商 BigCommerce 进行直接整合，面向同时在多个网络平台销售商品的"全渠道"卖家提供更优质的服务。目前亚马逊占据了美国电子商务约 40% 的市场份额，通过 MCF 计划，亚马逊将能够进一步深入了解全球消费者的购物习惯。

三是国际组织在全球电子商务治理中发挥重要作用。7 月 1 日，世界贸易组织讨论了 WTO 在电子商务领域的工作方案，重点讨论电子商务对竞争、技术转移、数据存储、就业等方面的影响。7 月 8—9 日，世贸组织成员在商品理事会上讨论了一项修订提案，旨在加强成员遵守透明度义务。7 月 22 日，澳大利亚、日本和新加坡作为共同召集国，召集了电子商务谈判，新加坡表示，成员国在电子签名、数字认证、消费者保护、透明度等领域的谈判取得了突破进展。8 月 9 日至 11 月 12 日，世界贸易组织为 10 个来自拉丁美洲的成员国相关官员推出首个在线关于区域贸易政策的课程，鼓励拉丁美洲电子商务的发展。9 月 10 日，联合国贸发会议、开发计划署等多个机构部门宣布发起了一项支持太平洋地区数字经济发展的计划，旨在帮助太平洋地区的弱势国家缩小数字鸿沟，创造包容性的数字经济。9 月 29 日，联合国贸发会议发布了《2021 年数字经济报告》，认为新冠肺炎疫情扩大了发展中国家与发达国家在数据流动方面的鸿沟，加强了不平等，全球需要更加合理的数据治理机制。

二、国内电商市场

2021 年我国电子商务市场继续稳步向好。根据国家统计局数据，2021 年全国网上零售额达 13.1 万亿元，同比增长 14.1%，其中：实物商品网上零售额 10.8 万亿元，同比增长 12.0%，占社会消费品零售总额的比重为 24.5%，对社会零售总额增长的贡献率为 23.6%。国内电商市场呈现出以下特点：

一是跨境电商业态持续繁荣。2 月，习近平主席在中国—中东欧国家领导人峰会上提出"推动建立中国—中东欧国家电子商务合作对话机制"的倡议。6 月 8 日，为落实领导人峰会成果，中方与阿尔巴尼亚、匈牙利、黑山、塞尔维亚、斯洛文尼亚等 5 个有意愿的中东欧国家在中国—中东欧国家"丝路电商"发展高峰论坛现场（宁波）共同启动了中国—中东欧国家电子商务合作对话机制，共同探索互利共赢的合作新模式，共享数字经济发展红利。7 月，国务院出台《关于加快发展外贸新业态新模式的意见》，提出积极支持运用新技术新工具赋能外贸发展，扩大跨境电子商务综合试验区试点范围，培育一批优秀海外仓企业，完善覆盖全球的海外仓网络，促进中小微企业借船出海，带动国内品牌拓展国际市场空间。在政策推动下，跨境电商业态持续繁荣。据商务大数据显示，2021 年我国跨境电商进出口额 1.98 万亿元，同比增长 15%，其中出口 1.44 万亿元，同比增长 24.5%。

二是新兴电商消费模式蓬勃发展。在疫情蔓延背景下，直播电商等新兴电商消费模式正在蓬勃发展。在线教育、远程办公等模式在推动复工、复产、复学等领域发挥了重要作用。在线服务消费回暖，在线餐饮销售额同比增长较快。据携程网发布《2021 暑期旅游大数据报告》显示，2021 年 7 月 1 日至 8 月 31 日，跟团游和自由行订单较 2020 年同期增长 10 倍以上；暑期私家团订单量较 2019 年同期增长达 169%；定制游订单量较 2020 年同期增长超过 7 倍，入驻携程平台的定制游供应商数量同比增长达 65%。从机票预订情况来看，亲子游订单占比达 59%，较 2019 年同期高出 8 个百分点。亲子游订单总预订金额较 2020 年同期增长 463%，平均花费金额较 2020 年同期增长 84%。

三是电商推动产业数字化转型步伐不断加速。大型电商企业通过"C2M"模式，以线上聚集的数据、技术、创意等反哺实体企业，打造"智能制造平台"，实现了促创新、降成本、补短板。商务部等部门持续推进全国电子商务公共服务平台建设，发起惠民惠企行动，聚合数据、培训、信用、人才等服务资源，免费服务市场主体，助力企业特别是中小企业数字化转型。

四是电子商务治理水平不断增强。2021年7月，国家互联网信息办公室就《网络安全审查办法（修订草案征求意见稿）》向社会公开征求意见。其中明确要求，掌握超过100万用户个人信息的运营者赴国外上市，必须向网络安全审查办公室申报网络安全审查。7月，市场监督总局起草了《价格违法行为行政处罚规定（修订征求意见稿）》。"大数据杀熟""补贴倾销"等"新业态中的价格违法行为"将被给予警告、罚款甚至停业整顿。9月，市场监管总局起草了《关于修改〈中华人民共和国电子商务法〉的决定（征求意见稿）》并向社会公开征求意见，目的是加强知识产权保护，规范平台经济秩序。

第十章 中国和世界数字贸易与规则发展展望

第一节 世界数字贸易整体发展趋势

在梳理全球数字贸易及规则发展历史脉络的基础上，笔者重点解剖了美国、欧盟、英国、日本、韩国、金砖四国、东盟和中国数字贸易及规则发展的现状，并探讨了当下数字贸易及规则发展的热点问题。研究分析后的一系列结论表明，数字化是全球贸易发展的最重要趋势。

趋势一：数据要素在数字贸易市场中重要性日益提升

跨境数据流动规模的扩大使得其对全球经济增长的影响越来越大。全球数据流的增长速度已经超过了贸易或者资金流的增长，数据成为数字贸易中的核心要素之一。麦肯锡全球研究院（MGI）发布的《数据全球化：新时代的全球性流动》报告指出，自 2008 年以来，数据流动对全球经济增长的贡献已经超过传统的跨国贸易和投资，支撑了包括商品、服务、资本、人才流动等几乎所有类型的全球化活动，并发挥着越来越独立的作用，数据全球化成为推动全球经济发展的重要力量。展望未来，数据这一要素也将随着科技进步、技术革新而在数字贸易中发挥着愈发重要的作用，不断成为增长与变革的重要驱动力。

趋势二：数字技术行业的应用场景与应用深度加强

数字贸易的发展与大数据、云计算、人工智能等新兴数字技术的深化应用与革新密不可分。数字技术的发展推动数字贸易的研发、设计、广告、分销、售后服务等各个环节数字化、智能化、云端化。数字贸易中的数字化需求，也促使更多的数字化服务开发与应用，拓展新的应用场景，加强应用深度，进而推动数字技术的发展。

趋势三：数字服务类贸易比重将逐步超过传统货物贸易

数字技术的兴起促进服务经济的蓬勃发展，也推动了数字贸易的结构性变化。数字贸易包括依托数字化平台实现的传统货物贸易，也包括数字化产品、数字化服务和数据流与信息的贸易。笔者预计，数字贸易将朝着数字服务化方向发展。根据中国信息通信研究院2020发布的《数字贸易白皮书》，2019年全球数字服务贸易（出口）规模达31 925.9亿美元，逆势增长3.75%，增速超过同期服务贸易和货物贸易，占服务贸易比重上升至52.0%，占全部贸易比重上升至12.9%。数字贸易出现贸易经济服务化趋势，数字经济和数字贸易的迅猛发展推动了全球服务贸易结构的优化。

第二节　中国数字贸易整体发展趋势

一、中国数字贸易整体发展趋势

1. 现状

中国数字贸易呈现蓬勃发展的良好态势，数字服务贸易发展势头尤为强劲。根据商务部发布的《中国数字贸易发展报告2020》数据显示，"十三五"时期，中国数字贸易额由2015年的2000亿美元增长到2020年的2947.6亿美元，增长47.4%；同期，数字贸易占服务贸易的比重从30.6%增长至44.5%。近十年来，中国数字服务贸易规模基本翻了一番。

2. 发展趋势

数字贸易发展迅速，发展规模持续扩大。随着数字经济时代的来临，数字贸易逐渐成为国际贸易的重要形式。据商务部预测，到2025年，中国可数字化的服务贸易进出口总额将超过4000亿美元，占服务贸易总额的比重达到50%左右。从中长期来看，发展中经济体凭借庞大的市场空间和不断缩小的技术差距，具有发展数字贸易的巨大潜力。中国的数字贸易随着数字科技的高速发展呈现蓬勃、迅速的发展态势。中国作为数字贸易大国的地位正在逐步巩固，已晋升为全球十大数字贸易经济体行列。

数字贸易日益成为推动经济发展的动力。据《2021中国数字经济发展白皮书》，我国数字经济占GDP比重从2005年的14.2%提升至2020年的

38.6%。作为数字经济的重要组成部分，数字贸易已经成为助推经济发展的重要力量。同时，为加快数字贸易发展，充分发挥数字贸易对经济的推动作用，我国对数据资源的重视程度与日俱增，并不断升级对数据资源的战略部署。

中国数字贸易法律、法规逐步健全。近年来，我国已出台《网络安全法》《数据安全法》《个人信息保护法》等一系列支持和推动数字贸易发展的法律法规及政策，形成了推进数字贸易发展的基础制度和标准规范。我国逐步建立健全数据资源确权、分级分类保护体系，完善跨境传输安全评估，推动数字贸易健康有序发展。在国际社会上，中国也积极参与数字贸易规则制定，提升中国技术和标准的国际影响力和话语权。

数字贸易开放水平有序提升。当前，中国正通过建立自贸实验区等方式，推进数字贸易发展和构建等水平数字贸易规则。依托自贸区打造数字贸易的示范区，形成创新试点并逐渐推广，数字贸易的开放水平得以有序提升。

二、中国数字贸易发展存在不足与对策

1. 不足与挑战

在数字贸易取得进展的同时，中国数字贸易发展面临核心技术开发能力不够强、高端技术人才不足、数字治理能力有待加强、数字化基础设施建设不够完善等各方面的制约因素。尤其是当今世界大国间的利益博弈与战略竞争加剧，全球数字鸿沟与壁垒依然存在，全球数字治理体系尚未完善，数字安全问题、贸易保护主义抬头等问题。

2. 对策

持续推进数字基础设施建设。数字贸易对数字基础设施的依赖程度较高。因此，为提高数字贸易国际竞争力，各国均加快完善数字基础设施建设。目前，国际社会对数字贸易这一新兴产业的概念还未有统一、权威的具体概念。因此，厘清数字贸易概念，对我国数字基础设施进行摸底，找出其短板并妥善解决。同时，加快数字化技术及其硬件基础设施建设，重视数字基础设施建设的平衡发展，防止出现新的基础设施鸿沟，将有利于夯实我国数字贸易发展基础。其次，积极参与海外数字基础设施建设与国际合作，增强我国在国际社会上数字贸易领域规则制定的参与度与话语权。

构建产业数字化发展体系。近年来我国数字贸易规模快速扩大，数字贸

易国际市场持续拓展。但是在关键核心技术研发创新能力与高端人才供给上，中国与欧美一些发达国家还有一定差距，一些关键核心技术还需依赖进口。中国借助"互联网+"计划、"中国制造2025"等国家战略，加快数字技术创新及应用，拓展数字贸易的新空间。相比美国等发达国家在数字贸易领域的平衡发展，中国数字贸易在各领域的发展并不均衡。未来需要进一步夯实数字贸易产业基础、提升数字产品及服务质量，在数字内容、云计算服务、互联网服务等领域有更多的拓展。

完善数字贸易相关法律法规体系框架。由于数字贸易目前还属于新兴业态，其发展迅速，涉及面广，包含贸易、信息、文化、互联网等多领域，加之传统的贸易条例使用范围往往是货物商品，因此许多涉及数字化产品、数字化服务、数据流的生产、使用、监管、税收、隐私保护、知识产权保护、服务审查、服务标准规范、跨境数据流监测等各环节各方面的相关立法基础较为薄弱，相关规则覆盖面还不够全面。因此，迫切需要国家层面采取相应的数字产品与服务管理与市场准入条例，通过科学有效的风险评估和控制手段措施，为参与并推动数字贸易规则制定形成良好的制度基础。

积极参与国际数字贸易规则制定。当前数字贸易持续快速发展，但由于贸易规则的利益博弈，国际社会上依旧存在贸易保护主义。中国应当在加快国内数字贸易规制建设的同时，科学研究数字贸易国际发展态势与特点，深入分析现有的数字贸易文本，积极参与相关国际规则谈判，进而推进公正合理的全球数字贸易规则，为国际社会创建公平竞争的贸易环境。

第三节　影响世界数字贸易发展的决定性因素

近年来，Tomatzky 和 Fleischer（1990）提出的 TOE 框架（Technology-Organization Environment Framework）广泛应用于电子商务及跨境电子商务的影响因素分析。而数字贸易是跨境电子商务的数字化拓展，理应适用于 TOE 框架。基于 TOE 框架，将数字贸易发展视为一种技术创新行为，从技术、组织、环境三个主要模块对影响数字贸易发展的决定性因素进行分析和说明。

一、T（技术，Technology）

技术因素多用信息化水平来衡量，主要包括信息化基础设施的建设程度和信息化技术的应用水平、数字化技术相关高端人才水平等。数字贸易的发展与大数据、云计算、人工智能等数字技术的建设水平、应用水平与革新力度密不可分。信息网络基础设施是数字贸易发展的支撑载体，是进行数字贸易活动的前提条件。数字技术水平是数字贸易发展的直接推动力。此外，人才是引领发展的动力之一，数字化的专业技术和管理人才也是影响数字贸易发展水平的因素之一。从技术本身和经费投入来看，专利申请数量、研究和开发经费投入体现了一个地区科学技术的发展水平和技术的创新能力，是数字贸易可持续发展的重要指标。数字化基于信息通信技术服务，其与产业的全面深度融合，能够有效推动消费升级、降低成本、提升效率，从而促进贸易的数字化、服务化和智能化转型，带来新技术、新业态、新人才、新机会，从而推动全球数字贸易发展。

二、O（组织，Organization）

组织因素是指与数字贸易相关的组织结构、组织规模、决策支持等，组织因素分为产业结构和政府支持力度。产业结构代表数字贸易组织结构，第三产业由各类服务和商品组成，是数字贸易产业结构的重要组成部分。当前，随着数字时代的来临，全球正在逐步实现产业数字化，传统产业得以转型升级，将推动数字贸易成为新的经济增长点。决策支持方面，主要参考政府对数字贸易的支持力度，是否出台相应的政策加以扶持。政府支持力度对数字贸易的发展有较大的正向推动作用。为加快数字贸易发展，充分发挥数字贸易对经济的拉动作用，各国对数字贸易的重视程度与日俱增，并不断升级战略部署，国家方面也不断发布利好政策支持数字贸易发展。

三、E（环境，Environment）

环境因素指开展该项活动所处的宏观环境，国内整体市场环境发展直接关系到数字贸易能否顺利开展，数字贸易的发展离不开经济实力的支撑。经济实力越强的国家，在数字技术与科研投入上的占比相对更高，信息网络基础设施建设能力、数字技术的应用水平与革新力度也相对较高，能够为数字贸易发展提供有力支撑。此外，数字贸易发展的国际环境也至关重要，当前国际形势仍错综复杂，受疫情影响，经济复苏存在不确定性，且贸易保护主义抬头、非关税壁垒等不利因素也会限制数字贸易的发展。

第四节 世界数字贸易相关规则变革方向

一、数字贸易规则模式发展现状

各国逐步加快规则制定，推动形成数字治理国际新机制，持续优化数字贸易发展战略。数字贸易的发展正在重塑国家的贸易格局，全球的体系、规则、价值观和经济形态也在不断动摇与演变。美国、欧盟、中国等主要经济体纷纷把数字贸易放在重要地位，出台了国家层面的数字贸易发展战略。但各国的侧重点并不相同，"美国数字经济议程"强调自由开放的互联网、创新和新兴技术；"欧盟数字单一市场战略"主张破除法律与行政壁垒，实现数字商品服务自由流通，推动数字技术发展；中国"互联网+"战略、《中国制造2025》和国家大数据战略等则着眼于推动移动互联网、云计算、大数据、物联网等与现代制造业结合，促进电子商务、工业互联网和数字金融的创新发展。

整体来看，数字贸易的规则建设滞后于快速发展的数字贸易。一个主要的原因是当前国际社会各大数字贸易经济体对数字贸易概念还未有统一、权威的概念，如 WTO 未在相关文件中直接使用数字贸易的概念，而是在部分条款中涉及；美国、欧盟、俄罗斯、中国等经济体对数字贸易的定义和侧重点也有所不同。对概念的分歧间接影响了各经济体在数字贸易规则构建方面的谈判推动不顺甚至迟滞。原因之二，世界主要国家由于数字贸易发展水平不一、数字化技术水平差异化、政治和经济等国情不同，导致数字贸易规则在数字产品的定义与监管、数字税问题、跨境数据流动、知识产权等多方面议题存在一定程度的分歧和冲突，从而在长期发展中形成了几种影响力较大的数字贸易规则模式，包括以美国和欧盟为主的"美式模式"与"欧式模板"及以中国、俄罗斯等发展中国家为主的发展中国家模式的数字贸易规则模式。

数字贸易的规则制定必然还需要存在一个漫长的求同存异的过程。当前全球贸易保护主义抬头，数字贸易规则发展遭遇诸多贸易壁垒，各国在数字服务税、数据跨境流动、市场准入等问题上分歧较大。在数字服务贸易规则制定方面，美国与欧盟从自身利益出发主导着规则制定方向，全球数字服务贸易统一规则尚未形成。例如发达国家希望更少的数字服务贸易壁垒，而众多发展中国家出于保护国内脆弱的数字贸易市场目的通常会采取相对保守的政策。在跨境数据流动议题上，由于中国在互联网数字底层技术方面并不占有优势，出于国家发展需要和安全考量，中美之间围绕数据自由流动和储存本地化的交锋，短期内很难有所改观，但可以预期地是，在数据自由流动方面，中国改革步伐可能会有所增强，未来更加推动数字贸易规则朝着开放、自由的方向发展。

二、数字贸易规则变革方向

数字贸易成为未来国际贸易发展的重要形式已为大势所趋。与之配套的数字贸易规则建设也将随着数字贸易的进一步发展而逐渐完善，从而服务于数字贸易发展。

规则覆盖范围和对象越来越广。通过数字贸易规则的发展现状和对数字贸易的研究发现，未来数字贸易规则的涵盖范围、涵盖议题将不断扩充，覆盖对象将越来越广，在未来将更多地涵盖数字税收、知识产权、数据隐私保护等前沿议题，以及发展过程中层出不穷的新议题。

数字贸易的规则发展与变革，将朝着更加开放、更加自由、更加注重创新的方向发展。数字贸易规则的重要趋势之一就是推动数字贸易发展更开放、更自由。各国加快规则制定，推动形成数字治理国际新机制，数据保护和开放共享成为数字化战略的新焦点。未来，数字贸易规则将更好地向注重自由、开放、创新的方向发展，进一步推动数字贸易数字化转型，更好地促进数字贸易高质量发展，构建更高水平开放贸易新格局。

三、中国在数字贸易规则制定的对策

中国应在发展数字服务贸易的基础上，尽早地结合本国贸易实践制定有关数字服务贸易规则，以期在新一轮国际竞争中占据主动。数字贸易规则的出台会促使数字贸易的内外部环境进一步得到优化。数字贸易的发展给原有的贸易规则体系带来了一定冲击，新的贸易趋势倒逼着贸易规则与标准进行改变以适应时代发展要求。

其次，我国应积极参与数字贸易国际规则的制定，积极维护多边贸易机制，积极维护 WTO 贸易争端解决机制，探索国际贸易新规则，推动符合我国国情的数字贸易规则的建立。积极主动地参与双边区域数字贸易规则的谈判，坚持开放进程和发展导向，尊重发展中成员的合理诉求，在技术进步、商业发展与各国合理的公共政策目标之间实现平衡。

再次，我国应深度参与国际标准制定，尤其是在移动通信、大数据、网络安全、数据保护等关键技术和重要领域扩大我国国际数字话语权和规则制定权。在参与数字贸易国际规则制定的过程中，构建数字贸易的"中国方案"。

第五节　世界数字贸易规则中 WTO 变革方向

一、WTO 框架下数字贸易规则的总体概况

当前，尽管没有关于数字贸易的综合性协定，但一些 WTO 协定的确涵盖了数字贸易的某些方面。从数字贸易规则层面看，目前各方就数字贸易规则谈判的渠道主要包括多边框架下的"WTO 电子商务工作项目"、诸边框架下的 WTO"电子商务联合倡议"、区域框架下的自由（区域）贸易协定。WTO 现行相关规则主要形成于 20 世纪 80 年代末和 90 年代初的乌拉圭回合谈判，当时电子商务的发展还处于早期阶段。WTO 多边贸易体制中，涉及电子商务的重要协定为《服务贸易总协定》（GATS），是与数字贸易规则相关的基本协定。在 GATS 框架下，电子商务和数字方式进行的贸易受 WTO 规则约束。

多边框架下的 WTO"电子商务工作项目"进展相对缓慢，二十多年来取得的成果乏善可陈，存在一定的滞后性。这种现状不能适应数字经济的发展需求，亟需通过成员谈判形成新规则。WTO 成员对电子商务诸边谈判虽有一些共识，但在具体关注点方面存在明显差异。至今，WTO 关于数字贸易谈判中还有许多议题尚未完全解决和覆盖，主要包括免税暂停协议问题、跨境数据保护与流动细则、知识产权保护、跨境电子商务等。

二、全球数字贸易规则中 WTO 的变革方向

各国对世界贸易组织的多边贸易体系抱有极大希望，希冀能在多边平台上谈判达成数字服务贸易规则。尽管各国在数字战略上高度重视数字服务贸

易的发展，但由于各国数字贸易发展水平不一、国情与利益博弈不同，导致数字贸易领域尚未形成全球统一适用的规则。由于 WTO 在国际贸易中的权威地位及其背后的多国立场，WTO 作为二战之后世界经贸规则的主要制定者和国际经贸秩序的维护者，在国际数字贸易规则制定领域理应成为主导性的力量。

未来 WTO 框架下的数字贸易规则，将致力于推进开放型世界数字经济体系的构建。在成员国权益与义务均衡的基础上，形成较为成熟和公平的国际贸易制度规则，使得包括发达国家和发展中国家在内所有国家都能接受，减少不必要的贸易摩擦与争端。WTO 通过各项政策促进全球要素的自由流动和高效率配置，促进各经济主体之间产业结构的数字化升级，通过各项改革，提高发展中国家在全球数字贸易发展链条中的位置与价值，从而推进各国数字贸易朝着公平、开放、共赢、自由的方向持续健康发展，为全球经济提供强大的动力支持。

三、WTO 框架下中国对策

WTO 框架下数字贸易规则尚未完善，并且世贸组织多边体制近年来遭遇逆全球化和美国单边主义等挑战，导致谈判功能的严重滞后和争端解决上诉机构被迫停摆。在此背景下，作为电子商务第一大国、数字经济第二大国，我国应在 WTO 数字贸易规则建设中发挥积极作用。我国应与 WTO 主要成员共同完善数字贸易规则制定，在坚守网络安全和国家安全的前提下，以开放性眼光和前瞻性思维考虑我国的立场，建立符合自身利益的中国特色数字贸易规则体系。同时，作为负责任的重要成员，我国必须努力推动 WTO 诸边谈判成果符合最大多数成员的利益，并提升我国在数字贸易领域的规则话语权，积极参与到全球数字贸易规则的制定中。

第六节　全球规则和区域规则的博弈与融合

一、全球数字贸易规则的博弈

数字贸易规则制定的话语权和控制权是当前数字贸易规则博弈的焦点。

数字贸易的重要性已经得到了全球各国的普遍关注，这既是数字经济发展的必然结果，也是国际贸易自身演进的必然规律。各经济体为使自己在数字贸易发展潮流中居于有利位置，提高自身的数字贸易竞争力，不可避免地在政治、经济、文化等方面，以及数据流动、贸易自由化、跨境数字税收、知识产权、数据隐私保护等多个议题进行利益博弈，争夺国际数字贸易规则话语权。

数字贸易规则的制定还会受政治、经济、技术、社会等非贸易因素影响。比如，一些国家会对具备国家重要安全战略价值的数据，如军事、石油、天然气、电力、交通、金融等国家机密数据或敏感数据的跨境流动采取一定程度的限制政策以保证国家安全；不同经济发展水平的国家往往在规则制定上会有差异，如发达国家在制定数字贸易规则协定时相对大多数发展中国家会更加开放，掌握网络底层核心技术的发达国家与技术发展较为落后的发展中国家在数据流动、数据本地化、数据开放等方面的政策规则有所差异。规则制定实际上也是数字贸易的利益博弈，以此保持博弈国家在数字贸易规则方面的控制权和话语权。

二、全球规则和区域规则的融合

尽管数字贸易规则存在分歧与冲突，但各大经济体也在贸易规则制定中谋求一定程度的融合与战略合作，实现合作、共赢的理念。美国和欧盟在跨境数据自由流动和数据本地化议题上存在分歧，但该分歧也存在融合可能。美国将数据本地化与数据隐私和保护要求视为数字贸易壁垒，强调数据自由流动与数据传输与获取自由。欧盟则更加坚持一定程度的数据本地化，强调对于个人隐私数据的保护。因此，美欧在数字贸易规则制定上存在"跨境数据流动"的利益分歧点。但两大经济体仍会因为双方在跨境数据流动方面的巨大商业利益而制定新的合作协议，存在规则融合可能。2018年，欧盟内部通过了《非个人数据自由流动条例》（RFFND），促进欧盟境内非个人数据的安全自由流动，并消除成员国境内数据本地化要求，该规定促进了欧盟成员国内部废止非个人数据本地化的措施，这也为下一步国际规则融合、与非成员国之间实现非个人数据安全自由流动做好铺垫，体现了数字贸易规则的博弈与融合可能。就贸易规则来说，各个国家和经济体尽管在不同发展水平、不同利益追求上存在规则的博弈，但是为了推动各自国家数字贸易发展的目的却是一致的。数字贸易中诸如数字化治理水平、知识产权保护、数字化基础设施建设水平提高等议题，是大部分国家都会面临的困境和问题。因而，各国为实现好、发展好数字贸易，也会出现以合作方式共同推进数字贸易，也会在一定程度进行规则调整、妥协，甚至出现规则的一定程度融合。分歧也渐有弥合之势，这是经济全球化和利益共同体的影响所致。

其次，出于维护贸易优势并主导规则的目的，发达国家采取"抱团"模式，实现强强合作。自2018年9月起，美欧日三方的贸易代表已举行过多次贸易会谈，其谈论的主题中包含了"不公平"的贸易行为、数字贸易等，以达到维护其贸易优势并继续主导规则的目的，其意在打压新兴竞争对手，并将矛头对准中国。美日欧三大经济体凭借其影响范围，打造出推广"西方数字贸易治理观"的平台，进而辐射至其他经济体，促使其规则标准能够被接受并执行。美欧日三大经济体若达成数字贸易协定，则会组建成全球最大的"数字贸易圈"，且随后会有更多的非欧经济体及美国的盟国入圈。所以该协定的签订必然对未来数字贸易规则制定的标准起到决定性的影响。中国一直处于被"边缘化"的状态，美欧日三方所达成的协议会使我国的数字贸易规则的制定和数字贸易的发展更被动，中国也难以在数字信息领域实现与发达经济体的技术、人才的共享，从而进一步加大与发达经济体的发展差距，可能因此丧失相关规则制定的话语权。

三、中国在数字贸易规则博弈与融合中的对策

中国的数字贸易发展机遇与挑战并存，需合理施策，把握数字时代发展机会。面对数字贸易规则制定的"美式模板"、"欧式模板"以及美欧日三大经济体的强势合作，发展好数字贸易能够为数字贸易规则的制定提供更大的话语权，为制定维护中国数字贸易发展利益的规则打好基础。

一是仔细研判分析各国数字贸易发展现状与规则，并逐一突破分歧点。根据中国国情与实际数字贸易发展现状进行提升优化，主张加强协商与对话，争取将本国主张转变为更广泛的国际共识，推动数字化服务贸易向全方位包容、普惠、共赢方向发展。

二是积极有序扩大数字贸易对外开放。我国需要积极把握数字经济发展历史机遇，通过设立自贸区等方式积极参与到数字贸易发展浪潮之中，同时加强与其他国家的对话与协商，以"一带一路"和 RCEP 为依托扩大数字贸

易影响力，把握发展机会弯道超车。

三是积极参与到数字贸易规则制定中。提高参与度与话语权，从而争取我国在国际数字贸易布局中取得有利地位，以便于应对数字化贸易发展困境，进一步提高贸易数字化转型效益，更好地促进数字贸易高质量发展，构建更高水平更加开放的数字贸易发展新格局。

第十一章　中国数字贸易与规则发展策略

数字贸易与数字贸易规则发展的基石是数字经济，传统国际贸易关于比较优势的解释在数字经济领域并没有失效。在数字贸易领域，这些比较优势的建立更多是在后天培育的基础之上，更多依靠技术创新和人才资源。因为数字贸易所覆盖的领域比较广泛，对于一个国家来说，很可能在数字贸易的某些领域位于全球价值链的高端，而在另外一些领域则可能处于全球价值链的低端，甚至缺席。对于中国数字贸易来说，突出优势、补全短板是一个基本的策略。

在数字贸易规则方面，目前美国、欧盟等在全球范围内签署了多个数字贸易协定，基本形成了数字贸易领域的"美国模板"与"欧洲模板"。中国在数字贸易的协定方面，数量上少于美国与欧盟，且在数字贸易协定中的所涉具体内容也比较有限。未来数字贸易的竞争很大程度上是规则的竞争，争取数字贸易规则的参与权、制定权、主导权对中国数字贸易的发展至关重要。中国数字贸易规则的发展面临着少数国家的压制和孤立，也受限于国情与技术的制约，数字贸易规则的发展面临着不小的挑战。

第一节　可资借鉴的他国数字贸易与规则发展经验

当前，数字经济已成为世界各国应对新冠肺炎疫情和发展经济的重要抓手，新冠肺炎疫情不仅给人类公共卫生和生命健康带来巨大挑战，也成为各领域各行业数字化的催化剂，给人们的生产生活方式带来巨大变革。在国际贸易领域，受益于信息通信技术的快速进步，数字贸易取得显著发展，不仅成为国际服务贸易的重要组成部分，更促进了国际货物贸易的发展与世界经济的恢复。通过梳理各国各地区数字贸易发展与规则演进，可以得到如下经验。

一、信息基础设施是数字贸易发展的前提条件

以金砖国家和东盟为代表的广大发展中国家普遍面临信息基础设施薄弱，信息、网络技术落后，信息产业投资不足；与发达国家相比，发展中国家的城市与农村的数字鸿沟更大，这意味着在城市化率较低的国家，大量的人口存在互联网连接困难。以巴西和南非为例，两国作为金砖国家成员，曾经经济发展状况良好，但近几年经济增长陷入停滞状态，通信和互联网设施发展缓慢，互联网普及率与发达国家差距较大，这严重阻碍了两国数字经济和数字贸易的发展。与其他发展中国家相比，我国通信行业从"2G跟随、3G突破"到"4G同步、5G领跑"，建成了全球最大规模的信息基础设施。同时，在新一代信息技术方面，据《数字中国发展报告（2020）》显示，截至2020年年底，我国5G网络建设速度和规模位居全球第一，为数字经济与数字贸易的发展奠定了物质技术基础。目前，我国依然是最大的发展中国家，城市化水平与发达国家相比仍有较大差距，接近40%的人口依然生活在农村。另外，关键核心技术缺乏，存在大量被"卡脖子"的信息技术，货物贸易"低端锁定"与数字贸易"低端锁定"风险并存，限制了我国数字贸易的进一步发展。

二、市场规模是数字贸易发展的重要基础

庞大有效的市场规模助力本国数字企业在国际市场竞争中率先取得优势，这是数字贸易发展的重要基础。由于数字产品与服务的边际成本几乎为零，这就意味着企业面临的市场规模越大盈利越高。中美作为全球数字经济规模最大的两个经济体，共同包揽了全球数字平台企业前十名。印度虽然作为世界第二人口大国，市场潜力巨大，但其国内数字基础设施不足与较低的购买力限制了本国数字企业的成长。其次，年轻的市场结构有利于数字贸易发展，而较高的老年人口比例会增加数字化转型的难度。例如，日本、韩国等国拥有良好的数字基础设施，互联网普及率位于世界前列，但人口老龄化严重，大量老年人在接受新事物的速度和意愿上一般不如年轻人，导致移动电子商务和新数字经济模式发展缓慢。进入新世纪以来，我国老龄化步伐加快，在发展数字经济的过程中应当考虑两亿多老年人的特殊需求，在适老化

改造方面做出努力。另外，经济稳步增长与居民购买力提升催动市场规模扩大，成为数字贸易发展的经济基础；高水平的居民数字消费将改善市场结构，助力本国数字贸易高质量发展。

三、健全的制度体系是数字贸易发展的重要保障

在当前，我国可以参照其他国家对数字贸易的做法，借鉴其包括立法、监管、执法等多环节的相对完善的治理体系。以美欧为例，美国数字法律和政策对美国经济的成功至关重要，专门成立了数字服务行业办公室（ODSI），来为美国信息和通信技术公司在国外创新和竞争创造必要的条件，并促进跨境数据流动；颁布了 CLOUD 法案（Clarifying Lawful Overseas Use of Data Act），为美国执法机构请求访问存储在美国和境外的数据提供了依据。欧盟是保护公民权利和数字监管的世界领先者，也是"企业对企业"商务的领先者。欧盟将数字贸易置于欧盟贸易政策的新地位，确保其继续成为数字标准和监管方法的规则制定者，特别是在数据保护方面，推出 GDPR（General Data Protection Regulation），在欧洲确立了数据保护官（DPO）的概念，重点保障公民的个人隐私数据。我国在数字贸易相关法规、规则、标准的覆盖面还不够全面，迫切需要国家层面制定有关数字产品与服务的管理与市场准入条例，采取科学有效的风险评估和控制手段措施，为参与并推动全球数字贸易规则制定形成良好的制度基础。

四、数字人才是数字技术与数字贸易发展的第一资源

由于互联网首先在美国诞生，其技术积累深厚，以"硅谷"为代表的研发中心拥有大量数字人才，同时，世界排名前列的高校源源不断为美国提供数字人才储备。英国数字服务出口排名全球第二，得益于伦敦在世界金融体系中的核心地位，拥有一定规模的数字金融人才。巴西、俄罗斯的 ICT 部门面临研发投入少与人力资本不足的双重困境，导致在信息通信技术领域创新匮乏。印度虽然人均收入较低，但拥有数量庞大的软件人才，软件产业成熟，数据市场十分庞大，数字贸易的发展前景辽阔。东盟地区的数据中心和云服务投资迅速增加，积极承接半导体产业链的下游环节，数字人才规模得到较快增长。我国数字产业的高速发展使得对人才的需求不断攀升，导致数字人才的供给整体不足。以软件行业为例，人才的供给是制约行业发展的一

个关键因素。目前我国软件人才的供给主要是由高等院校完成，但是高等院校在高端师资、课程设计落后于实际、重理论轻实践，导致学生毕业之后适应期长。根据统计，73.2%的软件行业毕业生从毕业到熟练掌握工作技能需要半年到1年的时间。

五、国际合作为数字贸易长远蓬勃发展带来更多机遇

美国凭借在数字技术与数字经济领域的绝对优势，提倡数字贸易高度自由化；而欧盟则更加重视个人隐私数据的保护，支持欧盟境内跨境数据自由流动；俄罗斯因其国家安全问题突出，不得不严格限制跨境数据流动；中国和东盟为代表的广大发展中国家对数字贸易持积极谨慎态度，一方面数字贸易为国家经济发展带来巨大机遇，另一方面，担忧信息技术水平落后和国内规则不完善也会带来潜在风险。尽管各国在双边和区域数字贸易合作中取得了一些进展，例如，RCEP、CPTPP和《美墨加协定》等区域协定中均不同程度涉及数字贸易内容，在美日、印韩数字贸易协定等双边协定中也对数字贸易规则做出了具体规定，但总体缺乏全面、统一、高水平的数字贸易规则。随着数字经济时代的不断普及，数字全球化趋势也日益明显，现有双边和区域数字贸易协定难以满足未来的发展，国际社会迫切需要全球统一的有法律约束力的数字贸易领域法律规则。当前，世界数字贸易发展水平具有不均衡性，利益冲突导致各经济体对数字贸易规则的诉求存在诸多分歧，更应该重塑以WTO为核心的贸易体系，补充和完善WTO框架下数字贸易的现有规则，在跨境数据流动与数据本地化、数据治理、知识产权保护、个人隐私保护等领域达成统一安排。

第二节　中国发展数字贸易基本策略

一、数字贸易产业整体发展的基本策略

1. 加强数字贸易基础设施建设

加快互联网基础设施的建设，加快5G和光纤宽带"双千兆"网络建设，消除地域信息化发展鸿沟，提升农业农村数字化应用水平。将5G网络与

传统农业、医疗、交通等行业深度融合，培育新业态，提高网络覆盖面，稳步开展 6G 技术研究。推动数字技术与实体产业深度融合，以数据驱动构建多层联动的产业互联网平台。统筹部署物联网、智能传感网等终端设施，合理布局云计算、边缘计算等算力基础设施，重点聚焦云存储、分布式处理等业务，创建国家级数据中心集群和智能计算中心。在传统基础设施方面，加快数字化改造。在工业应用方面，加快工业互联网的建设。在交通方面，加快打造全智能化的交通环境。在电力网络方面，建立电力物联网。在社会基础设施方面，推进基础设施的智能化转型，加快智慧学校智慧医院的建设，提高公共教育和卫生健康领域的网络化、信息化、智能化水平。

2. 打造数字贸易服务综合平台

建设数字贸易"走出去"综合服务平台，为数字贸易企业"走出去"提供信息共享、政策咨询、政策匹配、项目对接等服务，也为企业提供法律咨询、数据合规咨询、风险防范、知识产权、支付清算等专业服务。各级商务主管部门认真履职，积极发挥中国国际贸易促进委员会和有关国际组织、商协会组织的作用，通过各种渠道，建设数字贸易企业与海外市场的对接渠道。在数据流通方面，依托国内大数据交易所建设数据交易平台，开展数据的审查、定价和仲裁服务。探索与国际接轨的数据交易的规则，创新数据交易的商业模式。适应平台经济发展的需要，加快构建各类数字贸易会展交易平台。高规格举办"中国数字贸易交易会"，建设面向全球的数字贸易线上线下交流平台。利用好全球数字经济大会、国际视听大会、中国国际数字和软件服务交易会等国际性展会，促进数字贸易领域的国际化交流与合作。

3. 加快发展数字贸易新业态、新模式

助推数字文化出海，发展数字出版、网络文学、动漫游戏、数字音乐和数字影视等新兴业态。促进文化创意产业中的数字化应用。因地制宜，力争培养一批具有中国特色和国际竞争力的文化 IP 和企业。加快生活的数字化融合，引导企业利用大数据、云计算、人工智能技术，加快新零售的建设。支持在线购物、社区团购、网约车、在线医疗等新的消费业态与服务模式。支持优质课程、优质学校的数字化建设，促进教育的数字化转型。做好后疫情时代跨境电商的高质量发展，完善跨境电商产业园及电商物流、支付等配套服务，加强跨境电商产业规划与创新升级，促进降低物流成本，高水平推进海外仓建设。

4. 提升数字贸易的贸易便利化水平

进一步推动数字贸易的对外开放水平，在遵守国内相关法律法规的前提下，允许外商企业在内地提供金融信息与服务相关的软件服务。创新教育、医疗领域的对外开放度，分享全球优质教育和医疗资源。推动跨境支付的便利化，鼓励银行为数字贸易企业提供外汇收支的服务。加速完善适应跨境电商特点的海关、税务、外汇等监管服务，推进跨境支付、物流等支撑体系的数字化改造过程，助推数字人民币区域化、国际化。推进行政审批的数字化、信息化、网络化，更加便利各类市场主体。对符合条件的新一代信息技术企业提供专利预审服务，帮助其专利进入快速审查通道。进一步优化游戏版号管理和服务，适应数字社会的市场需要。推进各地数字政务服务平台建设，促进政务服务数据在遵守国家机密、商业秘密和个人隐私的前提下有条件共享。进一步简化外国人来华工作许可和工作类居住许可的审批流程，提高审批效率，对数字贸易类高端外籍人才来华办理签证提供便利。促进高校、企业、行业协会联合开展数字贸易专业人才的培养和知识、技能的培训，为数字贸易行业提供人力资源支持。

5. 加大对数字贸易类企业的培植和支持力度

在遵守 WTO 补贴与反补贴规则的前提下，增加对数字贸易相关行业的专项资金支持力度，鼓励数字贸易企业积极向相关主管部门进行申报。鼓励数字贸易企业参与国际标准制定、国际数字贸易规则研究、数字基础设施建设、开拓海外市场、参加海外展会等。对数字贸易企业提供各种定身打造的金融服务，千方百计解决数字贸易企业的资金问题。政府可探讨对有潜力的、代表先进发展方向的数字贸易企业进行引导基金投入，引导社会资本投资。允许境外发行的私募基金向境内数字贸易企业提供融资，完善数字贸易企业的知识产权质押体系，缓解企业融资难融资贵等矛盾。鼓励数字贸易企业"走出去"，对达到一定规模的数字贸易龙头企业或者平台型企业在产业用地、税收、融资、海外市场拓展等方面提供精准服务，对品牌企业采取"一企一策"的支持模式，打造一批具有国际竞争力和世界影响力的龙头数字贸易企业。鼓励平台企业或龙头企业通过投资、合作等方式打造产业生态圈，带动生态链朝着国际化方向发展与延伸。

6. 完善数字贸易治理体系

适应数字经济时代发展的需要，探索将数字贸易管理事项纳入到"单一窗口"管理。发挥中国服务外包示范城市的示范引领作用，推动服务外包向高质量、高技术、高品质、高效益、高附加值升级转型，提升服务外包的国际服务水准。探索以高端服务为先导的"数字+服务"新业态、新模式。加强与WTO、联合国贸发组织等权威国际组织的业务交流，建立健全数字贸易统计制度，完善各地区数字贸易统计体系。探索数字贸易标准化体系建设，促进数字贸易领域在电子合同制定、签署、业务信息系统建设等环节的标准规范和指引，推动数字证书、电子签名等国际互认。

7. 推进数字贸易高质量发展

贯彻落实"十四五"规划精神，推动传统贸易体系向以数字贸易为代表的新型国际贸易体系升级，推动企业跨境贸易合作，促进跨境综合电商服务等领域向数字化转型，培育贸易国际竞争新优势。强化制造业创新对贸易的基础支撑作用，推动互联网、物联网、大数据、人工智能、区块链、5G技术等与贸易的有机融合，增强贸易的创新能力。优化数字贸易结构，巩固和发展中国在电子商务及跨境电子商务方面的优势，继续做大做强数字化驱动的货物贸易，补齐数字服务贸易短板，大力发展远程医疗、数字教育和娱乐等新型数字服务业态，鼓励发展加工贸易保税维修、检测、再制造等其他贸易新业态。不断深化数字贸易开放水平，利用"一带一路"倡议、《中欧全面投资协定》① 以及《区域全面经济伙伴关系协定》（RCEP）签署的机遇，推动形成贸易国际合作与高质量发展的突破口。推进市场采购贸易方式试点，加快推进汽车平行进口试点，开展管理和服务创新，探索形成新的经验做法。完善外贸综合服务企业发展政策，加强信息共享和联合监管。

8. 加强知识产权保护

数字时代对知识产权保护与发展提出了新要求，需要中国在知识产权的创造、运用、保护、管理和服务上不断创新。中国进入新的数字时代后，对知识产权发展提出新要求。特别是以平台经济为代表的数字经济时代，在知识产权的创造、运用、保护、管理和服务上，都需要适应新的要求。解决知识产权纠纷，既要符合现有贸易规则，同时应兼顾本国产业发展的实际和国际协调的方向。在知识产权创造方面，重点提升数字版权、数字产业和数字贸易的竞争力；在知识产权保护方面，应更好地发挥平台企业的服务作用；在知识产权管理方面，可推广"互联网+知识产权"的方式，创新性高效率地管理知识产权；在知识产权服务方面，应更加便利化服务于创新主体，减少不必要的环节。加强与世界知识产权组织（WIPO）的联系与沟通，遵守

---

① 2021年5月20日，欧洲议会以压倒性的票数通过了冻结中欧投资协定的议案。

《WIPO 公约》，广泛开展成员国之间知识产权服务、政策的协调与合作。重视知识产权的仲裁与调解，推动完善海外知识产权的维权援助体系，加强海外知识产权纠纷的应对指导，注重海外知识产权纠纷信息的收集和风险防控的培训等。

二、数字贸易相关细分产业发展的策略

1. 中国跨境电商发展的基本策略

中国在跨境电商领域的快速发展得益于以下几点：一是中国完整的产业链和供应链条；二是中国较好的电信和互联网基础设施；三是国家对电商比较宽松的政策环境。跨境电商的快速发展为我国外贸的稳定增长提供了新的渠道，极大地促进了中国品牌的国际化发展，拓宽了中国人的消费选择，大大提高了中国消费者的消费品质。为进一步提高我国跨境电商发展的质量和水平，需要从以下几个方面发力：

第一是不断提升供应链和价值链水平。目前跨境电商的竞争已经进入价值链竞争的阶段，跨境电商的营运固然重要，但是商品和品质才是根本，因此需要不断优化供应链水平，打造高质量、高效、反应快速的供应链是实现中国跨境电商持续发展的根本，也是推动中国企业和产品进入全球价值链中高端的有效路径。

第二是继续加大对中国跨境电商平台的支持力度。目前跨境电商领域最大的平台是亚马逊，中国的速卖通平台距离亚马逊还有一段距离，尤其在欧美主要发达国家，亚马逊占有垄断地位。中国需要进一步加大对数字平台的支持力度，加强科技与产业的融合，培育壮大新的国际性平台，只有如此才能更好地帮助中国的产品和品牌走向国际市场并占有重要地位。

第三是加强独立站的建设。2020—2021年的亚马逊封号事件使得中国的很多亚马逊卖家损失惨重。平台的规则和垄断地位使得卖家处于弱势地位，经营的自控程度比较低，利润空间不断受到挤压。独立站的建设使得商家强化了自主经营的地位，不论是否同时在平台经营，独立站的存在不仅是对平台的有力补充，也提高了卖家在与巨无霸平台博弈中的筹码。

第四是提升卖家的规则意识与维权意识。通过培训提高跨境电商领域卖家的规则意识，使其熟悉国际规则，让卖家切实理解和遵守平台以及国际经贸的规则，减少卖家在跨境电商业务中潜在的经营风险，支持卖家利用国际

规则合理维权，控制管理操作风险、信用风险和市场风险。

第五是加强行业自律。发挥行业协会商会的作用，减少中国卖家之间的恶性竞争。中国卖家的数量繁多，在跨境电商领域部分卖家使用国内电商中惯用的价格战战术来赢得市场。但是价格战对中国整体相关行业的发展并不利，一味价格战只能不断压缩中国商品的利润空间，侵蚀中国商家自主创新的意愿和能力，为此需要加强行业自律。

第六是打造网络跨境支付体系。引导企业提高支付系统在技术层面的保密性和安全性，鼓励采取先进的加密技术经由加密的银行通道直接和服务器相连接，为支付的安全性提供保障。引导企业重视与银行的合作，探索数字人民币的跨境使用。推行跨境交易采取人民币的结算方式，不但能够推动人民币的国际化发展，还能够防范汇率风险，帮助企业积累以及优化自身的财务结构，减少市场风险。

第七是完善跨境物流模式。跨境电子商务的交易范围和交易对象远远超过了单一国别的限制，其本身的物流体系具有复杂性、不确定性。跨境电商平台以及相应的物流企业应当建立一个完整统一的信息交流平台，采用多种物流方式混合衔接的多元式跨境物流模式，促进跨境物流科学高效的运转。针对不同商品和跨境目的地的特点，企业可采用干线物流、集货物流、邮政包裹、国际快递、海外仓等不同物流形式的混合运输模式。针对物流转接壁垒问题，企业可以海外仓为支点，建设完善的跨境电商境外综合服务体系，完善跨境电商产业链条，扩大海外仓全球布局，发挥海外仓作为跨境电商境外环节的重要作用，形成遍布全球、合理分布的海外仓网络。

2. 中国软件产业贸易发展的基本策略

软件开发出口和软件服务外包是数字贸易的重要形式，软件服务业在中国的发展非常迅速，但是在整个国际市场中的份额还是非常小，全球主要的软件和重要的基础性软件基本都在美、欧等手中。在软件行业中，中国的头部企业数量少，行业的整体集中度不高。要进一步做大中国的软件产业，需要从以下几个方面着手：

一是通过金融和税收等经济手段进一步提高对软件企业的支持力度，尤其是"卡脖子"的工业和通用性软件。政府或行业组织可采取招投标方式对工业软件和通用软件项目进行"揭榜挂帅"型攻关，集中行业科研力量解决技术难题。二是鼓励和支持头部企业做大做强，提高龙头企业对行业发展的引领和带动作用。三是加强产学研合作，在软件产业的研发链条中形成科学合理的分工。充分发挥科研院校在基础研发方面的优势，打通软件产业中的隔离墙。

3. 中国音乐、游戏产业贸易的基本策略

音乐、视频和游戏是目前数字类产品中非常流行的品类，尤其在疫情期间，"宅经济"的发展，推动音乐、视频和游戏类产品实现快速增长。音乐类、视频类和游戏产品属于纯粹娱乐性的文化产品，国别属性突出，具有很高的文化价值。目前国内音乐类产品发展遇到了知识产权问题，盗版侵权事件对整个产业发展的负面影响巨大。中国游戏产业出口规模已经达到全球第二，但游戏行业面临着知识产权侵权的问题，"私服""外挂"现象严重，另外产品的同质化严重。在出口市场方面，目前我国游戏出口市场一半以上在东南亚国家，而在欧美地区的市场占有率比较低。对于音乐和游戏产业出口而言，第一，需要加强知识产权的保护，通过加强法律监管来保护音乐、游戏市场的创新环境；第二，在游戏出口方面，需要根据目的国的文化、历史和社会情况进行游戏的本地化开发，从而使得游戏更适应进口国当地的市场，扩大在发达国家的市场份额；第三，在音乐、游戏开发中，由于文化的差异，往往纯粹中国文化的文化产品在欧美国家接受度不高，但是如果通过引进国外的知名 IP，通过联合开发、代理授权等模式进行合作，然后进行作品再创造，则在目的国可以得到比较好的市场反馈。

4. 中国社交网络平台出海的基本策略

社交网络平台是数字经济的重要载体，Facebook、LinkedIn、TikTok 等社交平台的成功产生了不可估量的商业价值。中国短视频平台的出口最成功的是 TikTok，2020 在全球的下载量排名第一。社交网络平台的海外运营首先最重要的是要实行本地化策略，其视频资源主要由当地人提供，减少了文化差异造成的风险。在人力资源方面，可雇用当地的技术人才，本地化人才的管理和经营可以更加契合当地的市场需求，增强品牌在当地的亲和力和客户黏性。其次，社交网络的海外运营还需要遵守所在地的法律法规，实现合规化运营。第三是社交网络平台可以加强和中国海外经营的企业形成战略合作，为中国企业成功切入国际市场提供渠道和路径，从而实现社交平台运营的持续性。第四是国家需要通过在税收、金融等方面为平台的国际化运营提供政策支持。

5. 中国大数据产业发展的基本策略

数据是市场化配置的重要要素，大数据行业中基础设施层是大数据行业的基础和底座，包括了网络、存储和计算机等硬件。而数据的采集与治理、数据安全、数据的可视化处理、数据交易服务等数据相关服务则是未来的重要增长点。大数据的应用场景包括社会治理、健康医疗、工业、交通等，这些都是大数据与产业深度融合的主要市场，也是大数据行业未来发展的基本支撑。要提高大数据产业的健康高速发展，建议强化以下三点工作：一是要大力推进政务大数据提升工程，提高政府的行政效率和效果。二是加强新型大数据中心的建设，强化北京（中心基地，国家级超大云数据中心）、贵州（南方基地，国家级数据灾备中心）、乌兰察布（北方基地，国家级数据灾备中心）三大中心和北京、上海、广州、沈阳、南京、武汉、成都、西安八个城市的核心节点数据建设与保护。三是尽快推进大数据与传统实业的融合，通过融合促进传统行业的升级。四是加强基础研发与技术创新，加强大数据平台技术的突破，改变关键核心技术受制于他人的"卡脖子"现象。我国大数据技术大部分为基于国外开源产品的二次改造，核心技术能力亟待加强。目前国内主流大数据平台技术中，自研比例不超过10%。大数据的处理工具也基本来自国外。五是完善大数据安全政策。恪守"数字主权"，完善数据确权、资产管理、市场监管、跨境流动等数据治理体系，积极推动信息安全等级保护制度，强化信息共享的风险管理与应急处理机制。

第三节　中国参与全球数字贸易规则制定基本策略

目前全球在数字贸易方面的规则比较缺乏，中国在数字贸易方面虽然有一些国内的相关规则，但缺少直接关于数字贸易方面的法律法规。全球的数字贸易规则也处于碎片化状态，这种碎片化的规则有可能会在不同的国家之间形成贸易壁垒。过去五年，出现了一系列的数字贸易协定。《全面和进步的跨太平洋伙伴关系协定》（CPTPP）和《美墨加协定》（USMCA）是在现有自由贸易协定的基础上，修改和增加了电子商务和数字贸易章节。另外的三个则是纯"数字贸易协定"，包括《美日数字贸易协定》（Digital Trade Agreement）、《新加坡—智利—新西兰数字经济伙伴关系协定》（DEPA）和《新加坡—澳大利亚数字经济协定》（SADEA）。

一、中国数字贸易规则的基本现状

中国在数字经济的规模全球第二，在数字贸易规则方面，中国已出台《中华人民共和国电子商务法》《中华人民共和国个人信息保护法》《中华人民共和国数据安全法》《中华人民共和国知识产权法》等法律法规。美国在数字贸易方面的法律法规包括：《数字贸易法案》《美国贸易24条》，以及《美国数字议程》。欧盟在数字贸易方面制定的法案包括：《数字服务法案》《数字市场法案》《通用数据保护条例》等。相比于美国、欧盟在数字贸易领域相对成熟的规则，中国在数字贸易领域还没有专门的数字贸易规则，中国出台的数字贸易相关的制度大多是在近几年才制定出台，而数字贸易的基本概念界定，全球双边贸易协定中的数字贸易相关内容都是美国率先提出和制定的。

中国学者在理论上对数字贸易的贡献较少，中国学者的理论研究更多偏向于对国内外数字贸易政策的解读上，而在数字贸易的核心和基础性理论方面建树不多。理论上的研究不足一定程度上影响中国数字贸易政策制定的科学性和适用性，也很难在全球数字贸易规则的博弈中获得更多话语权。

目前中国已经签署19个自由贸易协定，2022年4月7日《中国—新西兰自由贸易协定升级议定书》正式生效实施。中国目前达成的诸边贸易协定中，与数字贸易相关条款规定的有《区域全面经济伙伴关系协定》（RCEP），而且在RCEP中主要内容也与国际主流趋势有一定的差距。在双边贸易协定中，中国与韩国、澳大利亚、新加坡的自由贸易协定中有电子商务的章节，而纯粹的数字贸易相关协定尚处于空白状态。美国主导的自由贸易协定中基本将中国排斥在外，尽管很多国家认为没有中国加入的数字贸易协定是不完整的。

在数字贸易理论、实践和规则上的弱势，极大限制了中国在全球数字贸易规则制定中的话语权和主导能力。2021年11月，中国商务部正式申请加入DEPA，这将有助于中国在新发展格局下与各成员加强数字经济领域合作、促进创新和可持续发展。

二、中国数字贸易规则制定的基本原则和目标

中国在数字贸易规则制定方面应该确立清晰的战略目标和基本策略，紧紧围绕加快国内产业升级和提升中国在全球价值链中的竞争位势为根本宗旨。

数字贸易的快速发展将极大促进国内数字经济相关产业的发展，我国数字经济的总体产业规模已经达到 GDP 的三成以上，未来这个比例还会逐步上升。数字经济的高水平发展也将反过来提升我国在数字贸易领域的份额和国际影响力。在参与全球数字贸易规则制定过程中，应当遵循以下几个基本原则：

一是坚持积极参与数字贸易标准及规则制定的原则。在数字贸易规则领域，目前全球主要是美国和欧盟主导，中国在参与过程中遭遇到个别国家的极力排斥。在这种情况下，应坚持在 WTO 多边体制下，主动参与数据跨境流动、数字产品和服务的税改、数字知识产权保护等议题研究和规则制定。探索在周边地区、"一带一路"沿线区域推动适应数字贸易发展的新型贸易规则谈判，探讨建立数字贸易合作机制及纠纷解决机制，减少中国在数字贸易规则中被边缘化的情形。以 2021 年 11 月中国宣布申请加入《数字经济伙伴关系协定》（DEPA）为契机，积极投身全球数字贸易治理和全球数字贸易规则制定领域，以负责任大国姿态积极融入全球数字贸易发展。

二是坚持合作共赢的基本原则。合作共赢是我国参与国际规则制定的基本原则，在数字贸易领域也是如此。中国在数字经济上的某些领域处于全球领先的位置，可通过与其他国家在数字经济领域的全面合作，有助于达成一致立场，形成战略利益合作关系，最终有利于双方数字贸易协定的达成或者在全球数字贸易协定中同声共气，形成默契和联盟，实现以局部带动全部。

三是坚持求同存异原则。在数字贸易领域，中国与美国在数据的自由流动、源代码开放等领域存在一定的分歧，但是在具体实施层面，中国在数据流动方面，除了涉及公共安全、公民安全的数据之外，对一些商业数据可以考虑分层、分类管理，促进商务数据的自由流动。各个国家在数字贸易方面的发展水平不一，因此很难与某个国家在数字贸易的全部领域都达成完全的一致。面对这种现实，中国宜先与尽量多的国家进行数字贸易协定的谈判，扩大朋友圈，在谈判中寻找共同点，在协议中强化共同点，可先在部分领域达成协定，后续逐步完善，为数字贸易的中国模式推广建立良好的基础。

四是坚持循序渐进的原则。数字贸易的细分规则很多，各个细分领域的发展水平不一样，对规则需求的紧迫程度也有区别，因此在数字贸易规则制定方面应选择重点领域，逐步推进。例如，在跨境电商领域，需要鼓励企业积极开拓海外市场，建立海外仓，完善跨境电商行业相关标准。一方面，在电子商务领域继续完善国内各项法律法规。另一方面，在国际经贸谈判中，需要根据中国跨境电商发展现状，在规则制定方面充分考虑中国跨境电商企业发展的诉求，为中国跨境电商企业的发展提供良好的国际规则环境。再如，数据的跨境流动方面，要充分考量与评估数据跨境流动限制的积极和消极影响。一方面，加强技术研发，在数据的分层、分级、分类处理、数据安全等方面形成强大的技术支撑，为后续在数据跨境流动方面获得更多的主动权。另一方面，在数字贸易的相关谈判中，根据国内行业发展的现状表达相应的立场，随着行业的进一步发展在后续谈判中逐步调整策略与立场。

三、中国参与全球数字贸易规则制定的阻碍和问题

第一，受到来自美国的打压和阻挠。美国是全球数字经济领域的领头羊，美国作为全球数字经济最为发达的国家，在数字经济领域具有强大的基础性优势，数字经济的众多基础性、关键性核心技术大多由美国发明。数字贸易规则的基本框架也是由美国构建，甚至数字贸易的基本概念和定义也是美国人来界定和主导。而出于国家博弈和地缘政治的考虑，美国在数字贸易领域不断展开对中国的打压，包括对中国电信龙头企业华为、中兴的制裁，对中国高校的通用软件使用的限制，对中国数字经济相关的核心技术产品的出口封锁与限制。在数字贸易规则领域，则极力将中国排斥在国际经贸规则体系之外，美国主导与欧盟、日本、新加坡等国都已签署自由贸易协定，并设立专门章节对数字贸易领域进行规制，但是与中国这个全球数字经济的第二大国却还没有在数字贸易领域相关的双边协议。另外，美国进一步加强对中国周边施压，包括通过《印太经济框架》削弱中国在数字贸易领域的影响力和话语权。2021 年 7 月，彭博社发布消息称美国正在讨论一项数字贸易协定，该协定涵盖了印度—太平洋的大部分国家，如果该协定签署，将削弱中国在RECP 的效果和影响。美国意识到数字经济的重要性，因此在数字贸易领域竭力遏制中国的发展，并通过区域协定来推行自己在数字领域的主张，限制中国在数字贸易规则中的参与权与主导权。

第二，中国目前在数字贸易规则领域还缺乏系统性和核心立场的清晰表达。首先，中国还没有制定专门的数字贸易总体发展规划，在数字贸易国际谈判中很难基于自己根本诉求，提出具有前瞻性、战略性和系统性的中国方案。其次，在数据传输、个人隐私保护、电子发票、数字身份认证等方面还缺乏成熟的监管制度，因此导致在国际数字贸易谈判中在相关的细节问题上没有明确的表达。我国目前所签署生效的区域贸易协定中，基本没有涉及互

联网的接入和使用、信息的电子传输、数据本地化和源代码等数字贸易谈判新内容。如果中国在上述领域继续缺席的话，会极大影响中国在区域数字贸易协定的谈判进程，也会增加在后续数字贸易协定谈判中被孤立和边缘化的风险。

第三，WTO 现有规则体系仅为数字贸易提供了相对有限的支持。WTO 与数字贸易相关的标准及规则相对缺失。目前，WTO 及其争端解决机制面临改革与发展，在数字贸易领域还没有启动更多的新的谈判。中国自加入 WTO 后，一直是 WTO 规则的坚定支持者和遵守者，而 WTO 目前在数字贸易规则方面工作进展缓慢，使得包括中国在内的广大发展中国家成员受到了一定程度影响。

四、中国参与全球数字贸易规则制定的基本路径

数字贸易牵扯的领域繁多，意义深远，涉及的产业比较多。参与数字贸易全球规则的制定，成为数字贸易规则的参与者，是中国政府孜孜以求的目标。这就需要中国抓住新一轮新技术发展的时代机遇，大力发展数字经济，促进数字贸易繁荣，成为数字贸易规则践行者，这是参与数字贸易规则制定的前提和基础。同时，还需要中国在双边或多边贸易协定中积极牵头，逐步成为数字贸易全球规则的参与者甚至主导者。具体来讲，中国参与全球数字贸易规则的基本路径至少应包括以下几个方面：

第一，需要集中政产学研等多方面的力量来积极联动，提升中国在全球数字贸易规则中的参与度和话语权。在数字贸易规则制定方面发挥政产学研各自的优势，形成强大合力。需要数字经济产业界，尤其是行业领军企业和代表性新兴中小企业需要站在全球竞争的视角上对本行业的发展前景进行预判，对影响行业发展的国内政府规则、行业规则、政府政策以及本行业的国际规则及主要出口目的国的相关规则和政策进行梳理，针对企业和行业在实际发展中遇到的问题，对在实际业务中影响本行业数字贸易发展的因素进行深入分析，分析各种规则对行业的影响以及在规则制定和修改中如何实施更加有利于该行业的对外贸易进行，并向行业协会或政府相关主管部门提供行业贸易规则报告。需要学术界在全球范围内进行数字贸易规则的比较研究，在理论上提出符合中国实际的原创性数字贸易理论，为政府决策提供理论依据；需要学术界从国际贸易学、金融学、经济学甚至政治学等学科的角

度出发，从基础层面论证数字贸易发展的基本规律，数字贸易对中国和世界经济社会发展的影响机制，数字贸易规则制定的基本逻辑以及潜在影响等基础性问题。需要政府主管部门根据国家发展规划和纲要，在数字贸易方面进行宏观指引，统筹各方资源进行规则的研究、规则的制定和实施，以及规则的修订等。政府部门除了参与制定数字贸易的国际规则之外，还需要加强与伙伴国家、国际组织的联系与协调，从中国实际出发，顶层设计中国数字贸易发展规划、数字贸易相关政策规则和实施路线图。

第二，需要继续推动国内数字经济的快速发展，健全完善相关规则。一是要加强数字经济发展的核心技术的攻关，解决数字经济发展中重要的核心技术和基础技术。完善数字经济技术研发的各种激励性制度，鼓励各地区制定个性化、数字化技术研发的配套政策措施。鼓励政府机构、社会资本、企业等设立数字经济技术研究专项，促进数字技术的创新。二是要改革现有的数字经济相关人才培养制度，建立产学研深度合作的保障制度，使得数字经济人才的培养与产业一线的实际需求紧密结合。鼓励企业和个人在高校设立数字技术人才奖学金，鼓励企业在全球知名高校和企业招收数字经济技术的高端人才，为国际化人才提供优惠的条件和待遇。三是要鼓励各地出台数字经济发展规划，提高对数字经济发展的政策支持力度。鼓励各地根据区域数字经济发展的禀赋，结合区域发展规划，制定数字经济发展规划。加强区域之间的协调，实行差异化竞争与发展。在规划基础之上，各地可以出台促进本地数字经济发展的系列政策措施，落实发展规划。四是要加强国内数字经济发展规则的制定工作。在现行《中华人民共和国电子商务法》《中华人民共和国个人信息保护法》《中华人民共和国数据安全法》《中华人民共和国知识产权法》等法律法规的框架下，结合数字经济各个领域的具体情况，制定相关的配套细则。加强对现有相关法律法规实施效果的监控、评估和反馈。五是要培养一批在数字经济领域的龙头企业和平台型企业。要推进数字经济的高质量发展，需要一批具有创新能力、能够在国际市场上与国际知名企业竞争的中国企业。通过龙头企业和平台型企业的创新带动作用和生态培育效应，壮大数字经济各个细分产业领域。积极推进数字经济相关企业的国际贸易活动。通过融资、税收、培训等手段，鼓励企业开展跨境贸易与投资等业务。通过数字化企业的国际贸易和国际化经营，参与国际竞争，真实了解企业在国际市场的竞争力与发展困难，掌握我国相关产业在国际竞争中的位置，从而为参与制定数字贸易的国际规则提供基础数据和参考。

第三，需要积极参与国际经贸规则的制定，主动有规划地参与双边诸边和多边数字贸易协定的制定。一是要紧密团结新兴市场国家。数字贸易的发展是以数字经济的发展水平为基础的，中国的数字经济发展水平高于其他新兴市场国家，因此在数字贸易规则制定方面有相对成熟的基础。在发展水平相当的情况下，中国作为全球第二大经济体，可以牵头主导与这些新兴经济体国家的数字贸易协定谈判。通过牵头数字贸易协定的谈判，充分体现中国在数字贸易领域的担当，也为中国在全球数字贸易规则的制定中积累经验和增加谈判筹码。二是围绕"一带一路"倡议进行数字贸易规则的谈判和制定。自 2013 年中国提出"一带一路"倡议以来，中国与"一带一路"国家的经贸合作日趋紧密，中国与"一带一路"国家之间的贸易额快速增长。中国在牵头制定数字贸易规则上可以考虑充分利用"一带一路"建设的前期基础，利用中国的影响力和数字经济领域的实力，积极参与"一带一路"国家的数字经济建设，进而在数字贸易规则的制定上引领"一带一路"相关国家。三是维护 WTO 在全球数字贸易规则制定上的主导作用。目前，数字贸易方面全球性规则的缺位主要是因为 WTO 及其争端解决机制面临改革，导致 WTO 在数字贸易方面的规则谈判进展缓慢。WTO 作为全球经贸规则的组织基石在国际经贸中起着举足轻重的作用。WTO 是目前唯一的全球性贸易组织，在传统货物贸易领域，WTO 建立了完善的规则体系，保障了全球经贸活动的高效有序开展。尽管 WTO 在全球数字贸易领域全球性规则制定方面暂时不足，但并不影响 WTO 在全球经贸规则制定中的支柱地位。支持 WTO 在数字贸易规则方面的主导地位有助于减少个别国家凌驾于 WTO 之上建立以西方发达国家主导的数字贸易规则体系，侵蚀包括中国在内的广大新兴市场国家以及其他发展中国家的根本利益，最终加剧全球数字经济发展的不平衡。

第四，加快数字贸易示范区的建设，促进数字贸易及其规则的改革试点。通过数字贸易示范区的建设，制定和推行一系列数字贸易领域的政策制度，允许相关规则在数字贸易示范区内先行先试。待取得试点经验后，可以再行推广。试点可包括搭建数字贸易交易展示平台、数字贸易相关的公共服务平台、跨境数据监测及安全管理平台等，强化底层技术建设与实验。试点要坚持市场配置资源的决定性作用，以科技手段、市场机制、政策支持和法律保障等进行立体推进。试点地区要重视加快物联网、5G、区块链、人工智能等数字贸易新基建项目的建设，要注重孵化和培育一批重点企业和龙头骨干企业，充分发挥龙头企业的带动作用，鼓励企业跨国经营。

参考文献

[1] 白洁, 张达, 王悦. 数字贸易规则的演进与中国应对 [J]. 亚太经济, 2021 (5): 53-61.

[2] 程达军, 周革新. 跨境电商 B2C、B2B 出口中的文化差异与管理策略 [J]. 深圳职业技术学院学报, 2018, 17 (2): 30-35.

[3] 曹璋, 李伟, 陈一超. 知识产权保护、知识产权贸易壁垒和中美贸易三者关系研究——基于向量自回归与格兰杰因果关系检验 [J]. 宏观经济研究, 2020 (2): 92-101.

[4] 陈超凡, 刘浩. 全球数字贸易发展态势、限制因素及中国对策 [J]. 理论学刊, 2018 (5): 48-55.

[5] 陈维涛, 朱柿颖. 数字贸易理论与规则研究进展 [J]. 经济学动态, 2019 (9): 114-126.

[6] 崔艳新, 王拓. 数字贸易规则的最新发展趋势及我国应对策略 [J]. 全球化, 2018 (3): 98-107, 136.

[7] 丁邡, 焦迪. 数字贸易国际规则变化趋势及应对 [J]. 中国经贸导刊 (中), 2020 (2): 26-27.

[8] 董小君, 郭晓婧. 美日欧数字贸易发展的演变趋势及中国应对策略 [J]. 国际贸易, 2021 (3): 27-35.

[9] 董小君, 郭晓婧. 数字贸易规则主导权博弈中的对策选择 [J]. 开放导报, 2021 (2): 87-95.

[10] 董志勇, 张威, 戚聿东, 等. 提升数字化技术赋能水平, 培育数字贸易新业态、新模式 [J]. 科技导报, 2021, 39 (16): 39-43.

[11] 段平方, 侯淑娟. 全球跨境电子商务规则综述 [J]. 商业经济研究, 2019 (6): 81-84.

[12] 冯洁菡, 周濛. 跨境数据流动规制: 核心议题、国际方案及中国因应 [J]. 社会科学文摘, 2021 (8): 38-40.

[13] 高腾玲. 跨境数据流动分歧对中国数字贸易的影响 [J]. 对外经贸实务, 2021 (9): 46-49.

[14] 国莎莎. 全球数字贸易规则形成中的分歧与中国的应对策略 [D]. 吉林: 吉林大

学，2020.

[15] 胡悦. 全球数字贸易的中国发展路径研究 [J]. 商展经济，2021（2）：41-43.

[16] 黄宁，李杨."三难选择"下跨境数据流动规制的演进与成因 [J]. 清华大学学报
（哲学社会科学版），2017, 32（5）：172-182, 199.

[17] 黄现清. 数字贸易背景下我国数据跨境流动监管规则的构建路径 [J]. 西南金
融，2021（8）：74-84.

[18] 黄兴. 区块链背景下数字贸易规则构建趋势及中国策略 [J]. 对外经贸，2021（6）：
40-43.

[19] 惠志斌，张衡. 面向数据经济的跨境数据流动管理研究 [J]. 社会科学，2016（8）：
13-22.

[20] 李钢，张琦. 对我国发展数字贸易的思考 [J]. 国际经济合作，2020（1）：56-65.

[21] 李墨丝. 欧美日跨境数据流动规则的博弈与合作 [J]. 国际贸易，2021（2）：
82-88.

[22] European Commission. Europe's Digital Decade：digital targets for 2030 [EB/OL].
（2011-07-25）[2021-11-21]. https://ec. europa. eu/info/strategy/priorities-2019-
2024/europe-fit-digital-age/europes-digital-decade-digital-targets-2030_en.

[23] 李杨，陈寰琦，周念利. 数字贸易规则"美式模板"对中国的挑战及应对 [J]. 国际
贸易，2016（10）：24-27, 37.

[24] 李赞，刘学谦. 全球数字贸易市场的特征与演进分析 [J]. 发展研究，2020（3）：
15-22.

[25] 李兆鹏. 中美贸易博弈原因及应对策略分析 [J]. 现代商业，2018（21）：32-33.

[26] 李忠民，周维颖，田仲他. 数字贸易：发展态势、影响及对策 [J]. 国际经济评
论，2014（6）：131-144, 8.

[27] 刘洪愧. 数字贸易发展的经济效应与推进方略 [J]. 改革，2020（3）：40-52.

[28] 陆菁，傅诺. 全球数字贸易崛起：发展格局与影响因素分析 [J]. 社会科学战线，
2018（11）：57-66.

[29] 马述忠，房超，梁银锋. 数字贸易及其时代价值与研究展望 [J]. 国际贸易问题，
2018（10）：16-30.

[30] 马述忠，郭继文. 数字经济时代的全球经济治理：影响解构、特征刻画与取向选择
[J]. 改革，2020（11）：69-83.

[31] 马述忠，潘钢健. 从跨境电子商务到全球数字贸易——新冠肺炎疫情全球大流行下
的再审视 [J]. 湖北大学学报（哲学社会科学版），2020, 47（5）：119-132, 169.

[32] 梅冠群. 全球数字服务贸易发展现状及趋势展望 [J]. 全球化，2020（4）：62-
77, 134.

[33] 潘晓明，郑冰. 全球数字经济发展背景下的国际治理机制构建 [J]. 国际展望，2021

（5）：109-129，157-158.

[34] 戚聿东，褚席．数字经济发展、经济结构转型与跨越中等收入陷阱［J］．财经研究，2021（7）：18-32，168.

[35] 曲维玺，王惠敏．中国跨境电子商务发展态势及创新发展策略研究［J］．国际贸易，2021（3）：4-10.

[36] Bipartissan Trade Promotion Authority Act of 2002［Z］.（2002-08-06）［2021-11-30］. https：//www. congress. gov/bill/107th-congress/house-bill/3005/text.

[37] 任同莲．数字化服务贸易与制造业出口技术复杂度——基于贸易增加值视角［J］．国际经贸探索，2021，37（4）：4-18.

[38] 沈玉良，彭羽，高疆，等．数字贸易发展新动力：RTA 数字贸易规则方兴未艾——全球数字贸易促进指数分析报告（2020）［J］．世界经济研究，2021（1）：3-16.

[39] 石静霞．数字经济背景下的 WTO 电子商务诸边谈判：最新发展及焦点问题［J］．东方法学，2020（2）：170-184.

[40] 时业伟．跨境数据流动中的国际贸易规则：规制、兼容与发展［J］．比较法研究，2020（4）：173-184.

[41] 宋丽，翁国民．数字服务贸易规则的发展趋势及中国的因应之策——以海南自贸港为视角［J］．上海政法学院学报（法治论丛），2021，36（2）：46-56.

[42] 孙冰．数字化浪潮下的服务贸易新趋势［J］．中国经济周刊，2021（17）：22-24.

[43] 孙恒有，成天婷．数字经济背景下中国服务贸易高质量发展策略研究［J］．郑州师范教育，2021，10（3）：81-84.

[44] 孙益武．数字贸易中的知识产权议题［J］．南京大学法律评论，2019（2）：241-258.

[45] 魏远山．论跨境数据流动的内涵与原理［J］．政法学刊，2021，38（1）：110-122.

[46] 夏杰长．数字贸易与全球价值链［J］．团结，2021（1）：24-26.

[47] 肖宇，夏杰长．数字贸易的全球规则博弈及中国应对［J］．北京工业大学学报（社会科学版），2021（3）：49-64.

[48] 谢红辉，程达军．基于跨境电商的中国产品进军日本市场的路径研究［J］．对外经贸实务，2022（3）：19-22.

[49] 谢卓君，杨署东．全球治理中的跨境数据流动规制与中国参与——基于 WTO、CPTPP 和 RCEP 的比较分析［J］．国际观察，2021（5）：98-126.

[50] 熊鸿儒，马源，陈红娜，等．数字贸易规则：关键议题、现实挑战与构建策略［J］．改革，2021（1）：65-73.

[51] 徐德顺，马凡慧．基于 RTA 研究全球数字贸易规则演进特点与中国方略［J］．对外经贸实务，2021（4）：4-9.

[52] 徐德顺．商务信用体系创新发展建议［J］．宏观经济管理，2017（2）：62-66.

［53］徐德顺，戴明锋．区域电子商务发展指数构建与测度方法研究［J］．社会科学，2018（11）：31-40．

［54］徐德顺．国际电商发展趋势与中国电商发展对策［J］．海外投资与出口信贷，2019（4）：28-31．

［55］徐德顺，刘瑞喜．企业家和消费者信心差异性对疫后经济复苏的影响［J］．河北大学学报（哲学社会科学版），2020，45（3）：95-104．

［56］徐德顺．疫后全球电商新动态及中国对策［J］．中国外资，2020（11）：66-67．

［57］徐德顺，江楠．基于社会网络研究中国与周边国家经贸发展策略［J］．社会科学，2020（8）：76-88．

［58］徐德顺．强监管重服务推动数字贸易发展［N］．国际商报，2021-01-13（003）．

［59］徐德顺，马凡慧．基于RTA研究全球数字贸易规则演进特点与中国方略［J］．对外经贸实务，2021（4）：4-9．

［60］徐德顺．后疫情时代中国跨境电商发展的政策建议［J］．对外经贸实务，2021（7）：4-7．

［61］徐德顺，马凡慧．贯彻落实数据安全法促进跨境数据安全流动［J］．中国信息安全，2021（7）：75-77．

［62］徐德顺．全球数字贸易主要特征与中国发展策略［J］．海外投资与出口信贷，2021（4）：8-11．

［63］徐德顺．构建与国际通行规则相衔接的跨境数据流动制度体系［J］．对外经贸实务，2022（1）：4-6．

［64］徐德顺，刘昆．WTO规制跨境数据流动的实践与建议［J］．对外经贸实务，2022（2）：4-8．

［65］徐德顺．探索数字贸易视阈下跨境数据流动治理体系［J］．中国信息安全，2022（3）：61-63．

［66］徐德顺．中国引导全球电商发展新趋势［N］．学习时报，2018-04-25．

［67］徐新明．数字贸易发展的影响因素及发展对策研究［J］．商展经济，2021（14）：45-47．

［68］杨洁．全球数字贸易规则研究与中国路径选择［J］．山西财政税务专科学校学报，2021，67-74．

［69］易贰．数字贸易视域下WTO改革的趋势研判［J］．对外经贸实务，2021（2）：34-37．

［70］岳云嵩，霍鹏．WTO电子商务谈判与数字贸易规则博弈［J］．国际商务研究，2021，42（1）：73-85．

［71］岳云嵩，李柔．数字服务贸易国际竞争力比较及对我国启示［J］．中国流通经济，2020，34（4）：12-20．

[72] 岳云嵩，陈红娜．数字贸易发展趋势、特征和国际比较——基于 FATS 视角的分析 [J]．上海经济研究，2021（10）：77-87，101．

[73] 岳云嵩，霍鹏．WTO 电子商务谈判与数字贸易规则博弈 [J]．国际商务研究，2021，42（1）：73-85．

[74] 张莉．数字贸易成为驱动全球经济增长新引擎 [J]．中国对外贸易，2021（9）：54-55．

[75] European Union. Regulation（EU）2018/1807 of the European Parliament and of the Council of 14 November 2018 on a framework for the free flow of non-personal data in the European Union [EB/OL]．（2018-11-28）[2021-10-22]．https://eur-lex.europa.eu/legal-content/EN/TXT/? uri=CELEX%3A32018R1807.

[76] 张茉楠．数字贸易：经济复苏新动力大国博弈新前沿 [N]．经济参考报，2021-03-16．

[77] 张茉楠，周念利．数字贸易对全球多边贸易规则体系的挑战、趋势及中国对策 [J]．全球化，2019（6）：32-46，135．

[78] 张茉楠．全球贸易规则框架与数字贸易治理 [J]．新经济导刊，2018（7）：44-48．

[79] 张茉楠，周念利．中美数字贸易博弈及我国对策 [J]．宏观经济管理，2019（7）：13-19，27．

[80] 张夏恒，孙长江．疫情持续冲击下我国跨境电子商务问题研究 [J]．学术交流，2021（6）：89-99．

[81] 张夏恒．共生抑或迭代：再议跨境电子商务与全球数字贸易 [J]．当代经济管理，2020，42（11）：43-50．

[82] 张夏恒．数字贸易的研究现状及趋势研判 [J]．长安大学学报（社会科学版），2021，23（2）：75-84．

[83] 章迪平，郑小渝．数字贸易发展水平测度及影响因素分析——以浙江省为例 [J]．浙江科技学院学报，2020，32（4）：249-256．

[84] 赵茜，罗南方，许云林．关于推进数据跨境流动的建议 [J]．商业观察，2021（16）：49-51．

[85] 郑伟，钊阳．数字贸易：国际趋势及我国发展路径研究 [J]．国际贸易，2020（4）：56-63．

[86] 第一鸣．从知识产权大国转向强国，中国加速向创新型国家转型 [N]．中国经济时报，2020-01-16．

[87] 周念利，陈寰琦，黄建伟．全球数字贸易规制体系构建的中美博弈分析 [J]．亚太经济，2017（4）：37-45．

[88] 周念利，陈寰琦．基于《美墨加协定》分析数字贸易规则"美式模板"的深化及扩展 [J]．国际贸易问题，2019（9）：1-11．

［89］周念利，陈寰琦．数字贸易规则"欧式模板"的典型特征及发展趋向［J］．国际经贸探索，2018，34（3）：96-106.

［90］周念利，陈寰琦，黄建伟．全球数字贸易规制体系构建的中美博弈分析［J］．亚太经济，2017（4）：37-45.

［91］朱丹．数字贸易中跨境数据流动国际法规制研究［D］．蚌埠：安徽财经大学，2021.

［92］朱福林．数字贸易规则国际博弈、"求同"困境与中国之策［J］．经济纵横，2021（8）：40-49.

［93］朱雅妮．数字贸易时代跨境数据流动的国际规则［J］．时代法学，2021，19（3）：99-106.

［94］Competition Commission South Africa, Competition in the Digital Economy［EB/OL］. (2020-09-07)［2021-10-25］. http://www.compcom.co.za/wp-content/uploads/2020/09/Competition-in-the-digital-economy_7-September-2020.pdf.

［95］XU D, MA J, XU J. Structuring China business credit management system and relevant characteristic variables based on the tree model［J］. International Journal of Information Systems and Supply Chain Management（IJISSCM），2019，12（2）：22-35.

［96］BANGA K, MACLEOD J, PARRA M M. Digital Trade Provision in the AfCFTA：What Can We Learn from South-South Trade Agreements?［M］. Addis Ababa：United Nations Economic Commission for Africa, 2021.

［97］PABLO Aguera, NILS Berglund, TAPIWA Chinembiri, et al. Paving the way towards digitalising agriculture in South Africa, Research ICT Africa. http://www.researchictafrica.net.

［98］XU D S, MA J H. The Credit Asset of Enterprise Accounts Receivable Pricing Model［J］. Complexity,2018:1-16.

［99］艾瑞咨询研究院．2021年全球数字贸易白皮书［EB/OL］．（2021-10-13）［2021-12-30］. https://report.iresearch.cn/report/202110/3859.shtml.

［100］国家工业信息安全发展研究中心．2020—2021年度数字经济形势分析［EB/OL］．（2021-01-22）［2021-11-17］. http://www.peopledata.com.cn/html/NEWS/POLICY/1971.html.

［101］中华人民共和国国家统计局．数字经济及其核心产业统计分类（2021）［EB/OL］．（2021-05-27）［2021-12-28］. http://www.stats.gov.cn/tjsj/tjbz/202106/t20210603_1818134.html

［102］UNCTAD. Digital Economy Report 2019［EB/OL］. (2019-09-04)［2021-10-30］. https://unctad.org/webflyer/digital-economy-report-2019.

［103］The U.S. International Trade Commission. Digital Trade in the U.S. and Global Economies［EB/OL］. (2013-05-17)［2021-11-19］. https://www.usitc.gov/publications/industry_econ_analysis_332/2013/digital_trade_us_and_global_economies_part_1.htm.

［104］ 中华人民共和国商务部 . 中国数字贸易发展报告 2020 ［EB/OL］.（2021-09-03）
［2022-03-12］. http://www. mofcom. gov. cn/article/jiguanzx/202109/20210903196
417. shtml.

［105］ 上海社会科学院 . 全球数据跨境流动政策与中国战略研究报告 ［EB/OL］.
（2021-02-17）［2022-01-13］. http://www. sicsi. net/Upload/ueditor_file/ueditor/
20200217/1581933527865681. pdf.

［106］ 世界知识产权组织（WIPO）. 2021 年全球创新指数报告 ［EB/OL］.（2021-09-20）
［2022-02-18］. https://www. wipo. int/publications/zh/details. jsp? id=4560.

［107］ 中国互联网络信息中心 . 第 48 次中国互联网络发展状况统计报告 ［EB/OL］.
（2021-08-27）［2021-10-28］. http://www. cnnic. cn/gywm/xwzx/rdxw/20172017_
7084/202109/t20210923_71551. htm.

［108］ 中国信息通信研究院 . 中国数字经济发展白皮书 2021 ［EB/OL］.（2021-04-25）
［2021-12-29］. http://www. caict. ac. cn/kxyj/qwfb/bps/202104/t20210423_374626. htm.

［109］ Department for International Trade. Digital trade objectives ［EB/OL］.（2021-09-20）
［2021-10-30］. https://www. gov. uk/government/publications/digital-trade-objectives-
and-vision/digital-trade-objectives#data-flows.

［110］ Department for Digital, Culture, Media & Sport. Product Security and Telecommunications
Infrastructure（PSTI）Bill: Factsheets ［EB/OL］.（2021-11-24）［2021-12-13］. ht-
tps://www. gov. uk/government/collections/the-product-security-and-telecommunica-
tions-infrastructure-psti-bill-factsheets#-telecommunications-infrastructure-measures.

［111］ US Congress. H. R. 3005-Bipartisan Trade Promotion Authority Act of 2002 ［EB/
OL］.（2002-02-28）［2021-10-29］. https://www. congress. gov/bill/107th-congress/
house-bill/3005/text.

［112］ Obama B. Digital government: Building a 21st century platform to better serve the American
people［D］. Washington, DC: Executive Office of the President, 2012.